,s

免震建築物の耐風設計指針（2023）正誤表について

ホームページに最新版の正誤表を掲載いたします。
下記アドレス/QRコードの「免震建築物の耐風設計指針（2023）」説明欄にてご確認ください。

https://www.jssi.or.jp/publication

免震建築物の耐風設計指針（2023）

Guidelines for Wind-resistant Design of Base-isolated Buildings

一般社団法人　日本免震構造協会

序

　本指針の初版は 2012 年に刊行された。1995 年の兵庫県南部地震を契機に免震建築物が急激に普及し始め，特に 2000 年 10 月に「免震建築物および免震材料に関する技術基準（平 12 建告第 2009 号）」が告示されたことにより高層免震建築物も登場してきた。その結果，耐震性能のみならず「対風性能」の確保も大きな課題となってきた。しかし，耐震性能の確保に対する技術環境が整備されつつある状況に比べ，安全性・居住性を対象とする対風性能に対しては関心が低く整備が遅れていると言わざるを得なかった。

　そのような状況に鑑み，本協会は 2007 年 6 月に耐風設計部会の設置を決め，2012 年 9 月に次の 5 点を基本方針とする初の耐風設計指針を刊行した。

1) 極めて稀な暴風時の安全性の確保を目的とする。
2) 風荷重に対する最大応答量だけでなく，長時間の繰返しによる損傷の累積に対する設計・検証方法を提示する。
3) 風荷重は建築基準法告示に準拠して設定することを原則とする。
4) 免震層の挙動に注目し，はじめに免震層全体の応答を予測し，次に予測された免震層の応答挙動に対して各免震部材の安全性の検証を行うことを基本とする。
5) 風荷重に対する免震層の応答レベル（静的な力の釣り合いから求まる最大応答値）を 3 段階に分け，それぞれのレベルについて検証すべき事項を示す。

　今回，初版の刊行から 10 年経過したことから指針の内容を再検証し，改定版を刊行することとした。改定したのは初版で今後の課題としていた事項，初版策定時に想定できていなかった事象への対応，初版発行後に実用化された免震部材情報の整備などであり，主な改定点は以下のとおりである。

1) 稀な暴風時の耐風安全性の検証法の提示
2) クリープ性部材のみからなる中低層免震建築物の設計法の提示
3) 風荷重の組合せを考慮した設計法への見直し
4) 初版発行後に実用化された免震部材情報の反映

　1)は初版で今後の課題としていた事項，2)は明らかに風荷重の影響が小さい免震建築物であってもクリープ性部材の支承のみによる免震構造ではランク A とならない不合理の解消，3)は初版の免震層の風応答ランクを風方向風荷重のみにより判定することとしていた問題点の解消，4)は初版以降の技術情報の更新であり「付 2・免震部材の風応答特性」のデータの更新，部材の追加，「付 5・免震層の簡易風応答評価方法」の内容を改定した。特に 3)は建物高さやアスペクト比によっては風直交方向荷重の影響が大きくなり風直交方向荷重に対してはランク C に相当する免震建築物が風方向風荷重に対してはランク A〜B と判定され，本来であれば相当慎重な対風設計が必要となる場合が見逃されることにつながるため，改定にあたっては慎重に議論を重ね，初版の基本方針から大きく見直した事項である。すなわち，すべての免震建築物に風荷重の組合せの考慮を求め，風荷重の評価の方法を建築基準法から風荷重の組合せの考慮が可能な日本建築学会「建築物荷重指針・同解説」に変更した。この結果，免震層の風応答ランクの

判定を組合せ風荷重のベクトルを用いる点を解説に加えるとともに，付 6・免震層の風応答評価例を大幅に改定した。

このほか，免震層の風応答ランク B に対する検証が適切に実施されるよう，解説を補強した。初版は高層の建築物への免震構造の適用を技術的に支え，建築物の安全性や信頼性の向上に貢献できたものと自負するが，一方でランク B の判定のみで検証を終え，ランク B に対する適正な検証が実施されていないというような指針の誤った運用も見受けられたためである。指針が適切・的確に運用されるよう構成し，丁寧に解説を加えるのは発行者の役目であるが，最終的には設計者が責任をもって本指針を適切に用いることでしか健全な免震建築物の対風設計は実現しないので，ここで強調しておきたい。

初版発行時は，免震部材の対風設計に重要な多数回繰り返し特性やクリープに関する技術情報などはけっして十分ではなかったが，当時，免震建築物の高層化が進み，免震建築物の対風設計法の整備が急がれたこともあり，その時点で得られる情報にもとづき指針をまとめた。同時に指針を発行することで，不足する技術情報に対する調査・研究が進むことを期待したが，残念ながら，初版から 10 年を経過しているものの対風設計に関連する技術情報の蓄積は十分とは言えない。改定版においてもまだ技術情報が限定的であるために制約が大きい事項は，技術情報の蓄積により，より合理的な設計が可能となるため，あらためて免震建築物・免震部材の対風性能に関する調査・研究が進むことを期待したい。

今回の改定により，免震建築物の対風設計の信頼性を一層向上させ，併せて耐震性能をも含めた安全性の向上につながること，免震建築物のさらなる発展のための技術情報の蓄積への契機となることを期待したい。

2023 年 3 月

技術委員会耐風設計部会
委員長　吉江慶祐

序（第 1 版 2012 年 9 月）

　1995 年の阪神・淡路大震災の教訓の一つは，免震建築物の耐震安全性が実証されたことである。以来，免震建築物は着実に増加を続け，これからも持続可能な社会作りという観点から増加を続けることは十分予想される。ただし，この期待に応えるためには，免震部材は長周期地震動を含めた種々の地震動に対し適切な耐震性能を有するとともに，適切な「対風」性能も有するように，設計，製作，施工そして維持されなくてはならない。

　耐震性能の確保については関係者のご尽力により技術環境が整備されつつあるが，安全性・居住性を対象とする対風性能の評価に関しては関心が低く，整備が遅れていると言わざるを得ない。その最大の理由の一つが，「極めて稀」な場合の設計用風荷重にしても，多くの場合，設計用地震荷重の半分程度以下になるからである。しかし，法令あるいは建築学会荷重指針による風荷重は等価静的荷重とはいえ弾性的応答を前提とした荷重であり，何よりも，風外力は地震動と違い，「長時間繰り返し作用する。平均風力という静的成分も作用する。建物の形状によっては，渦発生に原因する周期性の強い風直交方向やねじれの変動風力も作用する」という特徴を持っている。したがって，「設計用風荷重が小さい」は「対風性能の評価を省略する」理由の一つではあるが全てにはならない。免震層に及ぼす風外力の影響について考えを巡らせた上で設計判断を下すことが必要な所以であり，特に，近年増えつつある高層免震建築物や塔状比の大きな免震建築物の設計においては欠かすことは出来ない。

　このような状況に鑑み，本協会は 2007 年 6 月，「設計判断を下すに至る作業」を合理的かつ実務的に進めることが出来る技術環境の整備を目的とする耐風設計部会の設置を決め，指針作成作業を開始した。その作成作業途上の 2011 年 3 月 11 日，東北地方太平洋沖地震により「東日本大震災」がもたらされた。本協会は早速，応答制御建築物調査委員会を設置し，この地震に対する免震・制振建築物の挙動について，調査・解析・評価し，効果の確認と課題の抽出を行なった。報告書には，「小振幅の振動では多数回繰り返しても亀裂発生はない」と認識されていた鉛ダンパーが，地震以前に既に亀裂を生じていた（2007 年 8 月確認）という事例も公表された。

　本指針が，耐震性能の低下防止という視点を含めて，安心出来る耐風設計の推進に活用されることならびに技術情報の更新・蓄積に貢献出来ることを願っている。

2012 年 9 月

技術委員会耐風設計部会

委員長　大熊武司

指針作成関係委員

（五十音順・敬称略）

第 1 版（2012 年 3 月）

耐風設計部会

委員長	大熊　武司				
幹事	竹中　康雄	吉江　慶祐			
委員	北村　春幸	田村　和夫	松井　正宏	安井　八紀	
	浅見　豊（2009.3 まで）				

風応答評価法 WG

主査	吉江　慶祐		
委員	大熊　武司	松井　正宏	安井　八紀
	浅見　豊（2009.3 まで）		

免震部材 WG

主査	竹中　康雄	
委員	北村　春幸	田村　和夫

執筆担当者

1. 一般　　　　　　　　　　　　　　吉江　慶祐
2. 風荷重の設定　　　　　　　　　　松井　正宏
3. 免震層の設計　　　　　　　　　　吉江　慶祐
4. 免震部材の設計　　　　　　　　　竹中　康雄

付録

付 1 免震部材の性能試験法　　　　竹中　康雄
付 2 免震部材の風応答特性　　　　竹中　康雄
付 3 暴風の継続時間　　　　　　　松井　正宏
付 4 暴風の累積作用時間の簡易評価方法　　安井　八紀
付 5 免震層の簡易風応答評価方法　　竹中　康雄　安井　八紀
付 6 免震層の風応答評価例　　　　　安井　八紀　吉江　慶祐

2023 年版（2023 年 3 月）

（五十音順・敬称略）

耐風設計部会

 委員長 大熊 武司（2022.5 まで），吉江 慶祐（2022.6 から）

 幹事   佐藤 大樹   吉江 慶祐（2022.5 まで）

 委員   田村 和夫   西嶋 一欽   松井 正宏   安井 八紀

      大熊 武司（2022.6 から）

風応答評価法 WG

 主査   吉江 慶祐

 委員   大熊 武司   佐藤 大樹   松井 正宏   安井 八紀

免震部材 WG

 主査   田村 和夫

 委員   足立 佳彦   入澤 祐太   河相 崇   菊地 隆志

      酒井 快典   佐藤 大樹   長井 大樹   長弘 健太

      朴 紀衍   林 哲也   吉江 慶祐

執筆担当者（部分改定のみの章・付録は改定担当者）

 1. 一般   吉江 慶祐

 2. 風荷重の設定   松井 正宏

 3. 免震層の設計   吉江 慶祐

 4. 免震部材の設計   田村 和夫

 付録

  付 1 免震部材の性能試験法   田村 和夫

  付 2 免震部材の風応答特性   田村 和夫

  付 3 強風の継続時間   松井 正宏

  付 4 強風の累積作用時間の簡易評価方法 安井 八紀

  付 5 免震層の簡易風応答評価方法 安井 八紀

  付 6 免震層の風応答評価例   安井 八紀

  全体調整   佐藤 大樹 安井 八紀

免震建築物の耐風設計指針（2023）
Guidelines for Wind-resistant Design of Base-isolated Buildings
－目次－

1. 一般

1.1 適用範囲

> (1) 本指針は免震建築物（中間層免震構造，戸建て免震構造を除く）の免震層の耐風設計に適用する。
>
> (2) 本指針は，対象とする免震建築物の免震部材の速度依存性，振幅依存性，温度依存性及び風力の平均成分のような静的な外力によりクリープを生じる部材（以下，クリープ性部材とする）の特性を考慮した，地震時の応答特性とは異なる免震建築物特有の風応答性状を実用的に評価する方法を提示する。

(1) 本指針の目的

本指針は，地上階に免震層を有する中間層免震構造や戸建て免震構造を除く免震建築物を対象とし，その中でも主として免震層にかかわる部分の耐風設計の考え方を示すことを目的としている。

中間層免震構造・戸建て免震構造については，強風時の応答性状の検討が十分ではないため，本指針の適用範囲外としているが，本指針の考え方を踏襲し，それぞれの耐風設計に活用されることを妨げるものではない。

(2) 本指針の特徴

風力は静的な成分と構造物の固有振動数付近を含む比較的高振動数領域までの幅広い帯域にパワーを有し，かつ長時間作用するという特徴がある。また風力は，風方向だけでなく風直交方向やねじれ成分を同時に有する外力である。一方，免震部材には静的な外力に対して変形が進行するクリープを生じやすいものや，変位振幅により剛性が変動する積層ゴムなど，あるいは速度により減衰力が変動するダンパーなどが存在するため，免震建築物の風応答を評価するには免震部材のクリープ変形や変位振幅依存性や速度依存性の影響を考慮する必要がある。本指針は，これらの地震応答とは異なる免震構造特有の風応答性状を実用的に評価する方法を提示することを目指している。

ただし，これらを厳密にすべての免震建築物に適用すると，クリープ性部材だけで免震層を構成している免震建築物では，風荷重が建物重量に比べ極めて小さくなる場合でも，風荷重に対する時刻歴応答解析など詳細な検討が必要となり，不合理である。そこで，クリープ性部材を用い，風荷重には慎重な取り扱いが必要な構成の場合でも，免震部材の多数回繰り返し試験などから変形が小さく，免震部材としての性能が維持される範囲（クリープの影響を無視できるレベル）が確認できる場合にあって，風荷重による応答がクリープの影響を無視できるレベルを十分に下回る場合は，免震層の風応答が弾性挙動する範囲に留まるもの（後述する免震層の風応答ランクがランク A の状態）とみなすことができることとした。

なお，免震層の弾性挙動する範囲とは，免震層の荷重－変形関係の降伏点を弾性限界とし，免震層の応答が弾性限界以内にある状態とする。

1.2 指針策定の基本方針

> (1) 免震建築物の稀な暴風時及び極めて稀な暴風時の安全性の確保を目的とする。
> (2) 風荷重に対する最大応答量だけでなく，長時間の繰返しによる損傷の累積に対する設計・検証方法を提示する。
> (3) 風荷重は原則として日本建築学会「建築物荷重指針・同解説」[1]に基づいて設定する。ただし，設計風速は建築基準法告示を下回らないものとする。
> (4) 免震層の挙動に注目し，はじめに免震層全体の応答を予測し，次に予測された免震層の応答挙動に対して各免震部材の安全性の検証を行うことを基本とする。
> (5) 風荷重に対する免震層の応答レベル（静的な力の釣り合いから求まる最大応答値）を3段階のランクに分け，それぞれのランクについて検証すべき事項を示す。

ここでは，本指針策定にあたっての基本方針を示している。

(1) 本指針は，稀な暴風時及び極めて稀に発生する暴風時の安全性に対する設計の指針を提示することを目的とした。風荷重は，継続時間が長くかつ頻度が高く発生する繰り返し荷重であることを考慮し，本指針では暴風時の損傷の累積に対する安全性の検証のための強風の継続時間などの情報や評価方法を提供するように配慮した。初版では，一回の極めて稀な暴風時の安全性の検証の重点をおき，稀に発生する暴風時に対する設計の考え方を示していない。免震層や免震部材の稀に発生する暴風時の安全性の検証や供用期間中の損傷および損傷の累積に対する設計は重要ではあるが，損傷評価に必要な基礎データの蓄積や，供用期間中の風荷重だけでなく地震を含めたすべての外乱による影響を考慮する必要があり，検証法や設計法として提示するには不十分な状況にあったため，今後の課題として言及を見送っていたためである。しかし，東北地方太平洋沖地震（2012.3.11）後に行われた調査で，これまで小振幅の多数回繰返し振動では亀裂は生じないとされてきた鉛ダンパーに，地震以前に既に亀裂が生じていたという事例も公表されており[2]，供用期間中の免震部材の損傷の累積に関する調査や損傷評価手法の整備は喫緊の課題であると考えられる。

本指針初版刊行後，免震部材の小振幅長時間多数回繰り返しに対する性能確認や免震建築物の竣工後のモニタリング記録などの情報の蓄積が進んでいるが未だ十分とは言えないので，さらなる情報の蓄積が進み，免震建築物の安全性や信頼性の向上につながることを期待したい。

このように，まだ課題は残るが，現時点で得られる情報をもとに，明らかに暴風後に使用性の問題が生じず，免震部材の性能が維持できることが実験などで確認できる範囲を適切な安全率を確保して定め，提示するように努めた。

(2) 風荷重が長時間作用する荷重であることを考えると，極めて稀に発生する暴風時の安全性の確保のためには，風荷重に対する最大応答値が許容値を超えていないことを確認するだけでなく，長時間の繰返しによる損傷の累積に対する安全性の検証も必要である。風荷重に対する最大応答値の予測と安全性の検証であれば，評価期間中の最大の風荷重のみを対象とすればよい。長時間の繰り返しによる損傷の累積を検証する場合には評価時間内の風荷重による応答値の経時変化を評価することが求められる。本指針・解説および付録では，極めて稀に発生する暴風に対応する一つの台風を対象とし，敷地での台風による風荷重の発生から終息までの疲労などの累積値を評価するための資料として，暴風の経時特性の評価方法を紹介するとともに，風荷重に対する免震部材の損傷評価のために基礎資料を提示する。

(3) 免震建築物は 1.3 節の(1)に示すように一般建築物に比べて風荷重の影響が大きくなる傾向がある。免震建築物で耐風設計が問題になると思われる高層免震建築物では，建築基準法で規定される風方向荷重の

ほかに風直交方向，ねじり風荷重の影響や渦励振・空力不安定振動に対する考慮も必要となる。これらを考慮し，風荷重の設定は日本建築学会・建築物荷重指針 [1]（以下「荷重指針」とする）によることを原則とすることとした。

図 1.1 に建築基準法告示と荷重指針による風荷重の比較を示す。ただし，荷重指針による風荷重の風速は建築基準法告示による基準風速の値を用いている。さらに荷重指針による風荷重は風方向と風直交方向の組合せを考慮し，両者のベクトル和の大きさを用いている。地表面粗度区分は告示・荷重指針とも Ⅲ としている。試算した範囲では荷重指針による組合せ風荷重のベクトル和の大きさは概ね告示風荷重とほぼ同等かより大きな値となっている。荷重指針による風荷重は多くの風洞実験結果と調和的な結果を与え，より実状を表しているものと考えられる。したがって，図 1.1 に示す結果は告示による風荷重評価では免震層の風応答ランクの判定が危険側になる可能性を示しており，荷重指針による風荷重の評価が必要であることを示している。しかし，荷重指針による風荷重がわずかではあるが告示による風荷重を下回る場合もある。設計用風荷重は建築基準法の規定を下回ることはできないので，注意が必要である。

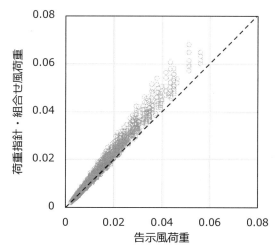

図 1.1 告示と荷重指針による風荷重ベースシアー係数の比較

建設地を仙台市・東京 23 区・大阪市・福岡市，建物高さ 20～80m，辺長比 0.5~2，アスペクト比 0.5~3，構造種別は鉄骨造・RC 造の基礎免震構造を想定して試算。
荷重指針による風荷重は風方向と風直交方向の組合せを考慮した値としている。

(4) 風荷重に対する検討に際しては，風荷重の特性に対応する免震部材の復元力特性を総合して，免震層全体としての水平風荷重に対する復元力特性を設定する必要がある。しかし，多くの免震建築物では風荷重が設計上影響の大きな外力とはならないと考えられる。本指針では，実用性を考え，地震応答の評価に用いる復元力特性に基づき免震層全体の応答挙動を予測して，風荷重に対する検討方法を分類することとした。次に予測された免震層の層間変形や相対速度を強制変位や速度として各免震部材に加え，想定される長時間の繰返しに対する免震部材の安全性を検証することを基本方針とする。

(5) 免震層が風荷重に対して弾性挙動する場合は，風荷重の評価を含めて従来の耐風設計により免震層の耐風安全性は十分に確認できる。これに対して，免震層が風荷重に対して弾性限界を超えると，塑性化により風荷重や応答特性の変化が生じるため，風応答の時刻歴応答解析による評価や，免震部材の長時間繰返しに対する健全性・安全性の評価が必要になる。前述のように東北地方太平洋沖地震後の調査で，地震発生以前にすでに鉛ダンパーに亀裂が生じていたという事実が明らかになっているものの，現在までに免震部材の風応答や長時間繰返しによる被害が直接確認された経験はなく，実験例も多くない。こういった領域での耐風設計は，慎重に行う必要がある。一方，免震層の応答は最大荷重時にわずかに弾性限界を超

えた程度では，マクロには弾性応答と大きな差異がないことも報告されており，塑性化の度合いが小さい範囲では従来の等価静的風荷重による静的な力の釣合いで免震層の応答を評価できることもわかってきている。さらに，免震部材の長時間の繰返し加力時の履歴特性や疲労特性ならびにクリープ特性などのデータも実用化レベルに整えられつつある。そこで免震層の弾性限界に対する応答レベルを表 1.1 に示すように完全弾性，一部弾性限界を超えるがマクロには弾性挙動の範囲，マクロに見ても弾性挙動の限界を超える場合の 3 段階（ランク A ～ C とする）に分け，それぞれの段階ごとの設計方法を提示することとした。一方で，1.1 節(2)の解説でも述べたように，これらを厳密にすべての免震建築物に適用すると，クリープ性部材だけで免震層を構成している免震建築物では，風荷重が建物重量に比べ極めて小さくなる場合でも，風荷重に対する時刻歴応答解析などが必要となってしまい，不合理である。そこで，クリープ性部材を用い，風荷重には慎重な取り扱いが必要な構成の場合でも，免震部材の多数回繰り返し試験などからクリープ変形が小さく，免震部材としての性能が維持される範囲（クリープの影響を無視できるレベルとする）が確認できる場合にあって，風荷重による応答レベルがクリープの影響を無視できるレベルを十分に下回る場合は免震層の風応答のランクをランク A とみなすことができることとした。

表 1.1　風荷重による免震層の応答状態とランク

ランク A	免震層の風荷重に対して，免震層が弾性挙動する範囲に留まるケース
ランク B	免震層の風荷重に対して，免震層は弾性限界を超えるが，風荷重の変動成分に対しては弾性挙動をするケース
ランク C	免震層の風荷重に対して，免震層は弾性限界を超え，風荷重の変動成分に対しても弾塑性挙動をするケース

1.3 免震建築物の耐風設計上の留意事項

---

(1) 免震建築物では同規模の一般建築物に比べ，風直交方向・ねじれ振動の影響を受けやすくなるので，慎重に風荷重の設定を行う必要があり，風荷重の組合せ（風方向・風直交方向・ねじり）を考慮することを原則とする。

(2) 免震部材の安全性評価は，免震部材の適切な繰返し加振実験，もしくはそれに基づく評価方法によって行う。

(3) 長期荷重を支持する積層ゴムやすべり支承などの免震支承は交換が不要となるように，極めて稀な暴風の作用後も免震支承の性能の変化・劣化を小さく留めることを原則とする。

(4) ストッパーや風トリガー（鋼製のシアキーやロック機能付きオイルダンパーなどで，強風時に免震層の変形を抑制し，免震部材の過大な水平変形や残留変形，損傷を防止するための機構）を採用する場合には，これらの機構が所定の性能を有しているかの検証が必要である。また，これらの機構が不作動あるいは誤作動したときの強風に対する最低限の安全性が保証されなければならない。

(5) その他の留意事項
免震建築物は，同規模の非免震建築物と比べ，風荷重の影響を受けやすいので，たとえば下記の項目など慎重に設計する必要がある。
1)居住性レベルの応答
2)空力不安定振動

---

(1) 免震建築物は同規模の一般建築物に比べ，固有周期が長くなる傾向がある。さらに，免震層のねじれ剛性や耐力は並進成分に比べると一般には小さめになるので，風直交方向・ねじれ振動の影響をより受けやすくなる。このため，本指針では風荷重の組合せを考慮することを原則とし，風荷重の評価には日本建築学会・建築物荷重指針（荷重指針）によることとした。

初版指針では，荷重指針を参考にしてアスペクト比（$H/\sqrt{B \cdot D}$，H：建築物の高さ，B：建築物の見付け幅，D：建築物の奥行き）が 3 以上となる場合は風荷重の組合せを考慮することとしていたが，全ての免震建築物で風荷重の組合せを考慮することを基本とすることとした。荷重指針ではアスペクト比が 3 未満の場合は，風直交方向荷重・ねじり風荷重の検討はもとめておらず，(1.1)式により風荷重の組合せの影響を考慮することとしているが，前述のとおり免震建築物は同規模の一般建築物に比べ風荷重の影響を受けやすくなるので，アスペクト比 3 未満であっても，風荷重の影響を慎重に評価する必要がある。

アスペクト比 $H/\sqrt{B \cdot D}$ が 3 未満で免震層の風応答ランクがランク A となる場合に限り，荷重の組合せの評価には，荷重指針に示されている下式を用いることが可能である。

$$W_{LC} = \gamma W_D，ただし \gamma = 0.35\,D/B\ かつ\ \gamma \geq 0.2 \tag{1.1}$$

ここで，W_{LC}：風直交方向の組合せ荷重，W_D：風方向荷重，B：建築物の幅，D：建築物の奥行き。

図 1.2 に(1.1)式による風荷重の組合せと荷重指針により風直交方向荷重を評価した組合せ風荷重のそれぞれベクトル和の大きさの比較を示す。これから，アスペクト比 3 未満の場合，組合せ荷重は(1.1)式で安全側に評価できることがわかる。しかし免震層の風応答ランクがランク B，C となる場合，風荷重の変動成分の大きさの評価も重要となるので，アスペクト比 $H/\sqrt{B \cdot D}$ が 3 未満の免震建築物であっても，アスペクト比 $H/\sqrt{B \cdot D}$ が 3 以上の場合に従い風方向，風直交方向，ねじりの風荷重を算定し，組合せ風荷重の評価を行う必要がある。

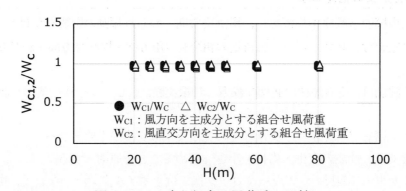

図 1.2　(1.1)式と組合せ風荷重の比較

算定条件は図 1.1 と同様。W_C は(1.1)式による風荷重，$W_{C1,2}$ 荷重指針による風直交方向荷重を評価した組合せ風荷重

(2) 免震部材実験は，従来，大地震を想定した比較的大きな振幅に対する性状が評価されている。従って，耐風安全性に関する免震部材の実験は，風荷重を想定した適切な実験方法にて，耐風設計において把握すべき安全性の評価や安全限界に加えて，小振幅特性やクリープ特性などを明確にするために実施するものとする。安全限界が確かめられていない場合は，実験が実施された範囲を限界とすることを原則とする。

(3) 交換が比較的容易なダンパー部材については，機能を喪失する完全破断などの致命的な損傷は避けなければならないが，それ以外の減衰性能の喪失を伴わない局部的な亀裂・破断，ダンパー形状の変化などについては許容してもよい。但しその場合，維持管理計画などにおいて速やかに補修・交換がなされることが保証されなければならない。

(4) 風トリガー等を用いる場合は，本文に示す事項とともに，地震時に風トリガー等が稼動している場合の耐震安全性の検討が必要である。

(5) 免震建築物は，同規模の非免震建築物より固有周期が長くなるため，風応答に対して不利になりやすいので，居住性レベルの応答や空力不安定振動など同規模の一般建築物では通常は特段の配慮が必要ない事項についても慎重に設計を行う必要がある。
たとえば，設計風速が渦励振や空力不安定振動の発振風速に対して十分に余裕を持っているかどうかを確認するなどの慎重な配慮が必要となる。

2. 風荷重の設定

> (1) 風荷重は，設計風速を基に免震建築物の形状，振動特性，免震層の復元力特性，建設地および周辺の状況等を考慮して算定する。この場合，水平面内の風向と直交する方向およびねじれ方向の振動並びに免震層を含む風荷重の影響が顕著な部位の振動を適切に考慮する。
>
> (2) 設計風速は，開けた平坦地の地上 10 m における平均風速（基準風速）に建設地点周辺の状況を考慮した鉛直分布係数等を乗じた建築物高さにおける風速として風向ごとに設定する。
>
>   i) 稀に生じる暴風時の基準風速は建築基準法施行令第 87 条第 2 項の規定に従って求めた数値（V_0）以上とする。
>
>   ii) 極めて稀に生じる暴風時の基準風速は，前項 V_0 の 1.25 倍以上とする。
>
>   iii) 地表面粗度区分に応じた風速の鉛直分布は，地表面の状況や海岸線等からの距離，小地形の影響等を適切に考慮して設定する。
>
> (3) 風荷重の算定は，免震層のランク A，B では日本建築学会「建築物荷重指針・同解説」または同等な手法（以下，荷重指針等）に基づくこととする。免震層のランク C の場合や荷重指針等の適用範囲外の場合は，風洞実験等よく吟味された方法に基づいて算定するものとする。
>
>   i) 風力係数は典型的な形状の場合は建築基準法関連告示や荷重指針等に示された値を用いることができるが，適用外の場合は風洞実験等よく吟味された方法によることとする。
>
>   ii) 風荷重の算定にあたっては，免震層のランク A，B では荷重指針等の計算式を用いるほか，スペクトルモーダル法等を用いることができる。免震層のランク C では，原則として時刻歴応答計算を用いなければならない。
>
>   iii) 風方向，風直交方向，ねじれ等の風荷重の組合せの影響は，荷重指針等に基づき算定するほか風洞実験等よく吟味された方法に基づいて算定することができる。
>
>   iv) 渦励振，ギャロッピング，フラッター等の空力不安定振動の影響は，荷重指針等により評価することとする。荷重指針等の適用範囲外の場合は，風洞実験等のよく吟味された方法を用いなければならない。
>
> (4) 風荷重の継続時間については，建設地における気象条件や供用期間中の免震部材の取り換え等を含む維持管理条件等を吟味し適切に設定する。

(1) 本指針で必要となる免震建築物の風荷重については，平成 12 年建設省告示第 1461 号と同程度の条件とした。算定に当たっては，令第 87 条第 2 項の規定を満たすほか，日本建築学会「建築物荷重指針・同解説 2015」[1]（以下，荷重指針）等の指針類を参照することができる。また，変動成分を含む風力係数の評価に当たっては，風洞実験等のよく吟味された評価手法を用いることができる[3]-[5]。

ただし，風荷重は，建設地点周辺の地表面の状況，建築物の幾何形状，構造諸元により複雑に変化するため，風洞実験等よく吟味された手法に基づくことが原則である。告示や荷重指針等で示される風力係数等の適用に際しては適用範囲に留意しなければならない。

荷重指針等の算定法を用いることのできる目安としては，免震層のランクが A または B であり，免震層を含む建築物全体として概ね弾性的な挙動を示す範囲であること，幾何形状等が荷重指針等で想定される範囲内であり，空力特性が適切に評価できることが挙げられる。

(2) 設計風速は，地表面の状況を反映した建築物頂部における 10 分間平均風速で，ここでは，開けた平坦地の地上 10 m（標準状態）における 10 分間平均風速（基準風速）から地表面粗度や小地形の影響を考慮して建物頂部の風速に変換して求める。建築基準法施行令による V_0 は「その地方における過去の台風の記録に基づく風害の程度その他の風の性状に応じて 30 m/秒から 46 m/秒までの範囲内において国土交通大臣

が定める風速」であり，稀に生じる暴風時の風荷重を算定する際に用いられる基準風速である。しかし，建築基準法では極めて稀に生じる暴風時の風荷重は，稀に生じる風荷重の 1.6 倍と定められており，対応する風速は定義されていない。風荷重評価に際して風洞実験や荷重指針などを適用するには，基本となる平均風速の大きさにより検討レベル（再現期間など）が定義されていると都合がよい。このため，「稀」を再現期間 50 年相当として，「極めて稀」を再現期間 500 年相当としたときの基準風速比として 1.25 倍を与えた。この点が，本指針と建築基準法による風荷重では異なっているので，留意が必要である。これは，稀・極めて稀の各段階の風荷重の評価，特に建築基準法による風荷重では評価できない風直交方向・ねじれ方向の荷重評価に荷重指針などを用いる場合や，供用期間中の累積損傷などを評価する際に，風速を基本として整理したほうが実用的かつ明快であると考え，ここでは風速よる表現とした。なお，安全性のレベルを勘案して V_0 を上回る基準風速により設計風速を設定することが可能である。その際には，荷重指針等を参照することができる。

設計風速の設定に際して，建設地点周辺の地表面の状況（海岸線からの距離，地表面粗度，地形，周辺建物等）を適切に考慮しなければならない。一つの建設地点でも風向ごとに異なる地表面粗度や地形の影響を考慮する必要がある。近年の台風では海岸に面した市街地等で強風の影響による被害が報告[6]されており注意が必要である。

(3) 風荷重の算定に必要な風力係数，応答計算法，風方向・風直交方向・ねじれ等の組合せ，空力不安定振動の評価にあたっては，免震部材特有の弾塑性性状や比較的大きな応答変位に伴って発生する振動依存風力等についても配慮が必要である。以上のことを満足するには，専門家の指導（日本建築学会「建築物荷重指針・同解説」[1]，同「建築物荷重指針を活かす設計資料 2—建築物の応答・風荷重評価／CFD 適用ガイド—」[3]，日本建築センター「実務者のための建築物風洞実験ガイドブック」）[4]に基づいた風洞実験や数値流体解析を行う必要がある。ただし，小規模でアスペクト比 $H/\sqrt{BD}$（高さH，幅B，奥行D）が小さく典型的な幾何形状の場合には，平成 12 年 5 月 31 日建設省告示第 1454 号の風力係数やガスト影響係数を用いることもできる。平成 12 年建設省告示第 1461 号では，アスペクト比に応じて風直交方向，ねじれの評価を求めている。これらの評価には荷重指針等による評価が必要である。

i) 風力係数

一般的に建築物の幾何形状に依存して変化するので風洞実験等のよく吟味された方法を用いることが原則である。直方体形状等典型的な幾何形状の場合は荷重指針等に風力係数が掲載されており利用することができるが，適用範囲をよく理解することが重要である。また風向によっても風力係数は大きく変化しうるため，風洞実験等の実施に際しては，実験風向等に留意が必要である。さらに風荷重の算定のためには，風方向，風直交方向，ねじれの成分の風力が必要である。

免震層で用いられる免震部材にはエネルギー吸収能力が期待され，疲労，履歴及び減衰に関する特性を明らかにして所期の性能が発揮できることを確認する必要がある。このためには，風力係数の平均成分と変動成分を明確にする必要がある。

ii) 応答解析

設計風速により生じた風外力により建築物が応答し，主要構造部材への風荷重となる。告示や荷重指針で採用されているガスト影響係数法は，風の平均成分及び変動成分を考慮した応答結果による等価静的風荷重を評価する手法である。

免震建築物では，免震層の弾塑性性状と応答の範囲，残留変形等の評価が重要である。このため，「3 章 免震層の設計」で免震層がランク C に相当する場合は，免震層や免震部材の弾塑性性状を考慮した時刻歴応答解析等に基づく必要がある。ただし，ランク A，B に相当する場合は，応答の変動成分に対する免震層の塑性化の影響を無視しうるので，弾性時の振動特性による風荷重の評価が可能であり，荷重指針等の算

定方法やスペクトルモーダル法等が適用できる。

最大荷重の評価では，時刻歴応答解析の場合は，多数の応答計算結果による統計平均を評価[7,8]する必要があるが，辻田ら[9-11]や吉江ら[12]により時刻歴応答解析を用いずに弾塑性応答を評価する確率統計的応答評価方法も提案されており，応用が可能と思われる。

iii) 風方向，風直交方向，ねじれ風荷重の組合せ

前記の手法により求められた風方向，風直角方向，ねじれの風荷重を適切に組み合わせて，構造骨組，免震部材の評価を行う必要がある。荷重指針等により組合せの方法が示されている。また，第1章で言及したように小規模な建築物でも荷重の組合せを考慮する必要がある。建築物のアスペクト比によっては，風方向の荷重に加えて一定の割合で風直交方向の影響を考慮する簡易な方法を用いることもできる。風洞実験を行い並進2成分，ねじれの同時作用を考慮できる場合は時刻歴応答解析結果には組合せの効果が含まれていると判断できる。

iv) 空力不安定振動

建築物の高さや塔状比に応じて，荷重指針等に基づき渦励振，ギャロッピング，フラッターの評価を行う。荷重指針等の適用範囲で空力不安定振動の検討を行うことができない場合は，風洞実験（空力振動実験），ギャロッピング解析（揚力勾配の評価）等により評価する。風洞実験の実施に際しては，剛体模型を用いる風力実験，風圧実験において風力係数の風向微分を評価できる細かい風向角の実験ケースや空力振動実験の必要性を予め判断することが求められる。

(4) 免震層で用いられる免震部材のうち減衰性能を有する部材は，長時間の繰り返しに対する疲労，履歴および減衰特性を十分に考慮し，常に所期の性能が発揮されることが前提である。そのためには，極めて稀に生じる暴風によっても損傷を生じず，強風とは独立に発生する地震動に対しても有効に機能しなくてはならない。このため，風荷重の継続時間を適切に考慮することが重要となる。風荷重の継続時間は基本的には一つの強風イベントの継続時間を指すが，維持管理の条件によっては，供用期間中の累積的な効果も考慮する必要がある。

風荷重の継続時間を評価する上では，建設地における気象条件等の吟味が重要であり，過去の気象観測記録等を参照して，風荷重の時刻歴を生成したり，継続時間を評価したりする方法を用いることができる（「付3 強風の継続時間」に示す）。

これらの評価方法を用いて風向を考慮した風荷重を評価する方法もある一方，免震建築物の風応答はまだ研究が十分とはいえない領域であること，免震部材の性能評価に関わる知見・データが現段階では十分ではないことから，風向特性を考慮した安全性の検討が可能なほど詳細な設計を行える環境にはまだ達していないと思われ，当面は評価時間内では風荷重は最不利風向で一定として取り扱うべきであろう。

供用期間にわたる累積的な損傷評価を行うためには，本指針の手法を用いて複数の台風による応答評価を実施するか，または風速別に応答評価を行い，累積継続時間を考慮して累積損傷評価に結び付ける必要がある。この評価に際して，台風の最大風速と発生個数の設定，または風速別累積継続時間の設定が必要となるが，その具体的な計算例として文献[13-20]の様な手法が提案されている。本指針「付4 強風の累積作用時間の簡易評価方法」に荷重指針の基本風速マップなどから等価継続時間を簡易に評価する方法を紹介しているので，参照されたい。

また，この累積損傷評価に際しては，最終的には地震荷重等，他の荷重効果の影響も考慮して安全性を判断すべきである。さらに，このような多種の荷重効果の影響を考慮した累積損傷度のクライテリアの設定法については十分な議論がされていると言えず，今後の検討を待たなくてはならないのが現状であることを付言しておく。

以上のような免震建築物特有の性質に配慮して風荷重を総合的に評価した事例 [21] 等を参照し適切に風荷重を評価することが求められる。

3. 免震層の設計

3.1 評価項目

> (1) 免震建築物では同規模の一般建築物に比べ，風直交方向・ねじれ振動の影響を受けやすくなるので，風方向，風直交方向，ねじれ振動の影響を考慮し，その組合せとして風荷重を評価することを原則とする。

(1) すでに 1.3 節の(1)で示したように，本指針では風荷重の設定を行う際に，風荷重の組合せ（風方向，風直交方向，ねじり）を考慮することを原則としている。また 1.2 節の(5)で示したように，本指針では免震層の応答性状をランク A〜C の 3 段階に分け，ランク毎に設計法を提示することとしている。したがって，3.2 節に示すランクも，風方向と風直交方向の風荷重の合力ベクトルと，免震層の降伏荷重との関係から評価することとした。

図 3.1, 3.2 に荷重指針にもとづいて組合せを考慮した風荷重の模式図を示す。お互いの相関係数ρである 2 つの成分の風荷重の組合せのリサージュの包絡線は概ね楕円形となる。荷重指針では組合せ荷重最大値の発生確率の等値線に外接する八角形で荷重組合せをモデル化し，八角形の頂点を組合せ荷重の検討点としている（図 3.1）。ここで，図 3.2 に示すように組合せを考慮した風方向と風直交方向の風荷重の合力ベクトルを組合せ風荷重ベクトル，組合せを考慮した変動成分風荷重の合力ベクトルを組合せ変動風荷重ベクトルとする。これらの合力ベクトルと免震層の降伏荷重との関係によりランク A，B，C の 3 つに分類する（図 3.3）。

ランク A は，免震層が風荷重によって降伏しない状態であり，相関を表す八角形は全て免震層の降伏円（実線の円）に包含される場合である。

ランク B は，免震層は風荷重によって降伏するが，風荷重の変動成分に対しては降伏しない状態であり，相関を表す八角形の一部は免震層の降伏円（実線の円）を超えるものの，降伏円の中心を平均風力の点に移動した円（破線の円）には包含される場合である。

ランク C は，免震層は変動成分に対しても降伏する状態であり，相関を表す八角形の一部または全部が免震層の降伏円（実線の円）にも，降伏円の中心を平均風力の点に移動した円（破線の円）にも包含されない場合である。

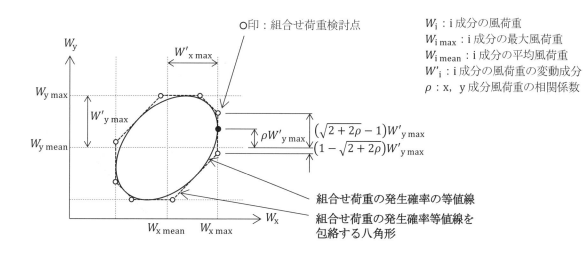

図 3.1 風荷重の相関を考慮した組合せ荷重の概念図

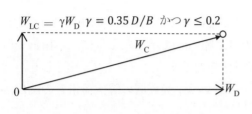

W_{C}：組合せ風荷重ベクトル

W'_{C}：組合せ変動風荷重ベクトル

W_{D}：風方向風荷重，W_{L}：風直交方向風荷重

W_{LC}：風直交方向の組合せ風荷重

W_{Dm}：風方向の平均風荷重

W'_{D}：風方向風荷重の変動成分

G_{D}：風方向風荷重のガスト影響係数

$W_{\mathrm{LC}} = \gamma W_{\mathrm{D}}$　$\gamma = 0.35\,D/B$　かつ $\gamma \le 0.2$

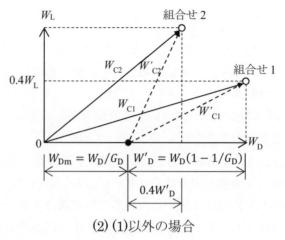

(1) $H/\sqrt{BD} < 3$ の場合（ランク A のみ）　　　　(2) (1)以外の場合

図 3.2　組合せ風荷重ベクトル

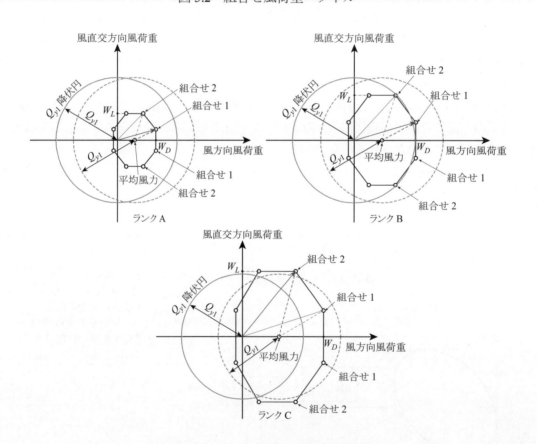

図 3.3　風荷重の組合せと免震層の降伏荷重 Q_{y1} とランク

3.2 耐風安全性の検証

(1) 稀な暴風時の免震層は，すべての免震部材が降伏応力を超えない状態であることを確認する。

(2) 極めて稀な暴風時の免震層の応答状態として以下の3段階に分類して，耐風安全性の検証を行う。

i) ランクA：

免震層の風荷重に対して，免震層が弾性挙動するケース（すべての免震部材が降伏応力を超えない場合。免震部材にクリープ性部材やすべり支承を含む場合は，クリープ性部材・すべり支承を除いた免震層の復元力特性が風荷重に対して弾性範囲に留まる場合やすべりの摩擦力のみで風荷重を上回る場合を含む）

・免震層の各部（免震層を構成する免震部材のこと）を弾性範囲に留める設計であり，上記状態を確認することで，風荷重に対する免震建築物の健全性が確認されるものとする。

・全ての免震部材が降伏応力を超えない場合は，風荷重に対する特段の検討は必要ない。

・クリープ性部材・すべり支承を除いた免震層の復元力特性により風荷重に対する検討を行う場合は，別途，この復元力特性から求まる免震層の変形に対して，クリープ性部材・すべり支承の変形追従性を確認し，クリープ性部材・すべり支承の継続使用に支障のないことを確認する。

ii) ランクB：

免震層の風荷重（平均成分＋変動成分）に対して，免震層は弾性限界を越えるが，風荷重の変動成分に対しては弾性挙動をするケース

・風荷重を平均成分と変動成分に分離し，それぞれに対応する免震層の復元力特性を用いて，静的な力の釣合から求めた最大変形や塑性変形により構造安全性を検証することができる。その際，平均成分に対しては静的な荷重と見なしてクリープ性部材・すべり支承を除いた免震層の降伏後の復元力特性を，変動成分に対しては地震時の復元力特性を用いることができる。

・風荷重による最大変形時に免震層を構成する主要免震部材が弾性範囲に留まることを確認するほか，降伏応力を超える免震部材の変形追従性，損傷度を評価し，支承材にあっては荷重支持能力に問題のないことを確認し，構造安全性を検証する。

・風荷重の長時間繰り返しを考慮し，風荷重が2〜3時間連続相当の繰り返しに対して，使用する免震部材が健全であることを確認する。

・クリープ性部材・すべり支承を含む場合は平均成分により生じる変形が残留変形として残るが，その変形に対して各部が長期荷重に対して安全かつ建物の機能を損なわないことを確認するか，原位置に戻すなどの適切な対応を行う。

iii) ランクC：

免震層の風荷重（平均成分＋変動成分）に対して，免震層は弾性限界を超え，風荷重の変動成分に対しても弾塑性挙動をするケース

・原則として，時刻歴応答解析による検証を行い，免震部材などの最大変形，疲労損傷の評価を行い，構造安全性を確認する。

・免震部材の疲労損傷評価やエネルギー吸収量に対する評価などが必要となるため，風荷重の大きさだけでなく，継続時間を含めた風荷重の詳細な設定が必要となる。

・風応答により生じた変形が残留変形として残る場合，その変形に対して各部が長期荷重に対して安全かつ建物の機能を損なわないことを確認するか，原位置に戻すなどの適切な対応を行う。

・極めて稀に生じる暴風時だけでなく，建物供用期間中の累積疲労損傷評価を行い，供用期間中の健全性を確保する必要がある。

(1) 稀な暴風に対する設計は，暴風の発生頻度が少なくないこと，暴風後も使用が継続されること，供用期間中の耐震性能の維持の観点から，稀な暴風に対して免震部材は降伏応力以下とすることを原則とした。クリープ性部材が存在する場合，免震部材が降伏応力以下であっても残留変形が生じる可能性があるので，残留変形が建物の使用の継続に支障をきたさない範囲にとどまることを確認する必要がある。

(2) 免震層の風応答状態ランクと耐風設計

すでに 1.2 節の(5)で示したように，本指針では免震層の風応答の状態をランク A～C の 3 段階にわけ，ランク毎に設計方法を提示することとした。免震層の風応答ランクは，ねじれ成分を除く風荷重の組合せを考慮した極めて稀に生じる風荷重に対して，地震時の免震層の復元力特性（地震時の検討に用いる復元力特性）を用いて評価される応答状態によって分類することとした。図 3.4 にランク A～C の状態での風荷重に対する免震層の応答の概念図を示す。ランク B'の状態は，クリープ性部材が存在する場合にランク B の状態からクリープ変形が生じた状態である。図 3.5 にクリープ性部材である鉛プラグ入り積層ゴムの長時間加振実験結果から得られたクリープ変形のイメージを示す。

実際の風応答時の免震層の復元力特性は応答振幅レベルの違いや平均荷重の影響により地震時とは異なることがあるが，風荷重の影響の小さい場合に，地震時と異なる検討を求めることは実用的ではない。本指針では，まずは風荷重の影響の深刻さを大きく捉え，影響が小さい場合は簡便に，大きい場合はより慎重に風荷重の影響を評価する仕組みを提案している。

設計にあたっては，免震層の風応答ランクを確認し，風応答ランク毎に示された検証項目を確認することになる。特に，ランク B は免震層の風応答が免震層の弾性範囲を超えるものの時刻歴風応答解析などを用いずに風荷重を静的に取り扱い，耐風設計を行う事が可能な範囲であるが，風荷重時に免震層が弾性範囲を超える応答を長時間多数回繰り返す状態であるので，免震部材の疲労や残留変形の影響が耐風および耐震安全性に問題のないことを確認することは非常に重要であり，3.2 節の各項目を慎重に検討する必要がある。

i) ランク A

免震層の組合せ風荷重に対して，免震層が弾性範囲に留まるケース。

・クリープ変形が無視し得る荷重レベル（トリガー荷重）が把握できているクリープ性部材については，風荷重の平均成分がクリープを無視し得る範囲の場合はランク A として扱ってよい。

・クリープ性部材である鉛プラグ入り積層ゴム（LRB），錫プラグ入り積層ゴム（SnRB），高減衰積層ゴム（HRB）のみで構成される免震建築物の場合，免震層の組合せ風荷重 W_C が免震層の降伏荷重 Q_y に対して，以下の条件を満たす場合はランク A として扱ってよい。

$$W_C \leq 0.6Q_y \text{ (LRB, HRB), } 0.45Q_y \text{ (SnRB)} \tag{3.1}$$

(3.1) 式は「付 2 免震部材の風応答特性」に示されているクリープ性部材の風荷重を想定した載荷試験結果から，実大（積層ゴムでは 1000φ 程度）スケールで残留変形 30 mm 以内に留まる荷重レベルとクリープ性部材の降伏荷重の関係から評価したものである。評価にあたっては以下を考慮した。

－試験結果から評価した限界値 Q_{max} に対して 2/3 程度の余裕度を考慮

　いずれのクリープ性部材も平均荷重を考慮した正弦波加振試験が行われているが，データ数に限りがあること，試験されている平均荷重と変動荷重の比率が風方向風荷重の比率を模擬しているとは言い難いことなどを考慮した。

－正弦波振幅換算係数 $\alpha_D = 0.5$

　α_D は正弦波加振時の振幅の定常ランダム応答時の最大振幅に対する比であり，正弦波加振試験

が対応する風荷重レベルを評価する。

－風荷重の組合せを考慮

対象となるのは中低層建築物でアスペクト比が比較的小さい建築物であると考え，風方向風荷重 W_D，組合せ時の風直交方向風荷重 W_L とする時，組合せ風荷重ベクトルの大きさ W_C は荷重指針より下式で評価される。

$$W_C = \sqrt{W_D^2 + W_L^2} = \sqrt{W_D^2 + (\gamma W_D)^2} = \sqrt{1 + \gamma^2} \cdot W_D \tag{3.2}$$

$$\gamma = 0.35\,D/B \quad \text{かつ} \quad \gamma \geq 0.2$$

ただし，B：建築物の幅，D：建築物の奥行き

中低層建築物の場合，風方向風荷重が卓越し，建築物平面の長い方の辺に正対する方向が風方向となる時の組合せ風荷重が最大になると考えられる。この時 $B \geqq D$ から辺長比 $D/B \leqq 1.0$ なので，$\gamma = 0.35$ が最大となる。

これから，組合せ風荷重：$W_C = \sqrt{1 + \gamma^2} \cdot W_D = \sqrt{1 + 0.35^2} \cdot W_D = 1.06 \cdot W_D$　となる。

以上から，クリープ性部材のクリープの影響を無視し得る風荷重の範囲の限界値 Q_{max} が下式を満たす場合，ランク A として扱えるものとした。(3.3)式から求まる Q_{max} と Q_y の関係を安全側に丸めたものが(3.1)式である。

$$\frac{2}{3}Q_{max} \geq 1.06W_D \quad (W_D：風方向風荷重) \tag{3.3}$$

以上のように，現段階ではクリープ性部材がランク A となる範囲を既往の試験結果から評価した限界値に対して余裕度を考慮することとしており，(3.1)式は(3.3)式の関係を，余裕度を含め丸めたものである。繰り返しとなるが，これはあくまで縮小試験体による限定的な試験結果にもとづくものであり，今後さらに実大レベルの実験や実建物の観測などの情報の蓄積を行い，クリープ性部材の平均風力が作用する場合の小振幅・長時間繰り返し載荷に対する性能の把握に努める必要がある。現段階では，これらの背景を十分に理解し，慎重に設計へ適用すべきである。

以下に「付 2 免震部材の風応答特性」にあるクリープ性部材の正弦波加振試験結果などをもとに，クリープ性部材のランク A の範囲の評価の概要を示す。(Q_{max} はクリープ性部材のクリープの影響を無視できる範囲の限界荷重)

1) LRB

・試験体は $D = 500\phi$，ゴム総厚 $\Sigma t_R = 102$ mm，Q_d（切片荷重）$= 66$ kN，縮小率 1/2 程度

・実大で残留変形 30 mm は試験では 15 mm に相当

・試験結果から，22 ± 22 kN であれば残留変形は 15 mm 程度以下となっている

22 ± 22 kN $= (0.33 \pm 0.33)Q_d$ より，$Q_{max} = (0.33 \pm 0.33/0.5)Q_d = 0.99Q_d \rightarrow 1.0Q_y$

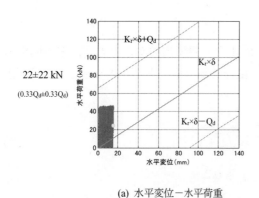

(a) 水平変位－水平荷重

付2「LRB 図6 一定＋正弦波加力実験結果（T=3.0 s）」抜粋

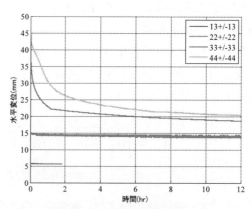

（付2「LRB 図11 残留変形」抜粋）

2) SnLRB

- 試験体は D=300 ϕ，ゴム総厚Σt_R=58.5 mm，Q_d（切片荷重）＝42 kN，縮小率 1/3 程度
- 実大で残留変形 30 mm は試験では 10 mm に相当
- 試験結果から 10.5±10.5 kN であれば残留変形は 15mm 程度以下となっている

  $10.5±10.5$ kN ＝$(0.25±0.25)Q_d$ より，$Q_{max}＝(0.25±0.25/0.5)Q_d＝0.75\,Q_y$

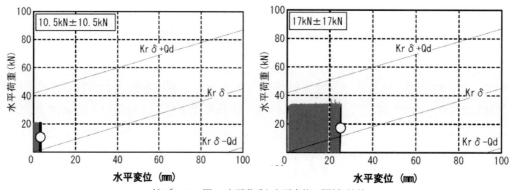

付2「SnRB 図6 水平荷重と水平変位の関係」抜粋

3) HRB

- 試験体は D=225 ϕ，ゴム総厚Σt_R=44.8 mm，τ_d（切片荷重時応力）＝0.25 MPa，縮小率 1/4～1/5 程度
- 実大で残留変形 30 mm は試験ではγ= 0.15 に相当
- 試験結果から 0.2±0.1 MPa であれば残留ひずみγは 0.15 程度以下となっている

  $0.2±0.1$ MPa＝$(0.8±0.4)\tau_d$ より，$\tau_{max}＝(0.8±0.4/0.5)\tau_d＝1.6\,\tau_d \rightarrow 1.0\,Q_y$（ランク A 相当を考え$Q_y$を上限とした）

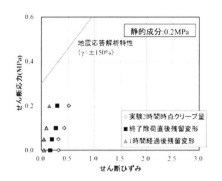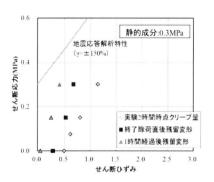

付2「HRB 図13 各実験におけるクリープ変形量，残留変形量」抜粋

・すべり支承（剛すべり支承，弾性すべり支承，球面すべり支障）のように，摩擦力が発生する部材の場合，厳密な荷重－変形関係は非常に複雑であり，他の免震部材の抵抗力と単純には累加できないため注意が必要である。したがって，風荷重に対して免震層が摩擦力のみ，あるいは摩擦力を完全に無視して抵抗できる場合に限り，ランク A として扱ってよいこととした。

ii) ランク B

免震層は弾性限界を越えるが，風荷重の変動成分に対しては弾性挙動をするケース。このため，風荷重は免震層が弾性時の構造特性を用いた等価静的風荷重として評価が可能である。

1)静的な力の釣合により，最大変形，塑性変形の評価が可能である。

・免震層が弾性時の状態で風荷重が評価可能である。

・風荷重は図 3.2 に示す風方向と風直交方向の組合せを考慮した組合せ風荷重ベクトル，組合せ変動風荷重ベクトルの大きさと免震層の降伏荷重を比較してランクの判定を行う。

・鋼材系ダンパーの場合は，最大風荷重（＝平均成分＋変動成分）とスケルトンカーブ上での釣合いから応答を評価可能である（図 3.6 参照）。

2)クリープ性部材の場合は風荷重の平均成分の影響によるクリープ変形の評価が必要である（図 3.1 の B'）。

・鉛・錫や高減衰ゴムを利用したクリープ性部材は風荷重の変動成分には抵抗力を発揮するが，平均成分にはクリープが生じ，抵抗力ゼロになるものとして扱う。

・鉛・錫や高減衰ゴムを利用したクリープ性部材を用いた免震層の応答評価は「付 5 免震層の簡易風応答評価方法」に示す。

3)風荷重を静的に取り扱うことが可能なケースではあるが，風荷重の長時間繰返しに対する免震部材の疲労や，残留変形による影響が安全性に問題ないことを確認することが必要である。

4)免震層の風応答ランクの判定には，風方向と風直交方向の風荷重の組合せに基づくこととしているが，ランク B の場合の免震層・免震部材の健全性の確認には，風方向・風直交方向とねじれの風荷重も組み合わせた評価が必要であるので，注意が必要である。

iii) ランク C

免震層の組合せ風荷重ベクトル・組合せ変動風荷重ベクトルともに免震層は弾性限界を越え，風荷重の変動成分に対しても弾塑性挙動をするケース。

1)原則として時刻歴応答解析による評価が必要である。

・時刻歴応答解析に用いる風力時刻歴波形は，風洞実験による風圧力を直接用いるか，変動風力の

パワースペクトル密度と空間相関モデルを用いて模擬風力波形を作成して用いることになる。いずれの方法も，元となる風力は統計量として評価されているものなので，複数の時刻歴波形群を用いた応答解析を行い，その結果の最大値や rms 値のアンサンブル平均として評価される必要がある [7),8)]。

・時刻歴応答解析結果の評価におけるアンサンブル数は，サンプル数 10 で 10%程度の誤差となることが報告されており，実用性を踏まえ最低 5 個以上のアンサンブル平均を用いることが望ましい [7),8)]。

・風荷重の影響が大きい超高層建築物の時刻歴風応答解析では，建物の一次モードの風応答が卓越することや，建物の塑性化が進行しても振動モード形はほとんど変化しないことなどから，建物の一次モードのみを取り出した等価な一質点系モデルによる評価が可能である。しかし，免震建築物の場合，免震層が弾性限界を超えると，振動モード形にも変化が生じ，風荷重にも変化が生じる可能性がある。時刻歴風応答解析にあたっては，振動モード形の変化を考慮する必要性の有無をよく確認しないといけない。振動モード形変化が生じる場合には，等価な一質点系ではなく，縮約するとしても 5～10 質点程度以上の多質点系モデルを用いるなど，振動モード形変化を適切に考慮する必要がある。

・長時間にわたる平均風速の変化を考慮する場合でも，10 分間を定常状態として変動風力時刻歴波形を作成し，10 分間毎に平均風速を変化させながらつなぎ合わせることで長時間の風速変化を評価 [11),21)] してもよい。

・極めて稀な暴風の事象後の残留変形の評価を行い，残留変形の生じた状態での鉛直荷重に対する安全性，地震に対する安全性，建物機能維持に関して問題ないことを確かめる。このことは地震後の残留変形と共通の課題であり，従来の維持管理計画における残留変位の管理値の考え方が目安になりうる。

・風応答の評価に用いる免震層の復元力特性は，応答振幅レベルに応じた復元力特性とすることが必要である。免震部材にクリープ性を有する場合は，クリープ変形を別途評価して，クリープ性を考慮しない評価結果に累加して評価することが可能である。

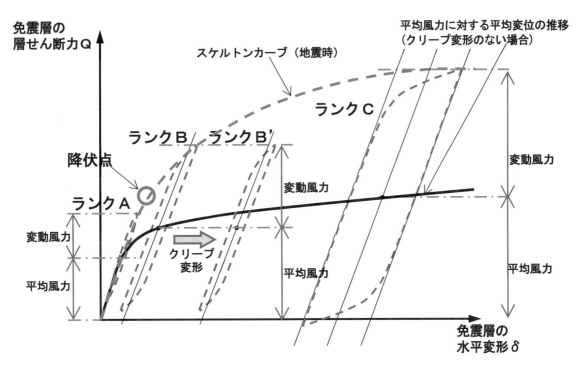

図 3.4 風荷重に対する免震層の応答の概念図と免震層のランク

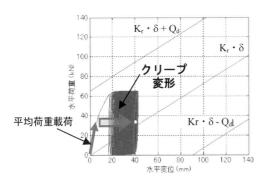

鉛プラグ入り積層ゴムの長時間加振実験結果[22]。加振時間は2時間で，鉛プラグの降伏荷重Q_dに対して，平均荷重$0.5Q_d$と変動荷重$\pm 0.5Q_d$の周期3秒・正弦波加振。平均荷重の存在により，加振時間の経過とともに，徐々に平均変位が増大している様子が確認できる。

図 3.5 静的荷重によるクリープ変形のイメージ

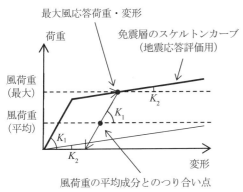

(a) 塑性化の度合いが小さい場合（ランク B 程度）

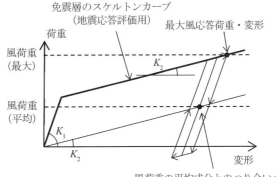

(b) 塑性化の度合いが大きい場合（ランク C）

※この場合，風荷重は免震層の塑性化の影響を受け，弾性時の等価静的風荷重が変化するので注意が必要

図 3.6　鋼材系ダンパーの最大風応答荷重・変形と免震層のスケルトンカーブの関係

4. 免震部材の設計

4.1 評価項目

(1) 免震部材の設計において，極めて稀な暴風時およびその事象後も免震部材がその機能を保持できることを耐風安全性評価により確認しなければばらない。

(2) 耐風安全性の評価においては，風荷重変動成分による長時間繰返し変形に対する疲労損傷，温度上昇の影響による剛性低下・耐力低下，および小振幅時復元力特性，さらに風荷重平均成分によるクリープ変形特性や長時間変形の影響など風荷重時に特徴的な評価項目が適切に考慮されなければならない。

(3) 温度上昇の影響や繰返し変形による免震部材力学特性の変化は限界値を超えてはならない。また，その特性変化が応答値に影響する場合には，風応答値の評価においてこれを考慮する必要がある。

(4) 鋼材の疲労など，供用期間中の地震や頻度の高い強風により損傷が累積する免震部材においてはこれを考慮して健全性の評価を行なうものとする。

(5) 暴風の後の水平残留変形を評価し，安全性の評価を行わなければならない。

(1) 長期荷重を支持する積層ゴム支承やすべり支承などの免震支承は，取替え交換が一般に困難なため，極めて稀な暴風の事象後において，免震支承の性能の変化・劣化を十分小さくして部材の取替え交換が不要となるようにすべきである。1.3 節で述べたように交換や補修が比較的容易なダンパー部材については，ある程度の損傷を許容してもよい。暴風時もしくは地震時に，破損することを許容するトリガーやストッパー類も同様に，想定した範囲の損傷は許容する。

(2) 免震建築物が強風を受ける場合には，免震部材は平均成分による静的な力を受ける点，ならびに変動成分により長時間繰り返し変形を生じる点で，地震時と異なる風荷重特有の外力特性とそれによる応答挙動特性や安全限界を評価する必要がある。そのため，台風通過時などを想定した数時間あるいはそれ以上の長時間に対応する免震部材の連続加振実験などにより，設計上考慮すべき項目に対応する特性とその評価方法が明らかになっている必要がある。具体的には，小振幅時の復元力特性やクリープ特性を含む力学特性，長時間加振やクリープ特性などに対する安全限界およびその評価方法などである。安全限界が確かめられていない場合は，実験で安全性が確認された範囲を安全限界とすることを原則とする。風荷重を想定した免震部材の実験方法に関しては「付 1 免震部材の性能試験法」を参照されたい。

既往の風荷重を想定した長時間加振実験などに基づく，現状の免震部材の耐風設計上の知見の概要を評価項目ごとに以下に示す。また，これらの評価項目を免震部材ごとに整理して表 4.1 に示す。これらの詳細については「付 2 免震部材の風応答特性」を参照されたい。

(a) 疲労特性

エネルギー吸収に鋼材等が用いられた部材では，温度上昇よりも疲労損傷が問題となる。図 4.1 に，鋼材ダンパーおよび鉛ダンパーの変位振幅と破断あるいは亀裂発生時までの繰返し数の関係を示す（付 2 の「鋼材ダンパー」，「鉛ダンパー」参照）。わが国で広く用いられている鋼材ダンパーには，ループ型鋼材ダンパーと U 型ダンパーの 2 種があり，いずれも地震応答を想定した高応力下において，疲労による鋼材の破断限界に関する変位振幅と繰返し数の関係が実験的に確かめられている。U 型ダンパーに関しては風応答を想定した弾性限以下での繰返し加力実験も行われ，その際の破断に達する繰返し数は，従来の高応力下における破断限界曲線を小振幅側に外挿した場合の繰返し数よりもかなり大きいことが確かめられており，これを反映してマイナー則などにより疲労損傷を評価することが望ましい。また，U 型ダンパーは，加力方向の要素 U 型鋼材の向きにより破断に至る繰返し数や破断位置が異なることも確

かめられており，風応答によりダンパーを構成する要素鋼材が一斉に破断する可能性は低いと考えられる。鉛ダンパーについては，小振幅多数回繰り返し加振実験により，小さな変位振幅レベルにおいて破断に至る繰返し数があることが確かめられ，また，それよりもかなり少ない繰り返し数でダンパー表面に金属疲労によると考えられる亀裂が発生することが報告されている。この亀裂は更なる繰り返しにより徐々に拡大するため，断面積減少による降伏荷重低下が許容される範囲となる繰返し回数を考慮して評価する必要がある。また，鉛ダンパーと同じ純鉛の材質からなる鉛プラグを有する鉛プラグ入り積層ゴムの疲労特性試験が実施され，鉛ダンパーよりも疲労に強いことが報告されている（付2の「鉛プラグ入り積層ゴム」参照）。ボールベアリングを用いた転がり支承では，小振幅変形の多数回繰返し変形による転がり疲労と，更に微小なボール直径の 10〜15%以下の振幅が繰り返される場合のフレッチング（微動磨耗）という現象があり，頻度の高い低風速の風荷重時でも水平変形が繰返し生じる場合には鉛ダンパーと同様に注意が必要である。すべり支承では摩擦材の磨耗現象があるが，通常の使用方法では問題にならないと考えられる。

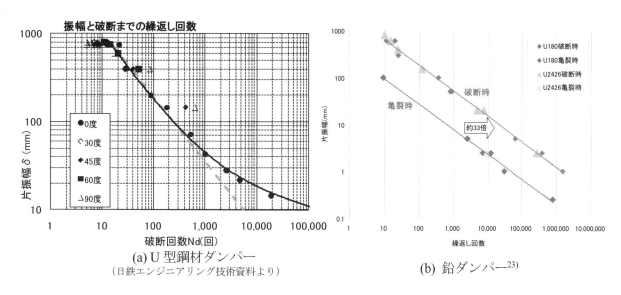

図 4.1　鋼材ダンパーおよび鉛ダンパーの疲労特性

(b) 温度上昇の影響

減衰性を有する免震部材は，風応答による長時間多数繰り返し変形の下でのエネルギー吸収により当該部位が発熱して温度上昇し，応答特性が変化したり，損傷が生じたりする。鉛入り積層ゴムや錫プラグ入り積層ゴムでは，発熱部位は鉛プラグもしくは錫プラグであり，純鉛および錫の両金属とも融点が低いため温度上昇の影響が降伏荷重の低下として現われやすい。他方，2 次剛性（ゴム剛性）の変化は，相当な温度上昇でない限り小さい。図 4.2 に鉛プラグ入り積層ゴムの 1/2 縮尺試験体（直径 ϕ500，ゴム総厚 100 mm，鉛プラグ ϕ100 mm）の継続時間 2 時間の平均荷重＋正弦波変動荷重の加振実験結果（付2「鉛プラグ入り積層ゴム」参照）を示す。2 ケースの加振条件のうち，変動荷重の振幅が切片荷重 Q_d の0.5 倍の場合には，鉛プラグの温度上昇は殆ど見られず，履歴ループも安定している。他方，変動荷重振幅が $1.0Q_d$ の場合は鉛プラグに顕著な温度上昇がみられ，降伏荷重の低下が履歴ループに明瞭に見られ，それと共に，水平変形変動成分の振幅が増大している。このケースでは，鉛プラグの温度上昇により，降伏荷重の低下に伴い水平変形変動成分が増大し，これが鉛プラグの履歴吸収エネルギーを増大させて更なる温度上昇を引き起こしていると思われる。

加振の荷重条件：
加振時間：2時間
平均成分：0.5Q_d
変動成分：0.5Q_d
（正弦波，周期3秒）

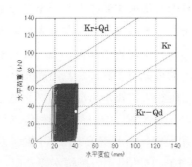

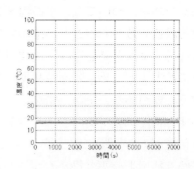

水平荷重（0.5Q_d ± 0.5Q_d）-水平変位　　　　積層ゴム各部の温度-時間

加振の荷重条件：
加振時間：2時間
平均成分：1.0Q_d
変動成分：1.0Q_d
（正弦波，周期3秒）

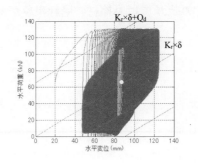

水平荷重（1.0Q_d ± 1.0Q_d）-水平変位　　　　積層ゴム各部の温度-時間

図 4.2　鉛入り積層ゴム長時間加振実験結果（温度上昇の影響）[22]

高減衰積層ゴムでは，ゴム材料自体に減衰能力があるため発熱部位はゴム部分であり，鉛プラグなどより発熱部の体積が大きく，その比熱が大きいため，同じエネルギー吸収量に対するゴムの温度上昇は鉛プラグに比べて一般に小さく，降伏荷重の低下は生じにくいが，２次剛性については低下傾向が見られる。

すべり支承では，実験により高摩擦タイプのものでは温度上昇に伴う摩擦係数の低下が明らかになっている反面，すべり面にテフロン系のコーティングがなされている低摩擦タイプのすべり支承については，このコーティングが剥がれて摩擦係数の増大が見られることもある。図 4.3 に，高摩擦タイプ（μ = 0.10）と低摩擦タイプ（μ = 0.01 強）の２種の剛すべり支承試験体（φ254 mm）の加振実験結果の履歴ループを示す（付２の「剛すべり支承」参照）。加振はいずれも周期３秒，変位振幅±30 mm の正弦波加振で，加振時間は２時間，繰返し数 2400 回である。高摩擦タイプでは，温度上昇が顕著で摩擦係数の低下が明瞭に見られる。他方，低摩擦タイプでは，温度上昇は高摩擦タイプよりも小さく，また加振の繰返しと共に摩擦係数が若干増大するという，高摩擦タイプとは逆の傾向が見られる結果となっている。

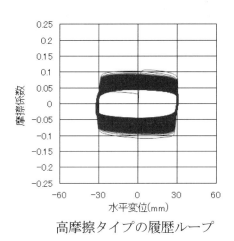 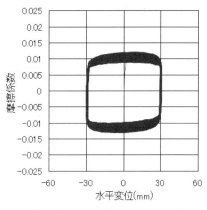

高摩擦タイプの履歴ループ　　　　　　低摩擦タイプの履歴ループ

図 4.3　すべり支承実験結果（温度上昇の影響，変位振幅±30 mm の 2 時間加振）
（日本ピラー工業　技術資料より引用）

鉛ダンパーは融点の低い純鉛が材料であるので，大振幅の繰返し加振により温度上昇に伴う降伏荷重の低下が見られることが確かめられている。

オイルダンパーはエネルギー吸収量に比して部材に使用されている鋼材量が多く，内包流体からシリンダーなどの鋼材への伝熱がスムーズに行なわれると温度上昇は比較的小さく，またその機構上から減衰性能の変化は十分小さく，80℃程度までシール・パッキンの損傷もないとされている。また，粘性体を用いた流体系ダンパーについて，温度上昇に伴う性能変化が実験により確かめられている。（付 2 の「増幅機構付粘性ダンパー」参照）。

これらの温度上昇に伴う性能変化は地震応答，とりわけ長周期地震動による応答時と共通であるが，風応答の場合には下記の特徴がある。

・　一般に最大振幅が小さく単位時間の発熱量が小さいが，継続時間が長いので，総エネルギー吸収量は長周期地震動を含む地震動によるものを上回る可能性がある。また，継続時間が長いことより，発熱部位から他の部位への熱エネルギー移動が可能になり地震応答の場合より吸収エネルギーに対して温度上昇が小さくなる。

・　温度上昇による減衰力低下が応答に及ぼす影響は地震応答の場合よりも大きい。すなわち，地震応答の場合は免震部材の降伏荷重の低下により水平変形が増大する反面，応答加速度が低下してせん断力低下をもたらす場合が多いが，風応答の場合は免震部材の降伏荷重が低下しても上部構造に作用する風圧力が低下することはないので，せん断力の低下は期待できない。したがって，水平変形は地震応答以上に増大しエネルギー吸収量・発熱量が増大する可能性がある。

上記の 2 項目は，風応答時に温度上昇の影響が見込まれる場合には，風応答評価時にそれを考慮しておかなければならないことを示唆している。

(c)　クリープ変形の特性

風方向風荷重には平均成分という静的な荷重が含まれるため，クリープ性をもつ材料である純鉛や高減衰ゴムなどを構成材料とする免震部材の応答評価にはその影響を考慮する必要がある。クリープ変形の特性については，鉛プラグ入り積層ゴム，錫プラグ入り積層ゴム，高減衰積層ゴムおよび鉛ダンパーに関して実験により定性的に確かめられている。上部構造の加速度応答や風荷重変動成分に対する免震層の応答には殆ど影響がないが，免震層の最大水平変形や水平残留変形は強く影響を受ける可能性がある。

鉛プラグ入り積層ゴムでは，φ500試験体の一定水平力＋正弦波加振実験（付2参照））により，クリープ変形の影響は風荷重の振幅と鉛プラグ降伏せん断力の関係により，次の3段階があることが明らかになっている。

① クリープ変形の発生が充分小さい

② クリープ特性の影響で，平均成分に対する鉛プラグのせん断抵抗力が低下し，水平変形が増大する傾向が見られる。

③ クリープ特性の影響で，平均成分に対する鉛プラグのせん断抵抗力が殆どなくなり，平均荷重はすべてゴム剛性が負担し．水平変形が大幅に増大する。

図4.4は，鉛プラグ入り積層ゴムの1/2縮尺試験体（直径φ500，ゴム総厚100 mm，鉛プラグφ100 mm）を，別途評価した高層免震建築物風応答解析結果のLRB水平力時刻歴応答波形にて加振した結果[24]を示す。加振は，風方向および風直交方向の2ケースについてせん断力波形を作用させた。2ケースでの加振力波形の最大値の差は大きくないが，実験結果における水平変位形の最大値については風方向の方がクリープ変形の影響により顕著に大きい。クリープ特性の影響を考慮した風応答簡易評価法（付5 参照）による解析結果と実験結果は良い対応を示している。鉛ダンパーについても同様な実験によりクリープ特性の影響と風応答簡易評価法による解析結果が示されている[25]。

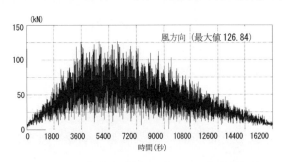

(a) 風方向を想定したLRB加振波形

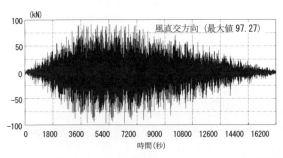

（b）風直交方向を想定したLRB加振波形形

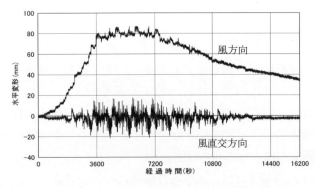

(c) LRB水平変形時刻歴（実験結果）

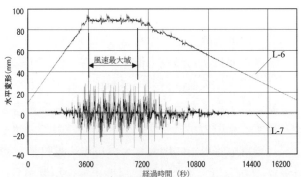

(d) LRB水平変形時刻歴（解析結果）

図4.4 LRB風応答波加振実験結果（クリープ変形の影響）[24]

オイルダンパーを多用した場合やクリープ性の高い免震部材を採用した場合などにおいては，風荷重平均成分により大きな水平変形が生じるケースがある。そのような水平変形は1時間程度あるいはそれ以上継続する可能性があり，免震部材によっては安全性の評価が必要と考えられる。積層ゴムにおける地震応答評価上の許容最大変形はゴムせん断ひずみで $\gamma = 200 \sim 250\%$ に設定される場合が多いが，風荷重

平均成分による水平変形の許容値はこれよりも小さく設定しておくことが望ましいと考えられる。しかしながら、これを裏付ける検証データは殆どなく今後の実証が期待される。高減衰積層ゴムの風荷重を想定した2時間加振実験（一定水平力＋正弦波加振）において、風荷重平均成分による水平変形が初期にゴムせん断ひずみ$\gamma = 150\%$であったものが、徐々に大きくなり、2時間後では$\gamma = 200\%$、かつ、増大傾向が続いているケースがあること（付2の「高減衰積層ゴム」参照）、また、錫プラグ入り積層ゴムでは、風荷重を想定した長時間加振実験（一定水平力＋正弦波加振）の比較的厳しい加振ケース2ケースにおいて、最終履歴ループの中心点の変形が（作用させた一定水平力／ゴム剛性）よりも大きい傾向が見られる（付2の「錫プラグ入り積層ゴム」参照）。これらを勘案して、高減衰積層ゴムや錫プラグ入り積層ゴムに限らず、すべての積層ゴムにおける風力平均成分による水平変形の許容値の目安としてゴムせん断ひずみ$\gamma = 150\%$以下とすることが推奨される。ただし、平均荷重に対する応答が$\gamma = 150\%$程度となる場合、残留変形も免震建築物として健全な状態の範囲を超え、さらに変動荷重に対して履歴ループを描く弾塑性応答の状態になっている可能性が高いので、残留変形や変動荷重に対する応答を含めた全体挙動を確認する必要がある。

(d) 微小および小振幅特性
免震部材の復元力特性は主に大地震の応答評価を行うために設定されたもので、風荷重時のような小振幅時や、免震建築物の強風時の居住性を検討する際の微小振幅レベル復元力特性と合致せず、別途復元力特性をモデル化しなければならない場合も多い。鉛プラグ入り積層ゴムや鉛ダンパーは、非常に小さい振幅レベルから履歴ループを描くことが確かめられており、その際のモデル化方法も提案されている。オイルダンパーは、微小振幅レベルにおいては大地震用に設定された減衰係数では表せない挙動を呈するので、居住性検討レベルではオイルダンパーの減衰性を考慮するか否かを判定しなければない。
免震部材の小振幅時特性について、今後より精度の高い試験による評価が進められることを期待したい。

(3) 風荷重による温度上昇や繰り返し変形に伴う免震部材の力学特性の変化が、免震建築物の設計で想定する免震部材の力学特性の変動範囲内であることを確認する必要がある。ただし、免震部材の特性変化が一時的ではなく後に残る場合には、これを考慮した安全性の評価が必要である。
なお、剛すべり支承、弾性すべり支承や摩擦系のダンパーなど、摩擦力に期待する部材においては、すべり出し荷重（静摩擦から動摩擦に変化する荷重）が、すべり出し後の荷重とは異なる。さらに、摩擦係数にもばらつきがあり、摩擦材料によって繰り返し変形時の特性変化も異なることにも注意が必要である。

(4) 鋼材ダンパーにおける疲労など、損傷が蓄積するものについては、供用期間中に想定される外乱の大きさと頻度、部材交換を含む維持管理計画などを考慮して、極めて稀な暴風時における損傷許容値を設定する。

(5) 残留変形は、その後の供用期間においても安全性が保持される範囲内に留まるように安全許容値を設定すべきものであり、地震応答後の残留変形の問題と同一である。安全性が問題となる残留変形が生じる可能性がある場合は、設計時にその際の対策・対処を明確にしておく必要がある。
また、クリープ変形により残留変形が生じる場合には、部材の復元力特性などの性能が劣化しないレベルであることを確認しておく必要がある。

表 4.1　免震部材耐風設計上の評価項目

免震部材		想定される安全性評価項目および留意すべき応答特性
積層ゴム支承	鉛プラグ入り積層ゴム	温度上昇の影響，クリープ性状，残留変形，微小（居住性）〜小振幅特性
	錫プラグ入り積層ゴム	同上
	高減衰積層ゴム	温度上昇の影響，クリープ性状，繰り返しによる剛性低下，残留変形，微小（居住性）〜小振幅特性
すべり・転がり支承	すべり支承	温度上昇の影響（特に高摩擦），コーティング表面損傷，摩擦材磨耗
	直動転がり支承	転がり疲労，フレッチング
弾塑性ダンパー	鋼材ダンパー	疲労による破断
	鉛ダンパー	温度上昇の影響，クリープ性状，疲労による亀裂発生・破断，微小（居住性）〜小振幅特性
流体系ダンパー	オイルダンパー	温度上昇の影響，シールパッキングの損傷，微小（居住性）〜小振幅特性
	粘性体ダンパー	温度上昇の影響，シールパッキングの損傷，微小（居住性）〜小振幅特性

4.2 耐風安全性の検証

(1) 免震部材の耐風安全性の検証は，それぞれの部材の特性と応答レベルに応じて，免震部材実験結果やそれに基づく安全性評価法および安全限界に関する知見に基づいて行うものとする。

(2) 免震部材の耐風安全性の評価は，それぞれの免震部材の降伏応力に対する応力状態に応じて以下のランク a～c の 3 段階に分類して行うものとする。

i) ランク a：

風荷重に対して免震部材の降伏応力を超えない応力状態であり，安全性検証は簡略的に行ってよい。地震応答解析用復元力特性における降伏応力より小さな振幅レベルであっても，小振幅時の復元力特性として弾塑性挙動を示す部材においては，ランク b として扱うことが望ましい。

ii) ランク b：

風荷重に対して免震部材は降伏応力を超えるが変動成分に対して降伏応力を超えない応力状態であり，安全性検証を適切に行わなければならない。その際，免震部材に作用する風荷重変動成分について，その最大振幅値を基に適切な方法により，等価な一定振幅の正弦波繰返し風荷重に変換して，安全性の検証を行うことができる。

iii) ランク c：

風荷重の変動成分に対しても降伏応力を超える応力状態であり，安全性検証をより慎重・詳細に行う。免震層風応答状態のランクがランク C の場合，より詳細な風荷重が評価されているので，それを考慮して評価を行う。また，風による繰返し変形により力学特性が変化する可能性がある部材については，その変化が十分小さい範囲か，免震建築物風応答解析で採用した力学特性変化が適切かについても判定しなければならない。

なお，オイルダンパーなど流体系ダンパーのランクは併設されている主要履歴系免震部材のランクを準用するものとし，併設される履歴系ダンパーがない場合はランク b もしくは c とする。

(3) 免震部材に作用する風荷重を等価な一定振幅の正弦波繰返し風荷重に変換する際には，その継続時間および変動風荷重の正弦波形振幅を適切に評価しなければならない。等価継続時間については建設地の気象条件による風速の経時変化などを吟味して設定し，風荷重の変動成分の等価正弦波形振幅については，当該免震部材の評価すべき項目に応じて，累積疲労損傷度，エネルギー吸収量，累積すべり変形量などが等価になるような係数を，別途評価された風荷重最大値に乗じて設定する。

(4) ダンパー部材の亀裂・ひび割れや免震層に大きな残留変形などが生じるなど免震部材の性能が低下する可能性が予測される場合，あるいは，風トリガーやストッパーにおいて，当該部材を初期の状態に戻す必要がある場合など，これらに対する対処方法が当該建物の維持管理計画等において明確にされていなければならない。

(1) 免震層の応答がマクロにみて弾性的挙動であっても，免震層を構成する免震部材の中には弾性限界を超える場合もあるなど，「3. 免震層の設計」に示した免震層の風応答のランクと，免震部材の検討レベルが 1 対 1 に対応しない。そのため，4.2 節の(2)に示すように免震部材の応力状態を部材のランクとしてランク a～c の 3 段階に分類し，免震部材の検討方法をそれぞれのランク毎に整理し提示する方針とした。なお，免震部材には降伏応力が明確ではないものもあるが，免震材料の大臣認定において，それぞれの部材には切片荷重や降伏荷重と初期剛性，2 次剛性が定義されるので，これらから定まる地震用の荷重－変形関係のスケルトンカーブをバイリニアモデルにモデル化したときの折れ点の荷重を降伏荷重 Q_y として用い，この降伏荷重に対応する応力を降伏応力とする。なお，第 2 勾配の直線と変位ゼロの縦軸との交点の荷重を切片荷重 Q_d と表記しているが，第 1 剛性が高い場合には，切片荷重 Q_d の値は上記の折れ点の荷重に比較的近い値となっており，降伏荷重 Q_y を代用することも考えられる。

またクリープ性部材の場合，残留変形が過大とならない範囲（例えば2〜3 cm程度）で，かつ復元力特性の劣化が生じない荷重レベルや繰返し回数以下であれば，ランクaの部材として評価できる。

(2) 免震部材がランク a に関しては，風荷重変動成分による繰返し変形に対する安全性検証は，原則不要である。ただし，小振幅時の復元力特性として弾塑性挙動を示す部材においては，4.2 節の(1)で記述したように，復元力特性の劣化等が生じない荷重レベルや繰り返し回数であることが確認された場合を除いて，ランク b として扱うことが望ましい。

ランクbおよびランクcについて，免震部材それぞれの風応答特性および安全限界に基づいて安全性検証を行う。「付 2 免震部材の風応答特性」では，免震部材ごとに既往の実験データやそれに基づく安全限界および安全性検証法についての既往の知見の概要を示している。安全性検証を行うべき項目の主たるものを以下に例示する。

- 積層ゴム支承：繰返し変形に伴う減衰性能の低下や剛性低下の影響，風荷重平均成分による長時間の変形の影響。これらに伴う，設計限界変形や破断変形の低下
- すべり支承：繰返し変形に伴う摩擦特性の変化と損傷
- 鋼材ダンパー：疲労の蓄積に伴う破断。他事象による疲労蓄積も考慮要
- 鉛ダンパー：繰返し変形に伴うひび割れの発生・成長，減衰性能の低下および破断
- 流体系ダンパー：繰返し変形に伴う減衰特性の変化

また，クリープ性部材に関しては部材ランクにかかわらず，クリープ変形を考慮した免震部材最大水平変形や残留変形に対する安全性を検証しなければならない。

(3) 免震部材の応答がランク b の場合，建築基準法などに基づく風荷重から，等価な一定振幅の正弦波繰返し荷重に変換した上で，免震部材の正弦波加振実験の結果やそれに基づく，繰返し変形に伴う力学特性の変化の傾向や安全限界と比較することによって安全性の検証を行うという比較的簡便な方法によることができる。その際，等価な継続時間および等価な正弦波形振幅を適切に評価することが重要である。本文に示したように，等価継続時間については建設地の気象条件，等価正弦波形振幅については当該免震部材の評価すべき項目に応じて，累積疲労損傷度，エネルギー吸収量，累積すべり変形量などが等価になるように設定する必要がある。これらについては「付 1 免震部材の性能試験法」を参照のこと。

参考文献

1) 日本建築学会：建築物荷重指針・同解説(2015)，2015

2) 日本免震構造協会：応答制御建築物調査委員会報告書，2012.1.26

3) 日本建築学会：建築物荷重指針を活かす設計資料2，―建築物の風応答・風荷重評価／CFD 適用ガイド―，2017

4) （財）日本建築センター：実務者のための建築物風洞実験ガイドブック（2008 年版），2008

5) 片桐純治，大熊武司，鶴見俊雄：高層免震建築物の一般化風力特性，日本建築学会大会学術講演梗概集，B-1，pp.139-140，2010.9

6) 奥田泰雄，松井正宏，野田稔：平成 30 年台風 21 号（JEBI）による強風被害，日本風工学会誌，第 44 巻，第 3 号，pp.280-287，2019

7) 吉江慶祐，北村春幸，大熊武司，和田章：時刻歴風応答解析におけるアンサンブル平均のばらつき，日本建築学会大会学術講演梗概集，pp.233-234，2005.9

8) 齋藤元紀，佐藤大樹，吉江慶祐，大熊武司，片桐純治，北村春幸：風力のサンプル数が超高層免震建築物の弾塑性風応答評価に及ぼす影響，日本建築学会技術報告集23 巻，53 号，pp.65-70，2017.2

9) 辻田修，早部安弘，大熊武司，和田章：弾塑性構造物の風応答性状ならびにその予測に関する研究　その1　風直角方向振動の場合，日本建築学会構造系論文集，第 481 号，pp.9-16，1996.3

10) 辻田修，早部安弘，大熊武司，和田章：弾塑性構造物の風応答性状ならびにその予測に関する研究　その2　風方向振動の場合，日本建築学会構造系論文集，第 485 号，pp.25-34，1996.7

11) 辻田修，丹羽秀聡，大熊武司，和田章：弾塑性構造物の風応答性状ならびにその予測に関する研究　その3　提案予測手法の風速変化に対する適用性，日本建築学会構造系論文集，第 493 号，pp.17-22，1997.3

12) 吉江慶祐，北村春幸，大熊武司，和田章：エネルギーの釣合に基づく平均成分を有する広帯域性変動風力を受ける弾塑性構造物の応答予測手法，日本建築学会構造系論文集，第 608 号，pp.21-28，2006.10

13) 成原弘之，泉満，浅見豊：風荷重に対する高層鋼構造骨組の疲労設計，日本建築学会構造系論文集，No.465，pp.129-137，1994.11

14) 吉江慶祐，松井正宏：風入力による繰返し荷重効果と疲労損傷，シンポジウム「風と地震による繰返し荷重効果と疲労損傷」，日本建築学会，2004

15) 吉田正邦，近藤宏二，堀越清視，本郷剛，羽入田茂：風振動による鋼製部材の疲労損傷評価の試み，第 12 回風工学シンポジウム論文集，pp.405-410，1992

16) 大熊武司：強風による鋼構造骨組の累積疲労損傷，配管技術，31 巻，5 号，pp.58-64，1989

17) 松井正宏，大熊武司，田村幸雄：経験的風況特性を用いた仮想台風による風速時刻歴の生成方法，日本建築学会大会，pp.115-116，2009

18) 安井八紀，大熊武司，吉江慶祐，鶴見俊雄：疲労損傷評価のための暴風の累積作用時間の簡易評価方法，日本建築学会技術報告集，第 19 巻，第 42 号，pp.413-414，2013.6

19) 松井正宏：バフェッティングや準静的風荷重の変動成分を対象とした疲労損傷評価用等価作用時間，Proceedings of The Eighth Japan Conference on Structural Safety and Reliability, JCOSSAR2015 論文集，pp.591-595，2015.10

20) 団栗直希，西嶋一欽：強風ハザード適合台風群の累積疲労損傷度評価，日本風工学会論文集，第 45 巻，pp.93-102，2020.7

21) 鈴木雅靖，竹中康雄，近藤明洋，飯場正紀，大熊武司，松井正宏：高層免震建築物の風応答時刻歴解析による検討　その1　対象免震建物と風力波形評価，日本建築学会大会学術講演梗概集，pp.277-278，

2010.9

22) 河内山修，竹中康雄，池永雅良，鈴木雅靖，仲村崇仁，吉川和秀，金子修平：高層免震建物の風応答における LRB の健全性に関する研究（その 2）積層ゴムの一定および正弦波加力実験，日本建築学会大会学術講演梗概集，pp.491-492，2003.9

23) 安永亮，高山峯夫，森田慶子，安藤勝利：鉛ダンパーの風応答に関する研究（その 2）微小変位での高サイクル疲労特性，日本建築学会大会学術講演梗概集，pp.289-290，2010.9

24) 高岡栄治，竹中康雄，近藤明洋，引田真規子，片村立太，飯場正紀，大熊武司：風荷重を想定した鉛プラグ入り積層ゴムの長時間加振実験，日本建築学会技術報告集，第 18 巻，第 38 号，pp.61-66，2012.2

25) 高岡栄治，竹中康雄，近藤明洋，引田真規子，飯場正紀，大熊武司：風荷重を想定した鉛ダンパーの長時間加振実験，日本建築学会技術報告集，第 18 巻，第 38 号，pp.55-60，2012.2

付1 免震部材の性能試験法

1. 目的

免震建築物の耐風安全性の評価においては，長時間繰返し荷重に対する疲労損傷，剛性および耐力低下，温度上昇の影響，クリープ特性，小振幅特性など風荷重時に特徴的な評価項目とその安全性評価法が明らかになっている必要がある。そのため，免震部材の風応答特性および安全限界を明らかにするための風荷重を想定した適切な免震部材加振試験が重要であり，それらの試験結果に基づいて安全性評価方法が確立され，かつ設計者が利用しやすい形で提供されなければならない。このような免震部材加振試験における考え方，試験方法および留意点について述べる。

2. 基本方針と共通事項

強風・暴風に対する免震部材の応答特性および安全性を確認する基本的な試験法には，平均風速の経時変化を含む非定常な風荷重により免震部材に加振する風応答波加振試験，ならびに等価な一定振幅正弦波荷重により加振する正弦波加振がある。風荷重の性質からいずれも長継続時間加振であり，風方向については平均荷重成分も考慮した試験となる。このうち，正弦波加振試験は免震部材の加振振幅による応答特性の変化や安全性の限界の把握・整理が容易である。さらに，本試験結果を基に風応答がランクAおよびBの免震建物においては，免震部材風荷重最大値から「4. 正弦波加振試験」に述べる評価法によって部材の健全性が簡便に評価できる。またその他の試験法として，オンライン加振試験，残留変形試験，クリープ特性試験，疲労特性試験などがあり，それぞれの免震部材の特性や試験目的に応じて上記の基本的試験と組み合わせて実施するとよい。これらの試験法の共通事項として以下の点に留意する。

(1) 加振方法

　免震部材加振試験は動的加振試験を原則とし，クリープ変形や温度上昇の影響を把握する際には荷重制御による加振により行うものとする。ただし，滑り・転がり支承やダンパー部材のように復元ばね機能を有しない免震部材では荷重制御試験は困難であり，この場合には変位制御による加振試験を行うことができる。また以下の試験法も考えられる。

　1) オフセット変形の影響を考慮した変位制御試験。ただし，クリープ特性の把握のための試験には適さない。

　2) 復元ばね機能を有する免震部材を並列に追加した上での荷重制御加振試験。

　3) 復元ばね機能を有する免震部材の代わりに，それを再現する加振装置を付加した荷重制御加振試験。

　4) 復元ばね機能をコンピュータ内で扱うオンライン加振試験。

(2) 試験体および計測

　1) 実大もしくは1/2以上の縮尺試験体が望ましい。

　2) 温度依存性のある試験体においては，原則試験体と試験治具の間に断熱材を入れる。ただし，風荷重は長時間なので実際の取り付け部からの放熱は少なからずあると考えられるので，完全断熱の必要は無く，実際の取り付け状態と同等の断熱性，伝熱性が得られればよい。

　3) 免震部材固有の特性に応じて必要な計測を行う。例えば，各部の温度計測，磨耗量の測

定，ひび割れなどによる損傷の程度など。

4) 試験前および試験後十分な時間経過した常温の下で基本的特性試験を行い，免震部材特性の試験前後における変化の有無を確認する。

3. 風応答波加振試験とオンライン加振試験

平均風速の経時変化を含む非定常な性質を考慮して設定した風荷重で免震部材を加振する。それぞれの免震部材の応答特性や安全性評価項目抽出のための試験として重要と考えられる。建物条件や風環境を仮定して，風洞実験やシミュレーションにより得られた波形を用いて，風速が階段状もしくは連続的に変化することを想定して風力時刻歴波形を作成し，風応答予測解析を行い免震部材に作用する風荷重波形を評価する。この際，予測解析における免震部材応答特性の妥当性の問題が残りかねないと考えられるが，その解決を図る試験方法としてオンライン加振試験が考えられる [4]。本試験法では，コンピュータ内における風応答解析評価と免震部材の加振試験を並行して行う。免震層を構成する他の免震部材特性や上部構造特性をコンピュータ内で扱うことができ，より実際に近い免震部材応答を得る可能性があるため風応答評価法の検証となりうる。

4. 正弦波加振試験

正弦波加振試験は免震部材の荷重レベルに応じた風応答特性把握や安全限界把握のために重要で基本的な試験法である。正弦波荷重は非定常な風荷重を等価な一定振幅正弦波荷重に変換された風荷重と位置づけられ，後述のようにランク A，B の免震部材安全性評価に利用することができる。風方向荷重を模擬する際には正弦波荷重に一定水平力を加える。加振荷重 $F(t)$ の設定は，風方向および風直交方向を想定して，

$$F(t) = Q_S + Q_D \sin \omega t \qquad \text{（風方向）} \tag{1}$$
$$F(t) = Q_D \sin \omega t \qquad \text{（風直交方向）} \tag{2}$$

とする。ここに，Q_S は風荷重の平均成分に対応する一定水平力，Q_D は風荷重変動成分に対応する荷重振幅である。免震部材によって荷重制御による試験が難しく，変位制御による試験を行う際の，加振変位 $\delta(t)$ は，

$$\delta(t) = D_S + D_D \sin \omega t \qquad \text{（風方向）} \tag{3}$$
$$\delta(t) = D_D \sin \omega t \qquad \text{（風直交方向）} \tag{4}$$

とする。ここに，D_S は風荷重の平均成分に対応する変位，D_D は風荷重変動成分に対応する変位である。

免震部材の性能に応じて加振振幅を変動させ，設計者に十分な情報を提供できることが望ましい。加振円振動数 ω は，風応答時の等価な周期によるものとし，周期 3 秒程度を目安としてよい。また，加振継続時間は 2〜3 時間以上とする。

免震建物設計における風荷重評価結果と上記のような免震部材正弦波加振結果と対応させて安全性を検証する場合，風応答がランク A もしくはランク B の免震建物では以下のように考えてよい。

免震建物の風荷重の荷重もしくは変位の最大振幅において，平均成分が Q_m もしくは δ_m，変動成分が $Q' = (G_{fQ} - 1)Q_m$ もしくは $\delta' = (G_{fD} - 1)\delta_m$ と免震建物設計において評価されている場合，比較対照すべき上記の免震部材正弦波加振の加振振幅 Q_S もしくは D_S を下記としてよい。G_{fQ} および G_{fD} は荷重もしくは変位のガスト影響係数もしくはそれに相当する係数である。

$$Q_S = Q_m, \quad Q_D = \alpha_Q\big(G_{fQ} - 1\big)Q_m \tag{5}$$

$$D_S = \delta_m, \quad D_D = \alpha_D\big(G_{fD} - 1\big)\delta_m \tag{6}$$

ここに，α_Q, α_D は非定常の風応答変動成分を等価な一定振幅の正弦波に置換する際の係数で，累積疲労損傷率，累積吸収エネルギー量，累積変形量などが等価になるように設定する。このような係数として国交省による2009年度建築基準整備促進事業「12　免震建築物の基準の整備に資する検討」（参考文献1～3）における高層免震建物モデルの風応答時刻歴解析結果とその分析結果を参考にすることができる。この風応答解析結果において，建築物の高さ（80m級と160m級），粗度区分（東京地域II, III），免震システム（鉛プラグ入り積層ゴム，天然ゴム系積層ゴム＋鋼材ダンパー＋鉛ダンパー）がパラメータになっており，最大風速域の変動成分に対する応答におけるRMS値と最大値の比率が示されている。それらを基に，変動成分時刻歴波形と同等なRMS値を有する等価正弦波振幅を得るために，図1に$\sqrt{2}$ RMS値/最大値と最大水平変形（変動成分）の関係を示す。

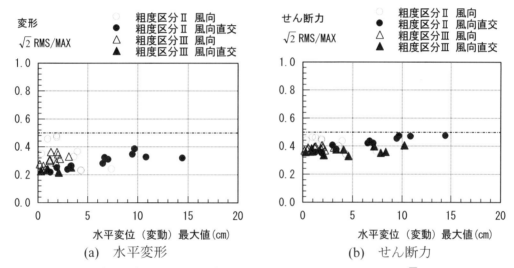

図1　風応答解析結果における変動成分水平変形とせん断力の$\sqrt{2}$ RMS値/最大値
（文献1)～3)の解析結果を加工したもの）

　図1において，水平変形とせん断力とも$\sqrt{2}$ RMS値/最大値は0.5を下回っており，等価継続時間で2～3時間の正弦波加振において，変動成分の等価正弦波荷重振幅設定に下記の値を用いればかなりのケースで安全性検証として妥当と考えてよいと思われる。

$$\alpha_Q = 0.50, \qquad \alpha_D = 0.50 \tag{7a,7b}$$

以上を考慮して，免震部材の正弦波加振試験を実施する際の平均成分，変動成分の振幅比は

$$Q_D/Q_S = \alpha_Q\big(G_{fQ} - 1\big) \tag{8}$$

$$D_D/D_S = \alpha_D\big(G_{fD} - 1\big) \tag{9}$$

と仮定することができる。ここで，一般的な特性として$G_{fQ} = 2$としてよい。その際には，$\alpha_Q = 0.50$を考慮すると$Q_D/Q_S = 0.5$となる。G_{fD}については免震システム全体の特性に依存するので一般的な特性は設定が困難であるのでその変動を考慮する必要がある。

5.　その他の試験法

(1)　残留変形試験

風応答波加振試験や正弦波加振試験に引き続き，長時間にわたり水平力ゼロを保持もしくは漸減させる試験を行い，残留変形の評価に資する。

(2) クリープ特性試験

一定水平力による加力などによりクリープ特性を把握する試験。

(3) 疲労特性試験

これまでの試験法は極めて稀な暴風時を想定した試験法であるが，比較的頻度の高い強風時の小振幅繰返し変形時にも疲労蓄積などの影響が懸念される場合（例えば鉛ダンパーの疲労や転がり支承におけるフレッチングがこれに相当する可能性がある）は，これまで述べた試験法に比して，より小さい振幅，より多数回の繰り返し変形を与えた試験により，安全性を検証しておく必要がある。

(4) その他

風応答の居住性に関わる評価に資するため，小振幅あるいは微小振幅時の免震部材応答特性を設計者に提示するための免震部材試験を必要に応じて実施する。

6. 各免震部材における試験方法と留意点

代表的な免震部材におけるものを示す。これ以外の免震部材はその特性に応じて準用する。

(1) 積層ゴム支承

鉛直力作用下での荷重制御による水平方向加振試験とする。一般的な免震建物に多く採用され，応答への影響の大きい免震部材であるため，正弦波加振試験などに加えて，クリープ特性試験，残留変形試験，微小および小振幅試験などを実施し，応答評価法や安全性検証方法に寄与することが望まれる。

(2) すべり支承

鉛直力作用下での変位制御による加振試験としてよい。繰り返し変形による摩擦係数の変化，コーティング表面の状態や摩擦材磨耗量も把握する。

(3) 転がり支承

鉛直力作用下での変位制御による加振試験としてよい。フレッチングを把握するための微小振幅多数回繰り返し試験が必要。

(4) 鋼材ダンパー

変位制御による加振試験としてよい。動的加振の影響やオフセット変形の影響が別途評価されていれば，それらに基づく準静的変位加振試験としてよい。亀裂発生やボルトのゆるみについても発生の有無を把握する。

(5) 鉛ダンパー

復元ばね機能を有していないが，クリープ変形を生じることが明らかになっており，荷重制御による加振が望ましい。ただし，クリープ特性を把握した上で，主たる試験を変位制御にて行うことは可能。形状の変化や亀裂の発生を把握する。

(6) オイルダンパー

変位制御による加振試験としてよい。

(7) 粘性体ダンパー

変位制御による加振試験としてよい。

7. おわりに

　免震建築物の耐風安全性の評価において免震部材の風応答特性，安全性とその評価法は非常に重要である。ここではそれらを明らかにするための免震部材性能試験方法について述べた。本試験法を基に，免震建築物の構造設計者に，有用で信頼性の高い技術情報が提供されることが望まれる。

参考文献

1) 平成 21 年度建築基準整備促進補助金事業「12　免震建築物の基準の整備に資する検討」報告書，清水建設株式会社，小堀鐸二研究所，日本免震構造協会，2010.3

2) 鈴木雅靖，竹中康雄，近藤明洋，飯場正紀，大熊武司，松井正宏：高層免震建築物の風応答時刻歴解析による検討（その 1 対象免震建物と風力波形評価），日本建築学会大会学術講演会梗概集 B-2 分冊，pp. 277〜278，2010

3) 近藤明洋，竹中康雄，鈴木雅靖，飯場正紀，安井八紀，吉江慶祐：高層免震建築物の風応答時刻歴解析による検討（その 2 風応答解析結果とその分析），日本建築学会大会学術講演会梗概集 B-2 分冊，pp.279〜280，2010

4) 高岡栄治，竹中康雄，近藤明洋，引田真規子，片村立太，飯場正紀，大熊武司：風荷重を想定した鉛プラグ入り積層ゴムの長時間加振実験，日本建築学会技術報告集，第 18 巻 第 38 号，pp.61-66，2012.2

付2 免震部材の風応答特性

1. まえがき

　わが国では 1980 年代に免震技術が実用化されて以降，多くの地震の経験を踏まえつつ，免震建築物は着実に増加してきている。最近の傾向として超高層免震建築物や長周期免震システムを採用する免震建築物が増加しており，強風・暴風に対する安全性確保がますます重要になってきている。風外力は地震動と違い，平均成分を有しかつ長時間作用するため，免震部材の風荷重に対する応答特性，安全性確保のための評価項目，評価方法及び許容限界が地震時とは異なる。そのため，これらを免震部材の長時間加振実験などで解明し，さらに風応答評価法，安全性評価法を整備することが必要である。2012 年にはそれまでに得られている知見を基に，免震建築物の耐風設計の推進に活用されることを意図して，本指針の初版が出版された。

　免震部材の風応答特性に関する研究や検証は，初版出版以降も進められてきているが，風荷重を想定した試験方法には明確な基準がなく，また試験装置性能の制約などもあり未だ十分な知見が得られたとはいえない。一定の性能は実験的に把握されてはいるが，安全性検証法や安全限界が明確でない免震部材も見られる。ここでは，主要な免震部材種類ごとに風応答特性に関する現在までの知見を取りまとめて，免震建築物の耐風安全性を確保するための基本的な情報を設計者に提供することとした。本付録については，初版発行後に得られたデータを一部追加するとともに，新しい部材に関する記述も追加した。

　なお，本資料中には風荷重を想定した実験として，試験条件（試験体サイズや加振条件など）が「付1　免震部材の性能試験法」に十分適合しない実験結果も含まれており，本資料に拘らず，設計者がその都度，最新の情報を入手することが望まれる。

2. 概要

　本資料では，免震部材ごとに免震部材概要，風荷重を想定した部材実験，風応答評価法，安全性検証法，文献・資料を記す構成としており，基本的な構成は初版と同じである。対象とした免震部材および本資料原案執筆者は表1 に示すとおりである。

表1　　免震部材一覧

免震部材		執筆者	2012年版執筆者
積層ゴム支承	鉛プラグ入り積層ゴム	長弘健太	河内山修
	錫プラグ入り積層ゴム	朴紀衍	朴紀衍
	高減衰積層ゴム	菊地隆志	菊地隆志
すべり・転がり支承	剛すべり支承	林哲也	上田栄
	弾性すべり支承	入澤祐太	佐藤新治
	直動転がり支承	朴紀衍	朴紀衍
	球面すべり支承	酒井快典	
弾塑性ダンパー	鋼材ダンパー	酒井快典	吉川秀章，大家貴徳
	鉛ダンパー	長井大樹	安永亮
流体系ダンパー	オイルダンパー	河相崇	猪口敏一，讃井洋一
	増幅機構付粘性ダンパー	朴紀衍	朴紀衍

部材概要：天然ゴム系積層ゴムにダンパー（鉛プラグ）を挿入した積層ゴム支承である。

風応答特性概要：風荷重に対する照査項目としては，履歴特性の変化の有無，クリープ変形，内部温度上昇，残留変形が挙げられる。

風荷重を想定した部材実験概要

　大型台風通過時のように高層建物が長時間にわたり強風にさらされる場合には，風荷重によるクリープ変形，内部温度上昇および履歴特性の変化が懸念される。風荷重を想定した免震部材の実験として次の3つの実験を行っている。

　（ⅰ）風応答波加振実験：想定高層免震建物近傍を台風が通過した時を想定した免震層の風応答波による免震部材の荷重加振実験，（ⅱ）正弦波加振実験：免震建物に作用する強風の継続時間に対応する正弦波による長時間連続荷重加振実験，（ⅲ）微小変位振幅の多数回繰返し加振実験：風荷重のレベルが小さい場合を対象とした正弦波による微小変位振幅の多数回繰返し加振による特性値変化確認実験。

1. 丸型鉛プラグ入り積層ゴムの風荷重を想定した部材実験

1.1 積層ゴムの特性

　試験体は，想定実機：LRB ϕ 1000 の 1/2 縮小体である LRB ϕ 500 を用いた(表1)。

表1　LRB 試験体

	LRB ϕ 1000(想定実機)	LRB ϕ 500(縮小体)
ゴム材料	NR／G4	
外径　（mm）	1000	500
鉛径　（mm）	200	100
ゴム層厚×層数＝ゴム総厚　（mm）	6.0×34 = 204	3.0×34 = 102
1次形状係数：S_1	41.7	41.7
2次形状係数：S_2	4.9	4.9
基準面圧　（N/mm²）	12	12
切片荷重（15℃時）$_{design}Q_d$（kN）※	262	65

※ 免震層の降伏応力の設定には，等価バイリニアモデルの第一折れ点荷重 Q_y が用いられる。

1.2 実験方法

　すべての実験は，2軸試験機を用いて行い，試験体に一定の鉛直荷重を載荷した状態で水平荷重を与えた。水平荷重は，試験体上部に設置された試験機の摩擦の影響を受けないロードセル(図1中③)の荷重値によりフィードバック荷重制御した。残留変形実験を含むすべての実験は，鉛直荷重をかけた状態で，水平荷重制御して行った。なお，試験体の取付けは，フランジを試験機に直接設置し，断熱材は取付けていない。

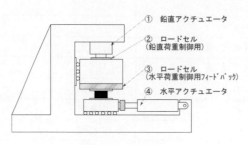

① 鉛直アクチュエータ
② ロードセル（鉛直荷重制御用）
③ ロードセル（水平荷重制御用フィードバック）
④ 水平アクチュエータ

図1　試験機の概念図

1.3 風応答波加振実験

1.3.1 実験条件

　本実験で載荷する水平荷重は，想定高層免震建物近傍を大型の台風が通過することを想定して別途行われた風応答解析による免震層せん断力に基づいて作成されている [1), 2)]。その継続時間は 5 時間であり，最大風速が再現期間 100 年期待値（頂部最大平均風速 51.70m/s），1000 年期待値（同 63.63m/s）の2 ケースについて行った。なお，ここで想定する免震建物は，RC 造，地上 25 階，高さ 80m，アスペクト比約 3，38 基の LRBφ1000 で支持されているものとした。

1.3.2 実験結果 [3)]

　100 年期待値，1000 年期待値に対する実験結果をそれぞれ図 2，図 3 に示す。

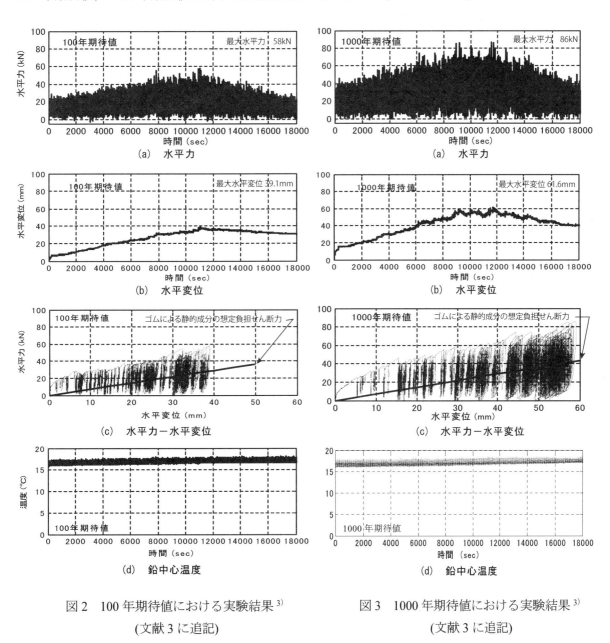

図 2　100 年期待値における実験結果 [3)]　　　図 3　1000 年期待値における実験結果 [3)]

（文献 3 に追記）　　　　　　　　　　　　　（文献 3 に追記）

　図2(a)，3(a)に示す水平力時刻歴波形において，水平力の最大値は100年期待値:58kN，1000年期待値:86kNであった。また，図2(b)，3(b)に示す水平変位時刻歴波形において，最大変形は入力波形の最大値近傍の約12000秒に生じ，100年期待値:39.1mm，1000年期待値:61.6mmであった。残留変形は加振後，鉛直荷重を保持して放置した結果，約12時間で100年期待値:24.5mm，1000年期待値:25.5mmまで回復した。

　図2(d)，3(d)に示す鉛プラグ中心の加振前後における温度は100年期待値および1000年期待値ともに16.5～17℃であり，変化しなかった。

　以上のLRBの風荷重による時刻歴加振実験により次のことがわかった。①風の動的成分の微小振幅に対してもループを描き，エネルギーを吸収する。②加振時の履歴ループの中心はゴムのせん断剛性直線上とほとんど同じとなる。③5時間の加振の間，LRBの温度はほとんど変化しない。④残留変形は12時間で25mm程度まで回復した。

1.4　正弦波加振実験

1.4.1　実験条件

　想定高層免震建物近傍を台風が通過することを想定した場合，台風が免震建物に接近する強風継続時間はおよそ2時間であると見なせる[2]。これより，図4に示す様に，平均成分に対応する一定水平荷重:Q_s に，変動成分に対応する正弦波水平荷重振幅:ΔQ を加えた荷重振幅により，2時間連続加振した。

　一定水平荷重:Q_s＋正弦波水平荷重振幅:ΔQ を長時間（2時間）連続加振し，風応答波における振動成分による特性を実験的に調査した。面圧 $\sigma=12$MPa 一定とし，一定水平荷重と正弦波水平荷重振幅を足し合わせた荷重振幅を振動数:$f=0.333$Hz で与えた（図4）。実験条件を表2に示す。また，表にはLRBのせん断ひずみ $\gamma=100$%（温度15℃）における設計切片荷重:Q_d に対する各荷重の比率も併せて示す。加振時の積層ゴム体内部の温度変化を明らかにするために，積層ゴム体内部に温度センサーを埋込み計測した（図5）。

表2　加振条件

$Q_s \pm \Delta Q$ (kN)	13±13	22±22	33±33	44±44	66±66
荷重の設計 Q_d 比率	$0.2Q_d \pm 0.2Q_d$	$0.33Q_d \pm 0.33Q_d$	$0.5Q_d \pm 0.5Q_d$	$0.67Q_d \pm 0.67Q_d$	$1.0Q_d \pm 1.0Q_d$

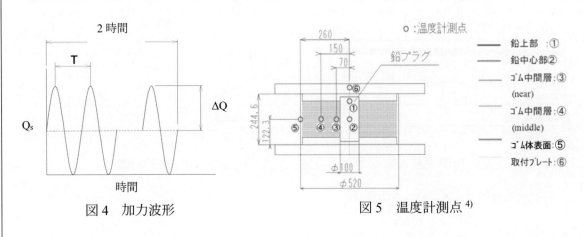

図4　加力波形　　　　　　　図5　温度計測点[4]

1.4.2 実験結果 [4]

　実験結果を図 6 に示す。履歴ループ中央の点は最終サイクルの履歴ループの荷重-変位中心点を示し，ゴム部のみの水平力：$K_r \times \delta$ および LRB の設計切片荷重を付加した LRB の水平力：$K_r \times \delta \pm Q_d$ をそれぞれ斜線で示す。

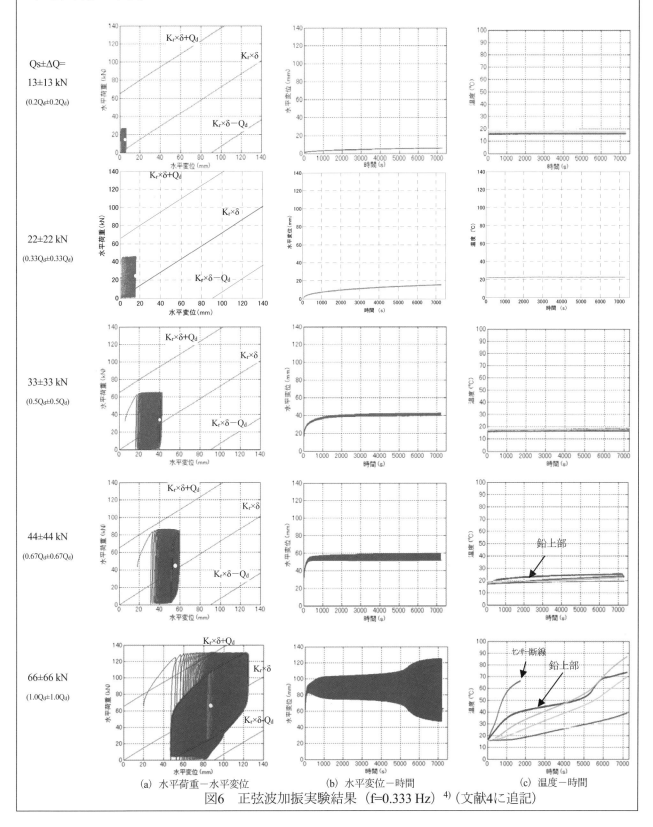

　　　　　(a) 水平荷重－水平変位　　　　　　(b) 水平変位－時間　　　　　　(c) 温度－時間

図6　正弦波加振実験結果（f=0.333 Hz）[4]（文献4に追記）

　試験体：LRBφ500（表1のLRBφ500と同形状）により追加実験を行った。面圧σ=12MPa一定，振動成分を振動数：f=0.333 Hzとして，一定水平荷重：Q_sと正弦波水平荷重振幅：ΔQの条件を次の3通り変化させた(表3)。

　(1) $Q_s \pm \Delta Q$=60±60kN：切片荷重の0.9倍相当，$\Delta Q/Q_s$=1，(2) $Q_s \pm \Delta Q$=66±27kN：Q_sが切片荷重相当，ΔQが切片荷重の0.4倍相当，$\Delta Q/Q_s$=0.4，(3) $Q_s \pm \Delta Q$=66±44kN：Q_sが切片荷重相当，ΔQが切片荷重の0.4倍相当，$\Delta Q/Q_s$=0.67。実験結果を図7に示す。

表3　加振条件

$Q_s \pm \Delta Q$ (kN)	60±60	66±27	66±44
荷重の設計Q_d比率	$0.9Q_d \pm 0.9Q_d$	$1.0Q_d \pm 0.4Q_d$	$1.0Q_d \pm 0.67Q_d$

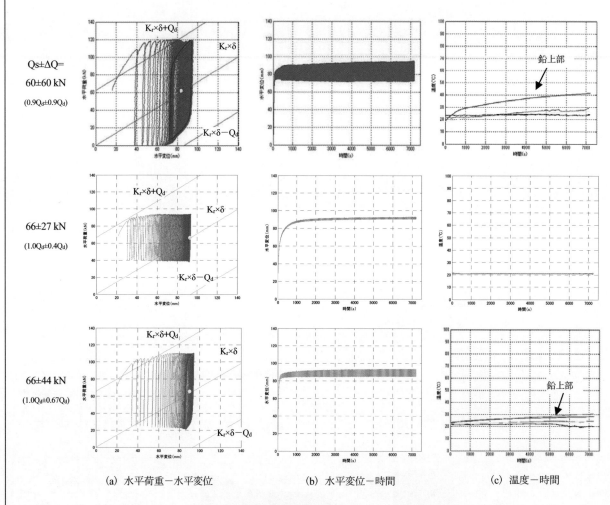

(a) 水平荷重－水平変位　　　(b) 水平変位－時間　　　(c) 温度－時間

図7　正弦波加振実験結果（f=0.333 Hz）

(1) 履歴特性

　Q_sとΔQが共に0.33Q_d未満では，履歴はほとんど描いていない。Q_sが0.9Q_d以下，またはQ_sが1.0Q_dであってもΔQが0.67Q_d以下の場合，一旦履歴の中心点が$K_r×\delta$付近に到達すると安定した履歴ループを描く。Q_sとΔQが共に1.0Q_d（66±66kN）の場合，図6(b)の水平振幅の推移は加振開始後5000secあたりで急激に増加しているが，最終的には横這いとなり安定している。同時に鉛プラグの塑性変形によるエネルギー吸収が大きくなり，鉛プラグ（図6(c)）の温度上昇が生じている。切片荷重相当値の荷重振幅においてもLRBは安定した挙動を示すと考えられる。

(2) クリープ特性

　図8に示すように，LRBに一定水平荷重を含んだ荷重振幅が作用した場合，鉛が徐々に水平方向にクリープするため，クリープ変位が生じる。今回は，2時間加振した際の最終履歴の加振中心変位をクリープ変位δ_{creep}とした。ここでδ_{creep}の，一定水平荷重Q_sが積層ゴム（以下，RB）に作用した場合の変位δ_{RB}に対する割合を到達率とし，到達率と一定水平荷重Q_sの切片荷重Q_dとの比（以下，Q_s/Q_d）の関係を図9に示す。なお，δ_{RB}は下式により算出した。

$$\delta_{RB} = Q_s/K_r$$

　ここで，

　　Q_s：一定水平荷重 (kN)

　　K_r：せん断ひずみ100%時の RB の等価剛性 (kN/mm)

　履歴ループの変位振幅の中心は加振開始から徐々に増加しその後一定になるが(図6(b))，一定になるまでの時間は水平荷重が大きい程早く，0.2Q_d±0.2Q_d（13±13kN）の様に小さい場合は遅い。また，荷重振幅がある値以下では，クリープはほとんど進行しない。履歴中心が$K_r×\delta$線上に到達する荷重条件は，0.5Q_d±0.5Q_d（33±33kN）以上であると考えられる。

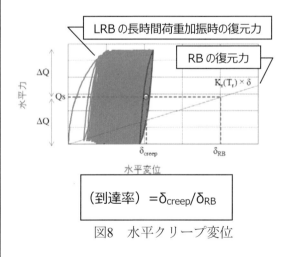

図8　水平クリープ変位

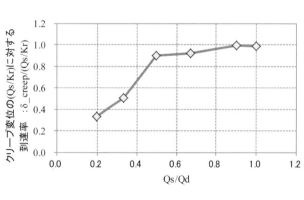

図9　到達率と Q_s/Q_d関係

(3) 温度上昇

鉛頂部に設置した温度センサーにおける最大温度は，荷重条件が$0.67Q_d\pm0.67Q_d$（44±44kN）および$1.0Q_d\pm0.67Q_d$（66±44kN）においても2時間加振後で30℃であり，荷重振幅が$0.67Q_d$未満の荷重振幅では，ほとんど温度上昇しない(図10)。また，$0.9Q_d\pm0.9Q_d$（60±60kN）では，連続加振2時間で40℃程度で横ばい傾向で，変位振幅も安定している。

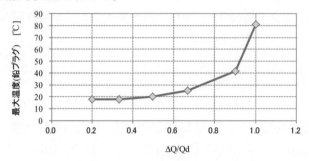

図10　最大温度（鉛プラグ）

(4) 繰り返しの影響

一連の実験の前後でLRBの基本特性実験を実施し，性能確認をした結果，いずれも特性の変化は無かった。これより長時間の連続加振を経験したLRBの性能に問題がなく，健全であることを確認した。

(5) 残留変形 [5]

各実験実施後，水平荷重ゼロを保持して LRB の変形を測定した結果を図 11 に示す。LRB は緩やかな勾配で変形が戻る。

正弦波の荷重振幅が大きいほど残留変形は大きい傾向がみられる。荷重振幅が $0.33Q_d$（22kN）以下については，クリープ変形が小さく，残留変形はその状態をほぼ維持している。$0.5Q_d$（33kN）以上については，加力終了後，水平荷重をゼロにすると急激に残留変形が回復する。$0.67Q_d$（44kN）の 12 時間後の残留変形は 20mm 程度であり，ゆっくりではあるが，さらに回復する。この残留変形を単純に 2 倍することにより想定実機（LRB φ 1000）の残留変形を推定すると 40mm となり，$0.67Q_d$（44kN）の荷重振幅における残留変形は 50mm 未満に収まっている。

なお残留変形は，オイレス工業(株)・TC 棟の自由振動実験でも測定されており，そのデータも参照されたい [6]。

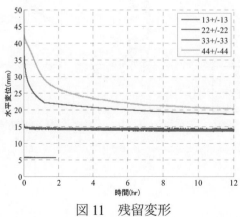

図 11　残留変形

2. 角型鉛プラグ入り積層ゴムの風荷重を想定した部材実験

2.1 積層ゴムの特性

試験体は，想定実機：LRB□1000 の 2/5 縮小体である LRB□400 とした(表 4)。

表 4　LRB 試験体

	LRB□1000(想定実機)	LRB□400(縮小体)
ゴム材料	NR／G4	
外形（mm）	1000	400
内径（mm）×数	鉛径 100×4 本	鉛径 40×4 本
ゴム層厚×層数＝ゴム総厚（mm）	6.0×33 = 198	2.4×33 = 79.2
1 次形状係数：S_1	43.4	43.4
2 次形状係数：S_2	5.1	5.1
基準面圧（N/mm²）	15	15
切片荷重 $_{design}Q_d$（kN）※	250	40

※ 免震層の降伏応力の設定には，等価バイリニアモデルの第一折れ点荷重 Q_y が用いられる。

2.2 実験方法

1.2 節と同様に，すべての実験は，2 軸試験機を用いて行い，試験体に一定の鉛直荷重を載荷した状態で水平荷重を与えた。水平荷重は，試験体上部に設置された試験機の摩擦の影響を受けないロードセル(図 12 中③)の荷重値によりフィードバック荷重制御した。残留変形実験を含むすべての実験は，鉛直荷重をかけた状態で，水平荷重を荷重制御して行った。なお，試験体の取付けは，フランジを試験機に直接設置し，断熱材は取付けていない。

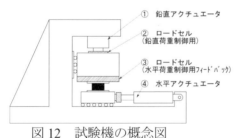

① 鉛直アクチュエータ
② ロードセル (鉛直荷重制御用)
③ ロードセル (水平荷重制御用フィードバック)
④ 水平アクチュエータ

図 12　試験機の概念図

2.3 正弦波加振実験

2.3.1 実験条件

一定水平荷重：Q_s＋正弦波水平荷重振幅：ΔQ を長時間(2 時間)連続加振し，風応答波における振動成分による特性を実験的に調査した。面圧 σ=15MPa 一定とし，一定水平荷重と正弦波水平荷重振幅を足し合わせた荷重振幅を振動数：f=0.333 Hz で与えた(図 13)。実験条件を表 5 に示す。また，表には LRB のせん断ひずみ γ=100%の基本特性実験により得られた切片荷重：Q_d に対する各荷重の比率も併せて示す。加振時の積層ゴム体内部の温度変化を明らかにするために，積層ゴム体内部に温度センサーを埋込み計測した(図 14)。

表 5　加振条件

$Q_s \pm \Delta Q$ (kN)	9±9	14±14	17±17	22±22	28±28	44±44	48±48	52±52
荷重の実験 Q_d 比率	$0.2Q_d$ $\pm0.2Q_d$	$0.33Q_d$ $\pm0.33Q_d$	$0.4Q_d$ $\pm0.4Q_d$	$0.5Q_d$ $\pm0.5Q_d$	$0.67Q_d$ $\pm0.67Q_d$	$1.0Q_d$ $\pm1.0Q_d$	$1.1Q_d$ $\pm1.1Q_d$	$1.2Q_d$ $\pm1.2Q_d$
加振方向	0°，45°	0°，45°	0°，45°	0°，45°	0°	0°，45°	45°	0°

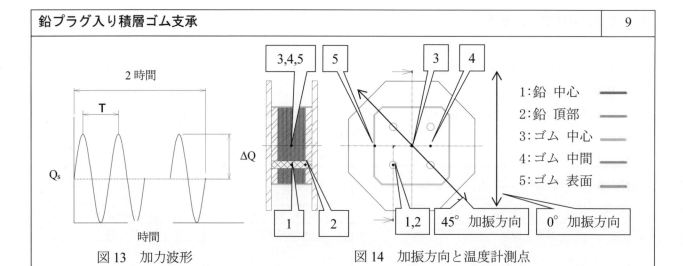

図13　加力波形　　　　　　　　図14　加振方向と温度計測点

2.4　実験結果

実験結果の 0°方向加振を図 15 に，45°方向加振を図 16 に示す。履歴ループ中央の点は最終サイクルの履歴ループの荷重-変位中心点を示し，温度依存性を考慮したゴム部のみの水平力： $K_r(T_r) \times \delta$ および LRB の実験切片荷重を付加した LRB の水平力： $K_r(T_r) \times \delta \pm Q_d$ をそれぞれ斜線で示す。

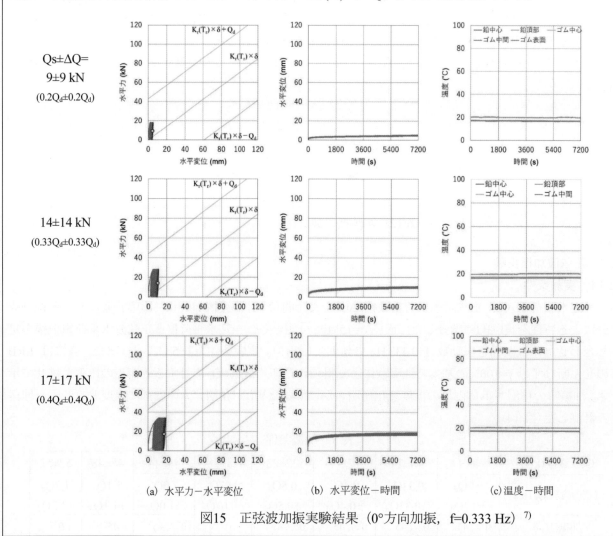

(a) 水平力－水平変位　　　　(b) 水平変位－時間　　　　(c) 温度－時間

図15　正弦波加振実験結果（0°方向加振，f=0.333 Hz）[7]

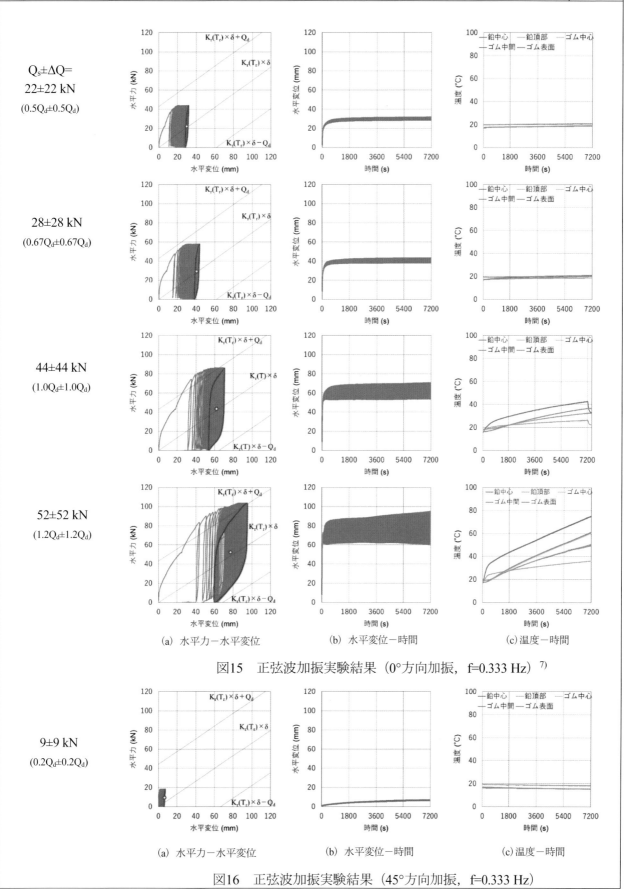

図15　正弦波加振実験結果（0°方向加振，f=0.333 Hz）[7]

図16　正弦波加振実験結果（45°方向加振，f=0.333 Hz）

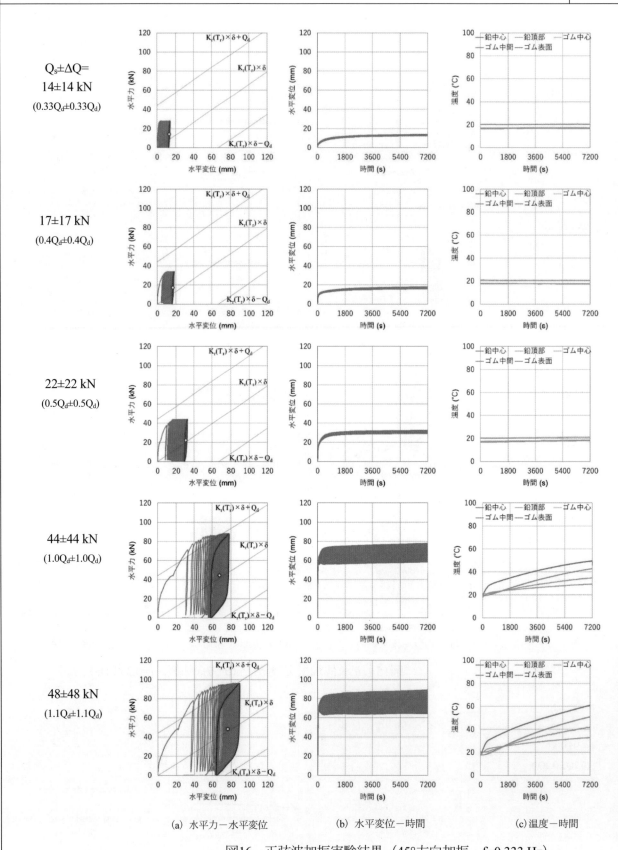

(a) 水平力－水平変位　　　　(b) 水平変位－時間　　　　(c) 温度－時間

図16　正弦波加振実験結果（45°方向加振，f=0.333 Hz）

(1) 履歴特性

　各実験の履歴ループは，安定していた。最大加振条件となる$1.2Q_d \pm 1.2Q_d$（$52 \pm 52\,kN$）の加振において
も，丸型鉛プラグ入り積層ゴムに見られたような急激な水平変位振幅の増加は確認されなかった。また，
加振方向による差異も確認されなかった。

(2) クリープ特性

　1章と同様に，到達率を算出した。到達率と Q_s/Q_d の関係を図17に示す。なお，到達率算出に用いる
δ_{RB} は RB の温度依存性を考慮し，下式により算出した。

$$
\begin{aligned}
\delta_{RB} &= Q_s \big/ \big(K_r (T_r) \big) \\
&= Q_s \big/ \big[K_r \times \exp\{-0.00271(T_r - 20)\} \big]
\end{aligned}
$$

ここで，
　　Q_s：一定水平荷重 (kN)
　　K_r：せん断ひずみ100%時の RB の等価剛性 (kN/mm)
　　T_r：ゴム中心温度 (℃)

　図17より，到達率は，荷重振幅の増加に伴い増加し，$0.5Q_d \pm 0.5Q_d$（$22 \pm 22kN$）でほぼ1となった。そ
の後，荷重振幅がさらに増加しても到達率はおよそ1で安定した。これらは加振方向によらず同様の傾向
であった。$0.5Q_d \pm 0.5Q_d$（$22 \pm 22kN$）以上の荷重振幅では，鉛は一定水平荷重に対しほとんど抵抗せず，
積層ゴム部のみで一定水平荷重に対し抵抗するのに対し，低荷重時には鉛も一定水平荷重に対し抵抗す
るため極僅かなクリープ変形に留まったと考えられる。

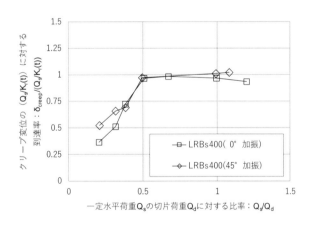

図17　到達率とQ_s/Q_d関係

(3) 温度上昇

鉛中心に設置した温度計について，2時間の正弦波加振実験における温度上昇量（加振開始時と加振終了時の差）と Q_s/Q_d の関係を図18に示す。なお，$0.2Q_d \pm 0.2Q_d$（13 ± 13kN）の45°加振については，加振時に温度計が損傷したことから鉛中心温度の計測は行えていない。結果より，$0.4Q_d \pm 0.4Q_d$（17 ± 17kN）まではほとんど温度上昇はなかった。さらに$0.67Q_d \pm 0.67Q_d$（28 ± 28kN）まででも温度上昇量は5℃未満と僅かであった。$1.0Q_d \pm 1.0Q_d$（44 ± 44kN）では，30℃程度の温度上昇となった。

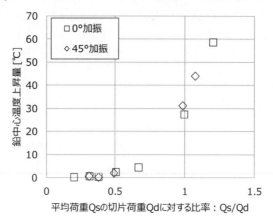

図18　鉛中心温度上昇量　とQ_s/Q_d 関係[8]

(4) 繰り返しの影響

一連の正弦波加振実験は2基の試験体を用いて行った。試験体と実験条件を表6に示す。正弦波加振実験の前後に行ったLRBの基本特性実験結果を図19に示す。

結果より，両試験体ともに4条件以上の正弦波加振実験を行ったが，実験前後の水平力－水平変位関係に大きな変化は見られず初期の状態を維持していた。

表6　加振条件と試験体

荷重振幅の実験 Q_d 比率	荷重振幅	試験体	
		No.1	No.2
$0.2\,Q_d \pm 0.2\,Q_d$	9 ± 9kN	－	0°,45°
$0.33\,Q_d \pm 0.33\,Q_d$	14 ± 14kN	－	0°,45°
$0.4\,Q_d \pm 0.4\,Q_d$	17 ± 17kN	－	0°,45°
$0.5\,Q_d \pm 0.5\,Q_d$	22 ± 22kN	0°	45°
$0.67\,Q_d \pm 0.67\,Q_d$	28 ± 28kN	0°	－
$1.0\,Q_d \pm 1.0\,Q_d$	44 ± 44kN	0°	45°
$1.1\,Q_d \pm 1.1\,Q_d$	48 ± 48kN	－	45°
$1.2\,Q_d \pm 1.2\,Q_d$	52 ± 52kN	0°	－

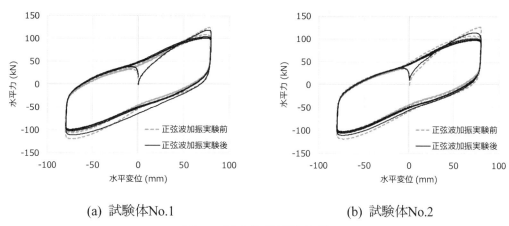

(a) 試験体No.1　　　　　　　　　　　　(b) 試験体No.2

図19　基本特性実験結果

(5) 残留変形

　2時間の正弦波加振実験後に，鉛直荷重を維持したまま水平力をゼロ荷重で制御する残留変形実験を最短2時間行った。残留変形実験により得られた水平変位の時刻歴の一部を抜粋して図20と表8に示す。また，図には実験結果から外挿した累乗近似曲線（破線）も併せて示す。この近似曲線は，変位の変化が安定した残留変形実験開始60分以降の結果を用いたものである。

　図より，$0.4Q_d \pm 0.4Q_d$（17±17kN）以下の荷重振幅条件では，クリープ変形も小さく，残留変形は，2時間後には10mm以下まで回復していた。また，$0.67Q_d \pm 0.67Q_d$（28±28kN）においても，6時間後の残留変形は19.5mm程度まで回復し，その後もさらに回復を続けていた。

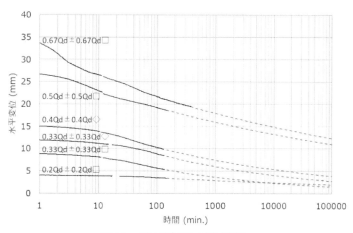

図20　残留変形の時刻歴

3.　微小変位振幅の多数回繰返し加振実験

3.1　実験条件

　微小変位振幅多数回繰返し変形の影響を確認するため，加振の前後と途中に基本特性実験を行い，特性変化を調査した。

　試験体は，想定実機 LRB φ1000（外径：φ1000，鉛プラグ径：φ200）を 1/2 にスケールダウンさせた LRB φ500（外径：φ500，鉛プラグ径：φ100）とした。面圧 σ=10MPa 一定とし，微小変位振幅は，せん断ひずみで±1%，±10%，±20%の 3 種とした。加振回数の目標値は，鉛材料の疲労に関する既往文献[8]を参考に，鉛ダンパーの破断曲線の 10 倍となるように式（1）を用いて設定した。以上より，加振振幅と総加振回数の関係は，せん断ひずみ±1%が 400 万回，±10%が 5.9 万回，±20%が 1.7 万回とした。これらの加振前後と途中に，せん断ひずみ±100%の基本特性実験を行い，特性値の変化を評価した。

　（実験目標）　$\gamma=3699.1\times N^{-0.54}$　　　　　　　　　　（1）

　　　　γ：片振幅のせん断ひずみ(%)

　　　　N：加振回数(回)

3.2　実験結果

　各実験中に行われたせん断ひずみ±100%の基本特性実験の荷重変形関係の一例として，せん断ひずみ±1%にて加振した試験体の結果を図 21 に示す。また，繰返し加振前の切片荷重に対する変化率と繰り返し加振回数の関係を図 22 に示す。せん断ひずみ±1%，±10%，±20%の繰り返し加振において，どの条件も切片荷重(Q_d)の増加がみられた。切片荷重は加振開始からほとんど変化しない状態が続き，ある加振回数を過ぎると増加した。ここで，切片荷重が変化する繰り返し加振回数を次の様に算出する。切片荷重変化率と加振回数の関係において，変化率が 5%以下の力学特性の変化が十分小さい範囲と，変化率が 5%を超える変化が大きい範囲とに区別し，それぞれの範囲における回帰曲線の交点を Q_d 増加点とした。繰り返し加振のせん断ひずみと Q_d 増加回数の関係は式（2）となる。

　（Q_d増加点）　$\gamma=2088.7N^{-0.549}$　　　　　　　　　（2）

　　　　γ：片振幅のせん断ひずみ(%)

　　　　N：加振回数(回)

　図 23 に実験目標（式(1)）と Q_d の変化率が 5%以上となる Q_d 増加点（式(2)）をプロットした加振振幅と加振回数の関係を示す。

　なお，切片荷重の増加による履歴特性の変化がみられたが，鉛プラグや鋼板，ゴム部にき裂，破断などの損傷は無く，かつ安定した履歴特性が保持される結果となった。さらに $\gamma=\pm20\%$で繰返し加振した試験体では，その Q_d 増加状態が保持されたまま，小せん断ひずみから大せん断ひずみ（$\gamma=300\%$）まで安定した履歴特性であることが確認された。

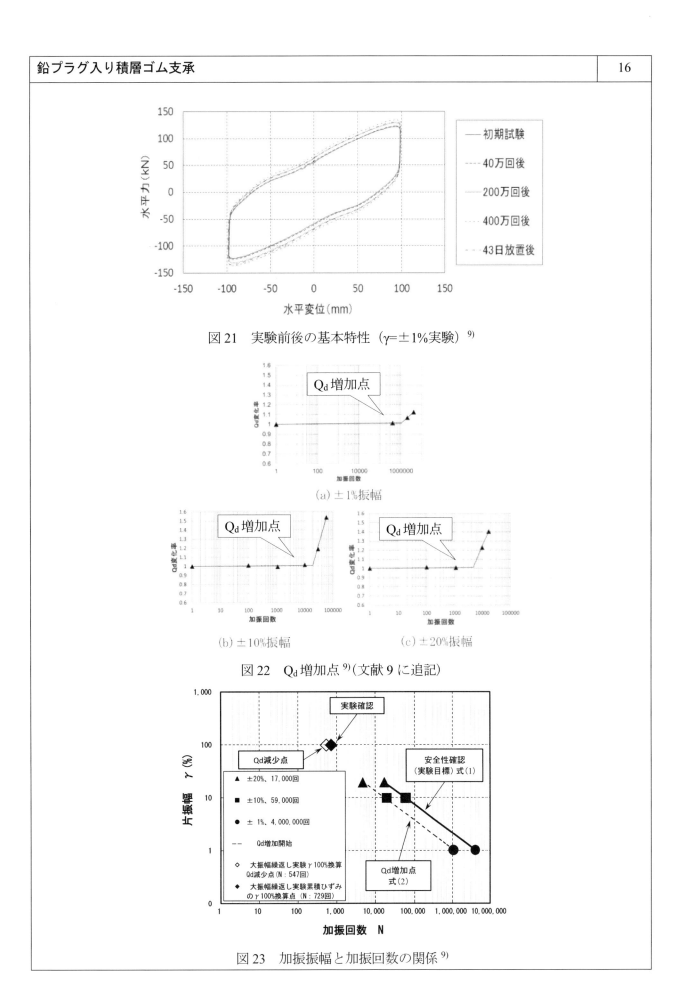

図 21　実験前後の基本特性（γ=±1%実験）[9]

(a) ±1%振幅

(b) ±10%振幅　　　　　(c) ±20%振幅

図 22　Q$_d$ 増加点 [9]（文献 9 に追記）

図 23　加振振幅と加振回数の関係 [9]

-53-

風応答評価法／安全性評価法

・等価荷重振幅による耐風安全性評価

　風荷重に対する LRB の耐風安全性評価は，風応答時のエネルギー吸収量と正弦波加振時のエネルギー吸収量が等価となる正弦波加振時の荷重振幅（等価正弦波荷重振幅）により簡易に行える。

　100 年および 1000 年期待値の風応答波加振実験における単位時間あたりのエネルギー吸収量が等しい等価正弦波荷重振幅を求めると，それぞれ 13.3kN，19kN であった。この値は風荷重の変動成分の最大値の約 40%に相当する。ここではこの係数を等価荷重振幅係数：α と呼び，その値を 0.4 とする[5]。

　前述の正弦波加振実験について，本設計指針における部材の相当ランク定義を基に，等価正弦波荷重振幅による簡易評価としてまとめると，丸型鉛プラグ入り積層ゴムについては表 7 のように，角型鉛プラグ入り積層ゴムについては表 8 のようになる。ただし，本実験は，部材のランク a～c を特定するために行ったものではないため，表中の丸型鉛プラグ入り積層ゴムにおける 0.9Q_d や角型鉛プラグ入り積層ゴムにおける 1.2Q_d がランク b と c の境界というわけではない。

表 7　丸型鉛プラグ入り積層ゴムの等価正弦波荷重振幅による簡易評価

等価正弦波荷重振幅（対応実験）	繰り返し変形性状	ランク
0.33Q_d 未満 （13kN±13kN，22kN±22kN）	等価荷重振幅係数：α を考慮すると，風荷重の変動成分の最大値が 0.825Q_d 未満(α=0.4 とした場合)に対応する。継続時間・風力性状によらず鉛プラグの温度上昇はほとんど無く，履歴をほとんど描かない。クリープ変形の影響は小さく，考慮する必要性は小さい。	ランク a または b
0.9Q_d 未満 （33kN±33kN，66kN±44kN，44kN±44kN，60kN±60kN）	等価荷重振幅係数：α を考慮すると，風荷重の変動成分の最大値が 2.25Q_d 未満(α=0.4 とした場合))に対応する。クリープ変形の影響が大きく，考慮する必要あり。継続時間・風力性状によっては鉛プラグの温度上昇が生じ始めるが，切片荷重の低下はほとんどない。	ランク b
0.9Q_d 以上 （66kN±66kN）	等価荷重振幅係数：α を考慮すると，風荷重の変動成分の最大値が 2.25Q_d 以上(α=0.4 とした場合))に対応する。クリープ変形の影響が大きく，考慮する必要あり。継続時間・風力性状によっては鉛プラグの温度上昇の影響が生じ，切片荷重の低下とそれに伴う変位振幅の増大の可能性がある。	ランク c

表8　角型鉛プラグ入り積層ゴムの等価正弦波荷重振幅による簡易評価

等価正弦波荷重振幅（対応実験）	繰り返し変形性状	ランク
0.5Q_d 未満 （9kN±9kN, 14kN±14kN, 17kN±17kN）	等価荷重振幅係数：α を考慮すると，変動成分荷重の最大値が 1.0Q_d 未満（α=0.4 とした場合）に対応する。継続時間・風力性状によらず鉛プラグの温度上昇はほとんど無く，履歴をほとんど描かない。クリープ変形の影響は小さく，考慮する必要性は小さい。	ランク a または b
1.2Q_d 未満 （22kN±22kN, 28kN±28kN, 44kN±44kN, 48kN±48kN）	等価荷重振幅係数：α を考慮すると，変動成分荷重の最大値が 3.0Q_d 未満（α=0.4 とした場合））に対応する。クリープ変形の影響が大きく，考慮する必要あり。継続時間・風力性状によっては鉛プラグの温度上昇が生じ始めるが，切片荷重の低下はほとんどない。	ランク b
1.2Q_d 以上 （52kN±52kN）	等価荷重振幅係数：α を考慮すると，変動成分荷重の最大値が 3.0Q_d 以上（α=0.4 とした場合））に対応する。クリープ変形の影響が大きく，考慮する必要あり。継続時間・風力性状によっては鉛プラグの温度上昇の影響が生じ，切片荷重の低下とそれに伴う変位振幅の増大の可能性がある。	ランク c

文献・資料

1) 鈴木雅靖,上野 薫,竹中康雄,吉川和秀,鈴木重信：高層免震建物の台風時における免震装置に関する動的加力実験,第 16 回 風工学シンポジウム, pp.417-422, 2000

2) 竹中康雄,飯塚真巨,鈴木雅靖,吉川和秀,山田和彦：鉛プラグ型積層ゴムのクリープ性を考慮した高層免震建物の風応答簡易評価法,日本建築学会構造系論文集,第 561 号, pp.89-94, 2002 年 11 月

3) 仲村崇仁,河内山修,竹中康雄,鈴木雅靖,他 3 名：高層免震建物の風応答における LRB の健全性に関する研究（その 1）,日本建築学会大会学術講演梗概集, pp.489-490, 2003 年 9 月

4) 河内山修,仲村崇仁,竹中康雄,鈴木雅靖,他 3 名：高層免震建物の風応答における LRB の健全性に関する研究（その 2）,日本建築学会大会学術講演梗概集, pp.491-492, 2003 年 9 月

5) オイレス工業(株),技術資料：LRB 「高層免震建物における強風時の LRB の挙動」

6) オイレス工業(株),技術資料：LRB 「残留変形」

7) 和氣知貴,長弘健太,河内山修：角型鉛プラグ入り積層ゴムの風荷重実験（その 1）,日本建築学会大会学術講演梗概集, pp.607-608, 2022 年 9 月

8) 長弘健太,和氣知貴,河内山修：角型鉛プラグ入り積層ゴムの風荷重実験（その 2）,日本建築学会大会学術講演梗概集, pp.609-610, 2022 年 9 月

9) 河内山修,神田智之,竹中康雄,宮崎充,中村昌弘,北村春幸,鉛プラグ入り積層ゴムの小振幅疲労特性実験,日本建築学会技術報告集 第 21 巻, 第 48 号, 639-644, 2015 年 6 月

<u>部材概要</u>：天然ゴム系積層ゴムにダンパー（錫プラグ）を挿入した積層ゴム支承である。

<u>風応答特性概要</u>：風荷重に対する照査項目としては，履歴特性の変化の有無，クリープ変形，内部温度の上昇，残留変形，疲労損傷が挙げられる。

<u>風荷重を想定した部材実験概要</u>

　　高層免震建物が長時間にわたり強風下にさらされる場合には，風荷重の静的成分によるクリープ変形，内部温度の上昇とそれに伴う履歴特性の変化が，また，照査期間にわたっての累積疲労損傷が懸念される。風荷重を想定した実験として正弦波加振実験および残留変形実験を行った。

1. 正弦波加振実験概要

1.1 試験体

　　試験体は錫プラグ入り積層ゴム(SnRB)（ゴム径φ300，錫プラグ径φ60）の縮小試験体を用いた（表1，図1）。

表1　SnRB 試験体

	寸法等
ゴム外径	φ300mm
錫プラグ径	φ60mm
ゴム層厚	2.25mm×26層　（58.5mm）
内部鋼板	1.6mm×25層
装置形状	S_1=32，S_2=5.1

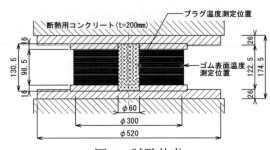

図1　試験体[1]

1.2 実験方法

　　SnRB の実験は，2軸試験機で行った。実験方法は，鉛直ジャッキによって試験体に所定の鉛直荷重を作用させた後，水平アクチュエータを荷重制御し加力を行った。（図2[1]）

　　フランジ PL 上下に断熱材としてコンクリート板（200mm 厚）を設置し，錫プラグ側面，ゴム表面およびコンクリート板に熱電対を設置し計測している。（図1[1]）

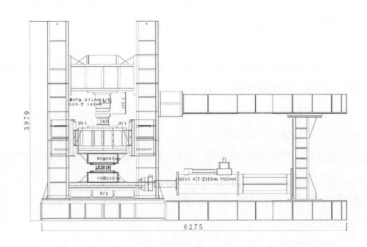

図2　試験機の概要[1]

1.3　加力パターン

　鉛直荷重は基準面圧（15N/mm^2）を載荷し，水平荷重は中心荷重 Q に対して変動荷重±ΔQ を加えた正弦波(f=0.33Hz) を荷重制御で与えた。(図3[1]) 10.5kN±10.5kN および 17kN±17kN 加力で 6 時間，　21kN±21kN 加力で 12 時間，29.3kN±29.3kN 加力で 6 時間，56kN±56kN 加力で 50 分弱行っている。

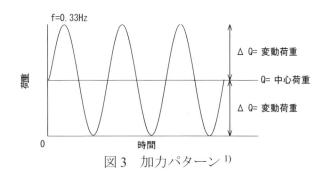

図3　加力パターン[1]

1.4　実験結果

　実験結果として，図4[1]に温度変化の時刻歴を図5[1]に水平変位の時刻歴を示す。

　図6[1]に水平荷重と水平変位の関係を示し，ゴム部のみの水平剛性 Kr および SnRB 切片荷重相当値（Q$_d$ 計算値＝41.8kN）を付加した K$_r$δ±Q$_d$ を示す。（図中の黄丸印は加力最終段階の点を示す。）但し，比較を容易にするため最大 2 時間までを表示している。なお，履歴が途切れて表示されているのは，データを 1 時間ごとに区切って取得しているためである。

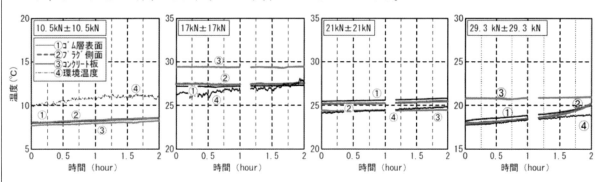

図4　温度変化の時刻歴

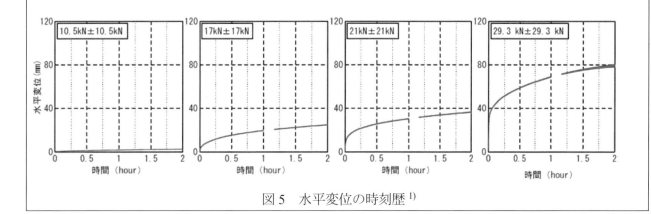

図5　水平変位の時刻歴[1]

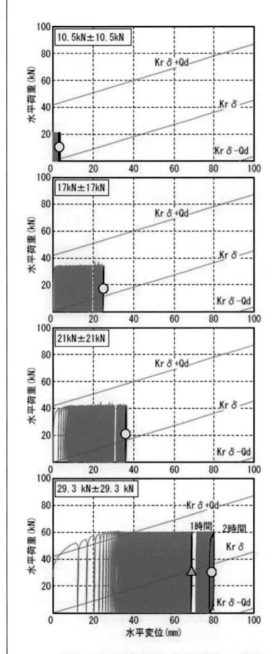

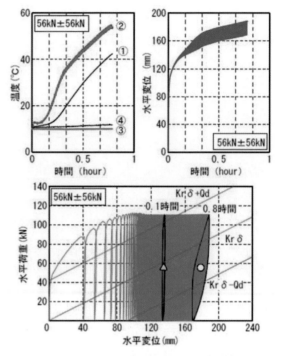

図 7 56kN±56kN 加力実験結果

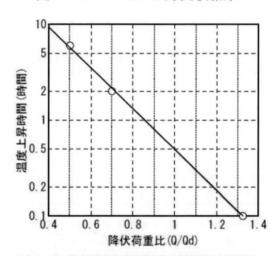

図 6 水平荷重と水平変位の関係

（文献 1) より引用）

図 8 水平荷重と温度上昇時間の関係

（図 7, 8 は文献 2) より引用）

切片荷重 Q_d の 0.7(=29.3kN)では，2 時間程で温度上昇が始まり時刻歴水平振幅も徐々に増加し始めるが，6 時間経過まで急激な増加は見せず変形は横這い状態 [1] を維持している。

図 7 [2] に 1.33Q_d(=56kN)の試験結果を示す。1.33Q_d(=56kN)では，0.1 時間程度から温度上昇が始まり時刻歴水平振幅も増加し始めるが，その後は一定の振幅のまま変形が徐々に増加する傾向であった。また，0.8 時間後の履歴ループでは降伏荷重の低下が見られる。

図 8 [2] に水平荷重の荷重比と温度上昇が始まる時間の関係を示す。0.5Q_d±0.5Q_d，0.7Q_d±0.7Q_d，1.33Q_d±1.33Q_d の結果から，Q_d±Q_d の加力では 0.5 時間程度で温度上昇が始まることが推測できる。

2. 残留変形実験概要

2.1 試験体

試験体は多数回正弦波加振実験同様 SnRB（ゴム径 φ300，錫プラグ径 φ60）の縮小試験体を用いた（表2）。（但し，断熱材の寸法などは除く）

表2　SnRB および RB 試験体

	寸法等	
装置	SnRB	RB
ゴム外径	φ300mm	φ300mm
錫プラグ径	φ60mm	-
ゴム層厚	2.25mm×26 層 (58.5mm)	2.25mm×26 層 (58.5mm)
内部鋼板	1.6mm×25 層	1.6mm×25 層
装置形状	S_1=32, S_2=5.1	S_1=32, S_2=5.1

2.2 実験方向

実験は，2 軸試験機で行った。実験方法は，鉛直ジャッキによって試験体に所定の鉛直荷重を作用させた状態で，水平アクチュエータで変形が 100mm に至るまで加力を行った後離している。（図9）[1]

SnRB は降伏荷重が比較的に大きいため SnRB のみで使われることは殆どなく，同数以上の天然ゴム系積層ゴム(RB)と組合せで使われることが多い。そのため，SnRB が外力により変形させた後，戻る傾向を SnRB 単体および RB（1 基）との組合せで実験し，比較した。RB はゴム径 φ300（ゴム層厚，S_2 共通）のものを用いた。フランジ PL 上下に断熱材として DME 高温用断熱板（10mm 厚）を設置した。

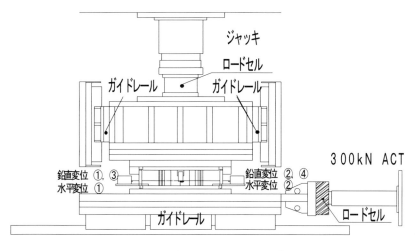

図9 試験機のイメージ [1]

2.3　加力パターン

　　鉛直荷重は基準面圧（15N/mm²）を載荷し，水平アクチュエータ(ACT)の接続部を取り外し水平方向に 100mm 変形させた後放置した。水平アクチュエータが接続されていない為，試験体は押し側のみ加力を行った（図10）[3]。

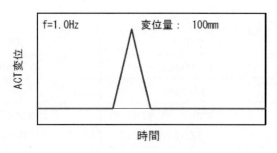

図 10　加力パターン [3]

2.4　実験結果

　　図 11 [3]に残留変形の時刻歴を示す。単体実験では長時間をかけて残留変形が徐々に小さくなっている。実際の使用例に近い RB との組合せ実験では残留変形の初期の戻り量が大きくない。

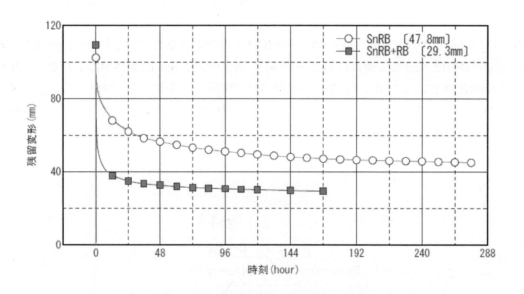

図 11　残留変形の時刻歴 [3]

風応答評価法／安全性評価法

正弦波加力実験で，錫プラグの切片荷重 Q_d の 0.25 倍相当の荷重振幅(=10.5kN)，0.4 倍相当の荷重振幅(=17kN)，0.5 倍相当の荷重振幅(=21kN)および 0.7 倍相当の荷重振幅(=29.3kN)で錫プラグ入り積層ゴムの安定性が確認されている。Q_d の 1.33 倍相当の振幅荷重(=56kN)での実験では Q_d を超える加力での性能を確認している。

ただし，本実験は，部材ランク a～c を特定するために行ったものではないため，ここでの荷重振幅がランク a, b, c の境界というわけではない。

表3　等価荷重振幅による簡易評価

等価荷重振幅 (対応実験)	繰返し変形性状	ランク
0.33 Q_d 未満 (10.5kN±10.5kN)	継続時間・風力性状によらず錫プラグの温度上昇はほとんど無く，履歴をほとんど描かない。クリープ変形の影響は小さく，考慮する必要性は小さい。	ランク a または b
0.9 Q_d 未満 (17kN±17kN, 21kN±21kN, 29.3kN±29.3kN)	クリープ変形の影響が大きく，考慮する必要あり。継続時間・風力性状によっては錫プラグの温度上昇が生じ始めるが，降伏荷重の低下はほとんどない。	ランク b
0.9 Q_d 以上 (56kN±56kN)	クリープ変形の影響が大きく，考慮する必要あり。継続時間・風力性状によっては錫プラグの温度上昇の影響が生じ，降伏荷重の低下とそれに伴う変動変位振幅増大の可能性がある。	ランク c

文献・資料

1) 朴紀衍 鈴木良二 安永亮 加藤直樹 開發美雪：錫プラグ入り積層ゴム免震装置の開發（その12）錫プラグ入り積層ゴムの長時間加力実験 1，日本建築学会大会学術講演梗概集，pp.821-822，2009 年 8 月

2) 鈴木良二 朴紀衍 安永亮 加藤直樹 開發美雪：錫プラグ入り積層ゴム免震装置の開發（その13）錫プラグ入り積層ゴムの長時間加力実験 2，日本建築学会大会学術講演梗概集，pp.823-824，2009 年 8 月

3) 鈴木良二 田中久也 安永亮 柳勝幸 開發美雪：錫プラグ入り積層ゴム免震装置の開發（その14）残留変形検証実験，日本建築学会大会学術講演梗概集，pp.405-406，2010 年 9 月

免震部材名：高減衰ゴム系積層ゴム支承

部材概要：高減衰ゴム系積層ゴム支承は，積層ゴムの内部に減衰を発現する材料を添加したゴム材料を使用し，「荷重支持機能」，「復元力機能および減衰（エネルギー吸収）機能」を併せ持つことを特徴としている。

風応答特性概要：風応答に対する高減衰ゴム系積層ゴム支承の検討項目としては，長時間にわたる風荷重での繰返し変形による特性変動やクリープ変形，残留変形などが挙げられる。

風荷重を想定した部材実験概要

高減衰ゴム系積層ゴム支承に風荷重が作用した場合，長時間の繰り返し変形による特性変化，クリープ変形，残留変形等の影響が想定される。このため，正弦波加振実験，風応答波加振実験，一定水平力実験を行い特性変化，クリープ変形，残留変形について確認を行った。

1. 試験体の特性

試験体は，表1に示す外径 φ225（想定実機 φ1000 の 1/4.4 の縮小試験体）の積層ゴムを使用した。一般的に，積層ゴムの代表特性はせん断ひずみ γ=±100%時の値で表す。せん断ひずみ γ=±100%時（想定実機にて変位±200mm 相当）における地震応答解析用にバイリニアモデルに置換した復元力特性を図1に示す。切片荷重 Q_d，降伏荷重 Q_y は次式により算定する($Q_d=\tau_d \cdot A$, $Q_y=\tau_y \cdot A$ A:積層ゴム内部鋼板の断面積)。

表 1 試験体仕様

項目	仕 様	
ゴム材料の特性	γ=±100%時	γ=±150%時
等価せん断弾性率 G_{eq}【MPa(N/mm²)】	0.620	0.515
等価粘性減衰定数 H_{eq}	0.240	0.231
切片応力度【MPa(N/mm²)】 τ_d	0.253	0.302
降伏応力度【MPa(N/mm²)】 τ_y	0.281	0.336
ゴム外径/内径(mm)	φ225/－	
ゴム層　一層厚×層数，総厚	1.6mm×28 層　総厚 44.8mm	
内部鋼板厚さ	1.0mm	
形状係数S_1/S_2	35.2/5.02	

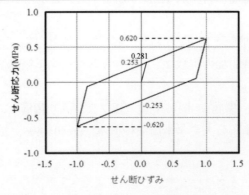

図 1 地震応答解析用復元力特性モデルの例(せん断ひずみ γ=±100%時) [1]

2. 実験方法

2.1 試験装置概要

鉛直最大圧縮荷重 980kN，水平最大荷重±294kN，水平最大ストローク±300mm の能力を有する 2 軸試験装置を使用した。試験機のベアリング摩擦の影響を除外するため，摩擦の影響を受けない位置にロードセルを設置して水平荷重の計測・制御を実施した。

本実験では，試験体と試験装置との間には断熱材を取り付けていない。

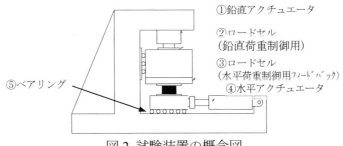

①鉛直アクチュエータ
②ロードセル（鉛直荷重制御用）
③ロードセル（水平荷重制御用フィードバック）
④水平アクチュエータ
⑤ベアリング

図 2 試験装置の概念図

2.2 実験概要

試験体 2 体を使用して，一定水平力実験および正弦波加振実験を実施した。また，残留変形の状況を確認するため，実験実施後に鉛直荷重を掛けせん断応力ゼロの状態での実験を実施した。

実験条件の設定にあたっては，以下の点に留意をした。

高減衰ゴム系積層ゴムは，変形量（せん断ひずみ）によって水平剛性（等価せん断弾性率），切片応力が変化する特性を有しており，水平荷重－変位特性に明確な切片応力を持たないため，地震応答解析用復元力特性モデルでは履歴面積が等価となる様に切片応力を定義している。

ただし，風荷重を想定した実験において基準となる切片応力が必要となるため，せん断ひずみ γ=±100%時の切片応力により設定をした

3. 一定水平力実験（静的成分）

3.1 実験条件

積層ゴムに鉛直荷重を載荷した状態で静的成分のみを 2 時間与えた後，鉛直荷重を掛けせん断応力ゼロの状態で残留変形の変化を測定した。実験は 1 体の試験体で表 2 に記載の順序で 4 条件を実施した。

表 2 実験条件（一定水平力実験）

試験体 実施時期	面圧 (MPa)	せん断応力(MPa) ×加力時間(hour)	
		一定水平力実験	残留変形確認
№1 2010/5	15	0.1±0.0×2	0.0±0.0×1
	15	0.2±0.0×2	0.0±0.0×1
	15	0.3±0.0×2	0.0±0.0×1
	15	0.4±0.0×2	0.0±0.0×1

3.2　実験結果

経過時間によるせん断ひずみ量の変化を図3左側に，一定時間経過後の各応力条件におけるせん断ひずみ量を図3右側に示す。この結果においては，実験で与えたせん断応力に対して一定時間経過後のせん断ひずみは概ね比例する傾向を示した。

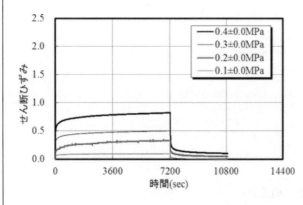 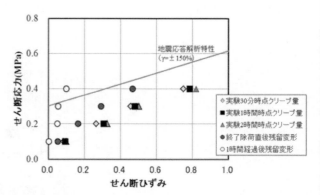

図3　一定水平力実験結果[(左図のみ 2)]

4.　正弦波加振実験（静的成分±動的成分）

4.1　実験条件

表3に示すように，正弦波加振実験×2時間を実施した後に続けてせん断応力ゼロにおける残留変形の確認を1時間実施した。実験順序は小さい加振条件から連続して3水準の実験を実施した。

表3　正弦波加振実験条件

試験体 実施時期	面圧 (MPa)	加力周波数 (Hz)	加振波形	せん断応力(MPa)　×加力時間(hour)	
				正弦波加振実験	残留変形確認
№2 2010/5	15	0.33	正弦波	0.2±0.05×2	0.0±0.0×1
	15	0.33	正弦波	0.2±0.1×2	0.0±0.0×1
	15	0.33	正弦波	0.2±0.2×2	0.0±0.0×1
№2 2011/2	15	0.33	正弦波	0.3±0.075×2	0.0±0.0×1
	15	0.33	正弦波	0.3±0.15×2	0.0±0.0×1
	15	0.33	正弦波	0.3±0.3×2	0.0±0.0×1
№1 2010/5	15	0.33	正弦波	0.4±0.1×2	0.0±0.0×1
	15	0.33	正弦波	0.4±0.2×2	0.0±0.0×1
	15	0.33	正弦波	0.4±0.4×2	0.0±0.0×1

※正弦波加振実験において，それぞれの実験はインターバルを十分において実施しており，繰り返し加力による温度上昇や繰り返し変形による疲労の影響が出ないように考慮した。

4.2 実験結果

正弦波加振実験およびその後の残留変形測定実験における結果を図4〜図12に示す。各図において，左側に応力-ひずみ関係を示し（最終ループをグレーで，せん断ひずみ γ=±150%時の地震応答解析用の復元力特性を破線で表示），右側にせん断ひずみ－経過時間関係を示す。実験結果によると，静的クリープ+動的振幅による最大変形量がせん断ひずみで1.5(150%)以下の領域であれば積層ゴムの水平荷重-水平変位の特性に著しい変化は表れず，安定した挙動を示していると考えられる。

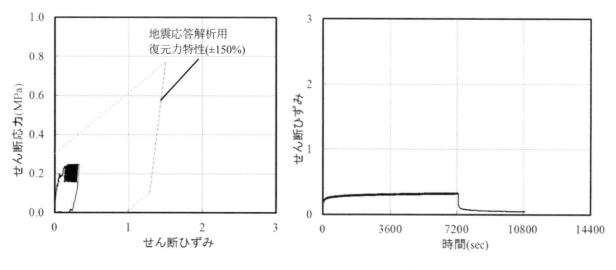

図4　正弦波加振実験結果(0.2±0.05MPa) 文献2)を加工

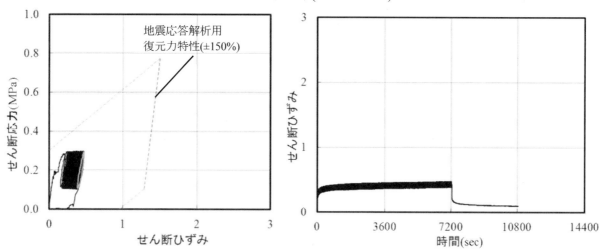

図5　正弦波加振実験結果(0.2±0.1MPa) 文献2)を加工

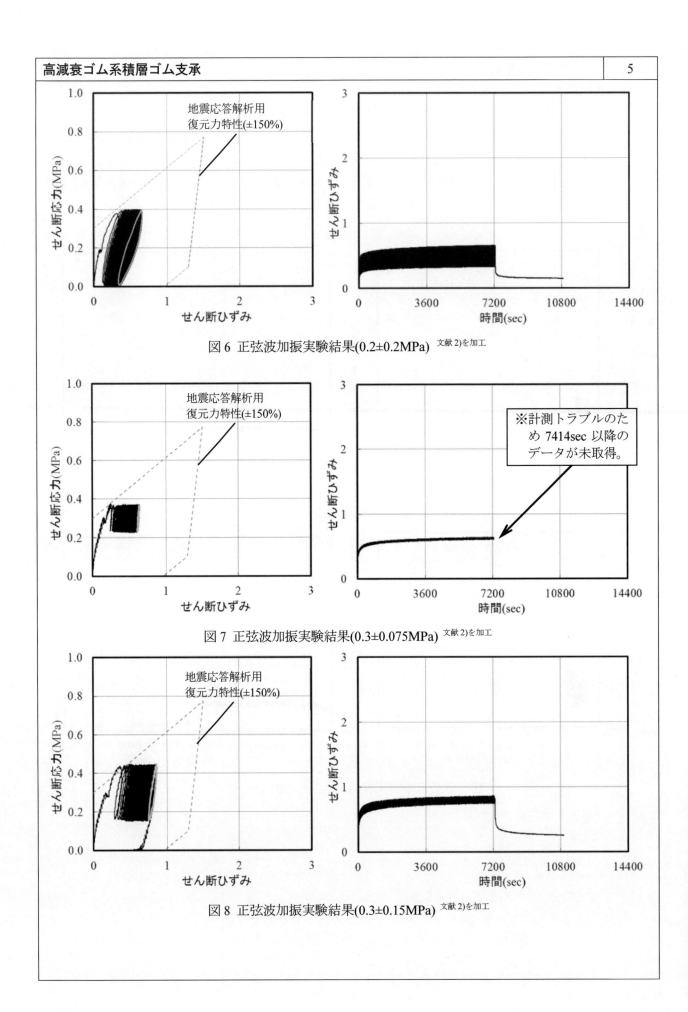

図 6 正弦波加振実験結果(0.2±0.2MPa) ^{文献 2)}を加工

図 7 正弦波加振実験結果(0.3±0.075MPa) ^{文献 2)}を加工

図 8 正弦波加振実験結果(0.3±0.15MPa) ^{文献 2)}を加工

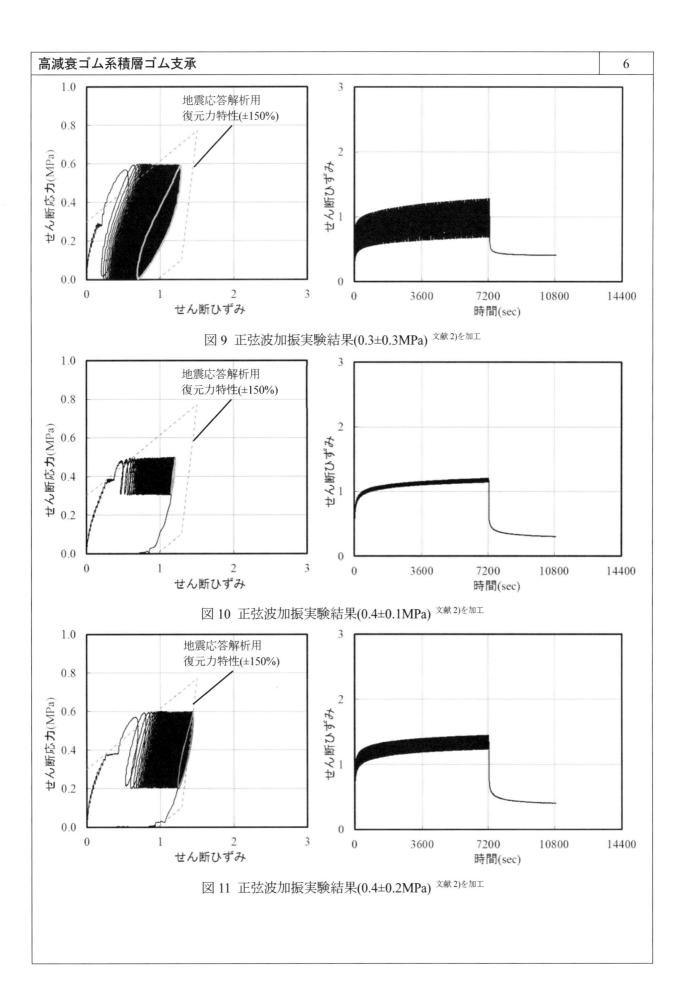

図 9 正弦波加振実験結果(0.3±0.3MPa) ^{文献2)を加工}

図 10 正弦波加振実験結果(0.4±0.1MPa) ^{文献2)を加工}

図 11 正弦波加振実験結果(0.4±0.2MPa) ^{文献2)を加工}

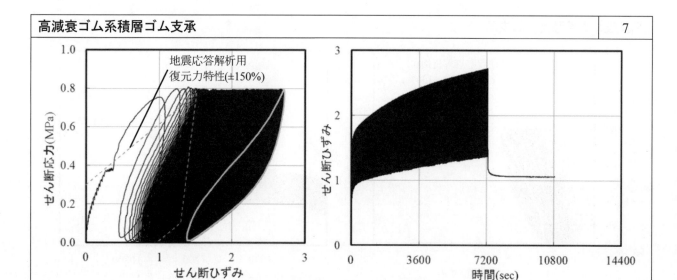

図 12　正弦波加振実験結果(0.4±0.4MPa) 文献2)を加工

(1)　履歴特性

最大せん断ひずみが 150%以内の実験結果については，安定した挙動を示していると考えられる。
加力開始直後と 2 時間経過後の動的成分によるせん断ひずみ振幅の比較を以下に要約する。

・動的成分が±0.2MPa 以下の条件ではせん断ひずみ振幅の変化はほとんど無かった。

・動的成分±0.3MPa の条件ではせん断ひずみ振幅が 1.35 倍(±20%→±27%)に増大した。

・動的成分±0.4MPa の条件ではせん断ひずみ振幅が 1.89 倍(±35%→±66%)に増大した。

・同一の動的成分±0.2MPa では，実験条件 0.2±0.2MPa の方が実験条件 0.4±0.2MPa よりもせん断ひ
　ずみの振幅は大きい値を示した。

　この理由としては，0.2±0.2MPa の実験は 3 回目，0.4±0.2MPa は 2 回目となり当該実験に至るまで
の加振回数の蓄積の影響が考えられる。実験の間はインターバルを置いて温度上昇や疲労の影響を
極力受けないようにしているが何らかの影響が残る可能性はある。したがって，必ずしもこの試験
体の性状を表しているとは言い切れない。

(2)　クリープ特性

一定加力実験 4 条件および正弦波加振実験 9 条件における「実験 2 時間時点のクリープ変形量」，「水
平力除荷直後の残留変形量」，「1 時間経過後の残留変形量」の結果を図 13 に示す。

※正弦波加振実験にて「実験 2 時間時点のクリープ量」せん断ひずみ振幅の中心の値を実験結果とし
　た。正弦波加振実験中のデータについては，静的成分によるクリープ量に動的成分による加振振幅
　が重なったような波形となり両者の区別が分かりづらいため，正弦波加振における振幅の中心値を
　クリープ量とみなすこととした。

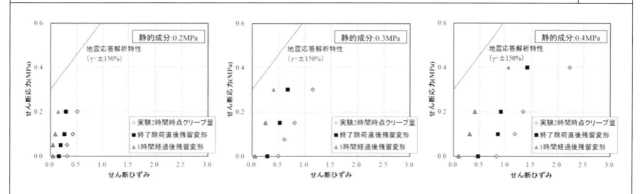

図 13　各実験におけるクリープ変形量，残留変形量

本結果では，同一静的成分の条件下では動的成分の大きさに比例してクリープ量や残留変形量が増大する様な結果を示した。クリープ変形量は 2 時間の間にほぼ一定値に収束する結果であった。

ただし，実験条件 0.4MPa±0.4MPa ではクリープ変形量が一定の値に収束せず増加し続ける結果となった。本条件では，後述の通り積層ゴムの温度上昇が大きく初期温度に対して 47℃の上昇であった。高減衰ゴム系積層ゴム支承は，温度が上昇すると剛性が低下する性状を示す。従って，上記条件では積層ゴムの温度上昇に伴う剛性低下の影響を受けてクリープ変形量が増大したと考えられる。

(3) 温度上昇

温度計測結果を以下に示す。今回の実験では試験体と試験機の間に断熱板を取り付けない状態で実施した。試験体の温度は，非接触式温度計を用いてゴム表面温度を計測した。温度計測位置は，図 14 に示す通りせん断方向と直角の方向から見た中央部にて実施した。実験結果を図 15 に示す。

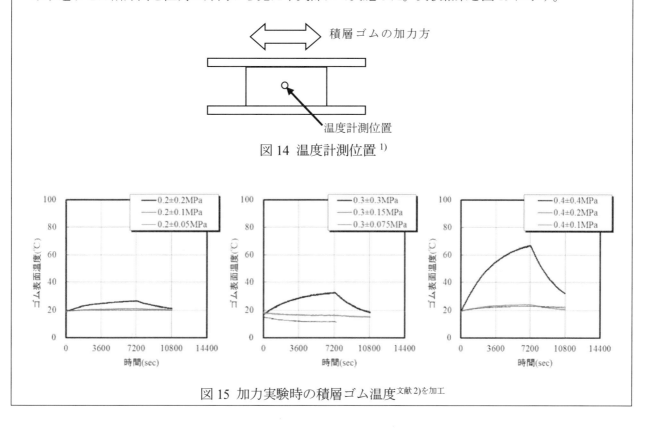

図 14　温度計測位置 [1]

図 15　加力実験時の積層ゴム温度 [文献2)を加工]

図 15 は縮小試験体（外径 φ225）の実験結果であるため，実機とは体積と表面積の比率が異なる。従って，縮小試験体と実機では温度上昇が異なる可能性があることを考慮する必要がある。

本実験では，積層ゴム表面温度を測定した。但し，長周期地震動を想定した繰返し実験の結果 [4]によると，高減衰ゴム系積層ゴム支承の場合はゴム全体が発熱をするために内部温度と表面温度に大きな差はないと考えられ，表面温度測定でも代用できると考えられる。

今回の実験は断熱板を設置しない状態で実施した。但し，文献 4)においてせん断ひずみ γ=±200%×200cycle の実験を行い断熱板の有無の比較を行った結果では，最大到達温度は約 80℃であり両者の温度分布に顕著な差は認められなかった。それゆえ，今回の実験において断熱版の有無による温度分布の顕著な差は出ないと考えられる。

動的成分が±0.2MPa 以下の条件では実験開始時からの温度上昇は最大で 7℃，±0.3MPa の条件では温度上昇は最大で 15℃，±0.4MPa の条件では温度上昇は最大で 47℃で，動的成分±0.4MPa の条件の厳しさがうかがい知れる。

(4) 残留変形

本実験では，鉛直荷重を裁荷した状態で残留変形を 1 時間計測した。各条件における実験結果をまとめ図 13 に示す。いずれの条件においても，動的成分が大きいほど残留変形量が大きい値を示し，除荷直後に比べて 1 時間後の残留変形は小さくなる傾向を示した。残留変形の減少幅は時間の経過とともに小さくなるため，更に時間を置いた場合の残留変形の減少は非常にゆっくりしたものになると考えられる。

5. 風応答波加振実験

風応答波加振実験を表 4 の条件で行った結果を図 16 に示す。本実験における入力波形は，文献 5)における風荷重時刻歴応答解析において，地表面粗度区分Ⅱ(条件 A)，Ⅲ(条件 B)における風方向の応答結果を使用した。

表 4 実験条件（風応答波加振実験）

	面圧 (MPa)	最大応答応力 (MPa)	加力時間 (hour)
A	15	0.521	4.5
B	15	0.673	4.5

実験条件のせん断応力は，開始~1 時間の間は徐々に大きくなり，経過 1～2 時間の間において最大応力となり，その後は徐々に小さくなっていく。実験結果において積層ゴムのせん断ひずみは，入力されるせん断応力の増減と同様に変動し，最大応力経過後はせん断ひずみも減少する傾向を示す。

前述の正弦波加振実験においては，加振中の積層ゴムのせん断ひずみ(変形)は増加し，変形が大きくなる一方との印象を与えるが，実現象を想定した風応答加振実験の結果からすると，そのようなことはないことが確認できる。

文献 2)では，実験結果より風応答時刻歴解析のための復元力モデルおよび最大せん断ひずみを予測する簡易評価法の考案しその妥当性を検証しており，残留変形予測を除いて予測が可能なことが記述されている。

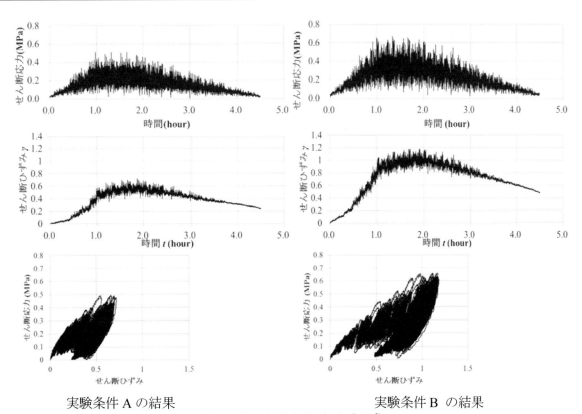

実験条件 A の結果　　　　　　　　　　　実験条件 B の結果

図 16　風応答波加振実験結果 [2)]

　動的加振実験の内，正弦波加振実験結果の要約を表 5 に示す。本結果は表 1 の試験体（等価せん断弾性率 G_{eq}=0.62MPa）の実験をまとめたものであり，せん断弾性率あるいは減衰性能の異なる積層ゴムの場合には傾向が必ずしも同等とはならない可能性があるため，注意が必要である（種別の異なる積層ゴムでは 1cycle 当たりの吸収エネルギー量の違いにより発熱量が変わることが想定されるため）。

表 5　正弦波加振実験結果の要約

加力条件	最大クリープ変形量 [*1]（せん断ひずみ）	1 時間後の残留変形量（せん断ひずみ）	繰返による最大温度上昇	繰返によるひずみ振幅の増加
0.2±0.05MPa	0.32	0.05	+0.5℃	≒1.0 倍
0.2±0.1MPa	0.43	0.10	+2℃	≒1.0 倍
0.2±0.2MPa	0.52	0.15	+7℃	≒1.0 倍
0.3±0.075MPa	0.62	計測トラブル（予測値[*2] 0.15）	-3℃	≒1.0 倍
0.3±0.15MPa	0.81	0.25	-2℃	≒1.0 倍
0.3±0.3MPa	1.15	0.41	+15℃	1.35 倍
0.4±0.1MPa	1.19	0.31	+3℃	≒1.0 倍
0.4±0.2MPa	1.35	0.41	+4℃	≒1.0 倍
0.4±0.4MPa	2.23	1.06	+47℃	1.88 倍

*1　ここでは，正弦波加振 2 時間後のせん断ひずみ振幅の中心を最大クリープ変形量と定義した。

*2　図 13 の結果から直線補間した結果を示す。

風応答評価法／安全性評価法

表1試験体での実験結果によりまとめた内容を表6に示す。ただし，この実験は部材ランクa～cを特定するために行ったものではないため，ここでの荷重振幅はランクa,b,cの境界というわけではない。高減衰ゴム系積層ゴム支承は，せん断弾性率または減衰性能の異なるタイプの場合1cycle当たりの吸収エネルギー量が変わることで特性変化の傾向が変わることが予測されるため，1つの参考例として示す。

高減衰ゴム系積層ゴム支承はプラグ挿入型の積層ゴムの様に明確な降伏応力を持たない（図1に示した地震応答解析用復元力特性モデルにおいて履歴ループ面積が等価となる様に切片応力を設定しており，せん断変形量により切片応力および降伏応力は変化する性状を有する）ために，一義的に決めることは難しい。

しかしながら，評価上は降伏応力を指標とすることが望ましいことから，本項では指標とする降伏応力を下記の通り定めた。

地震応答解析においてはせん断ひずみ=1.0(100%)を代表特性としているため，本項ではせん断ひずみで=1.0(100%)時の降伏応力 τ_y= 0.281MPa を指標と定める。切片荷重 Q_d，降伏荷重 Q_y は次式により算定する($Q_d=\tau_d \cdot A$, $Q_y=\tau_y \cdot A$ A:積層ゴム内部鋼板の断面積)。

表6 等価荷重振幅による簡易評価

等価荷重振幅 （対応実験）	繰返し変形性状	ランク
0.33τ_y未満 (0.2±0.05MPa, 0.2±0.1MPa)	換算係数 $\alpha^※$=0.5 を考慮すると動的成分荷重最大値 0.66τ_y 未満に対応。 繰返し変形による加振振幅幅の増加はほとんどない。 繰返し変形による積層ゴム温度はほぼ一定。 残留変形は非常に小さい。	ランク a または b
0.9τ_y未満 (0.2±0.2MPa, 0.3±0.075MPa, 0.3±0.15MPa, 0.4±0.1MPa, 0.4±0.2MPa)	換算係数 $\alpha^※$=0.5 を考慮すると動的成分荷重最大値 1.8τ_y 未満に対応。 繰返し変形による加振振幅幅の増加はほとんどない。 繰返し変形による積層ゴム温度の上昇は10℃程度。	ランク b
0.9τ_y以上 (0.3±0.3MPa)	換算係数 $\alpha^※$=0.5 を考慮すると動的成分荷重最大値 1.8τ_y 以上に対応。 繰返し変形による加振振幅幅は2時間で初期の1.35倍程度増加する。 繰返し変形による積層ゴム温度の上昇は15℃程度。	ランク c
1.0τ_d以上 (0.4±0.4MPa)	これ以上の条件では使用しない。 繰返し変形による温度上昇が著しい。 繰返し変形による加振振幅増大が著しく不安定な挙動を示す。	ランク外

※α:風荷重動的成分を等価な一定振幅の正弦波に置換する際の換算係数を表す。

弾性率の異なる積層ゴムにおける実験結果

6..試験体の特性

せん断弾性率の異なる 2 種類の試験体(せん断ひずみ γ=±100%時の代表特性としてせん断弾性率が 0.392 N/mm² および 0.300 N/mm²)を使用して実験を行った。試験体の仕様は表 7 に示すとおりである。切片荷重 Q_d，降伏荷重 Q_y は次式により算定する($Q_d=\tau_d \cdot A$，$Q_y=\tau_y \cdot A$　A:積層ゴム内部鋼板の断面積)。

表 7　B2 および B3 試験体仕様

符号	B2 試験体		B3 試験体	
ゴム材料の特性	γ=±100%時	γ=±150%時	γ=±100%時	γ=±150%時
せん断弾性率 Geq 【MPa(N/mm²)】	0.392	0.322	0.300	0.237
等価粘性減衰定数 Heq	0.240	0.244	0.170	0.174
切片応力度 τ_d 【MPa(N/mm²)】	0.160	0.201	0.084	0.102
降伏応力度 τ_y 【MPa(N/mm²)】	0.178	0.223	0.093	0.113
ゴム外径/内径(mm)	φ225/－		φ400/φ10	
ゴム層 一層厚×層数，総厚	1.6mm×28 層 総厚 44.8mm		3.4mm×23 層 総厚 78.2mm	
内部鋼板厚さ	1.0mm		2.2mm	
形状係数S_1/S_2	35.2/5.02		28.7/5.12	

7.実験条件

7.1　一定水平力実験（静的成分）

積層ゴムに鉛直荷重を裁荷した状態で静的成分のみを 2 時間与えた後，鉛直荷重を掛けせん断応力ゼロの状態で残留変形の変化を 1 時間測定した。

表 8　実験条件（一定水平力実験）

試験体	面圧 (MPa)	せん断応力(MPa)　×加力時間(hour)	
		一定水平力実験	残留変形確認
B2 試験体	11	0.1±0.0×2	0.0±0.0×1
		0.15±0.0×2	0.0±0.0×1
		0.2±0.0×2	0.0±0.0×1
B3 試験体	5	0.04±0.0×2	0.0±0.0×1
		0.08±0.0×2	0.0±0.0×1
		0.12±0.0×2	0.0±0.0×1

7.2 正弦波加振実験（静的成分±動的成分）

正弦波加振実験×2 時間を実施後に続けて，鉛直荷重を掛けせん断応力ゼロの状態で残留変形の変化を 1 時間測定した。

実験条件を表 9 に示す。

表 9　正弦波加振実験条件

試験体	面圧 (MPa)	加力周波数 (Hz)	加振波形	せん断応力(MPa) ×加力時間(hour)	
				正弦波加振実験	残留変形確認
B2 試験体	11	0.33	正弦波	0.1±0.025×2	0.0±0.0×1
				0.1±0.05×2	0.0±0.0×1
				0.1±0.1×2	0.0±0.0×1
				0.15±0.0375×2	0.0±0.0×1
				0.15±0.075×2	0.0±0.0×1
				0.15±0.15×2	0.0±0.0×1
				0.2±0.05×2	0.0±0.0×1
				0.2±0.1×2	0.0±0.0×1
				0.2±0.2×2	0.0±0.0×1
B3 試験体	5	0.33	正弦波	0.04±0.02×2	0.0±0.0×1
				0.04±0.04×2	0.0±0.0×1
				0.08±0.04×2	0.0±0.0×1
				0.08±0.08×2	0.0±0.0×1
				0.12±0.06×2	0.0±0.0×1
				0.12±0.12×2	0.0±0.0×1

8.実験結果

表 8 および表 9 の実験条件について個別の実験におけるせん断ひずみ-時間の関係を図 17，図 18 に示す。

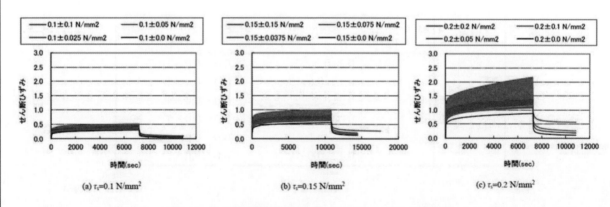

(a) τ_s=0.1 N/mm^2　　　(b) τ_s=0.15 N/mm^2　　　(c) τ_s=0.2 N/mm^2

図 17　B2 試験体試験結果(せん断ひずみ-時間)[7]

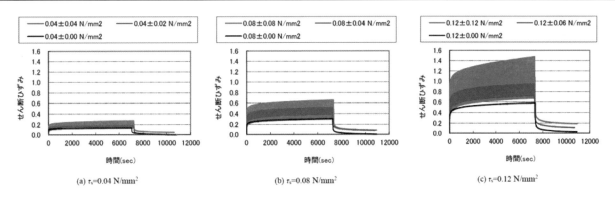

(a) τ_s=0.04 N/mm²　　(b) τ_s=0.08 N/mm²　　(c) τ_s=0.12 N/mm²

図 18　B3 試験体試験結果(せん断ひずみ-時間) [7]

表 10　正弦波加振実験結果の要約(B2 試験体)

加力条件 (MPa)	最大クリープ 変形量 [*1] (せん断ひずみ)	1 時間後の 残留変形量 (せん断ひずみ)	繰返による 最大温度上昇	繰返による ひずみ振幅の増加
0.1±0.025	0.34	0.07	+2°C	≒1.0 倍
0.1±0.05	0.40	0.08	+2°C	≒1.0 倍
0.1±0.1	0.47	0.11	+2°C	≒1.0 倍
0.15±0.0375	0.63	0.18	-5°C[*2]	≒1.0 倍
0.15±0.075	0.72	0.23	-4°C[*2]	≒1.0 倍
0.15±0.15	0.92	0.31	+1°C	≒1.0 倍
0.2±0.05	0.84	0.21	+5°C	≒1.0 倍
0.2±0.1	1.29	0.31	+7°C	≒1.0 倍
0.2±0.2	1.79	0.60	+25°C	1.4 倍

*1 ここでは，正弦波加振 2 時間後のせん断ひずみ振幅の中心を最大クリープ変形量と定義した。
*2 外気温の影響と考えられる。

表 11　正弦波加振実験結果の要約(B3 試験体)

加力条件 (MPa)	最大クリープ 変形量 [*1] (せん断ひずみ)	1 時間後の 残留変形量 (せん断ひずみ)	繰返による 最大温度上昇	繰返による ひずみ振幅の増加
0.04±0.02	0.15	ほとんどなし	+1°C	≒1.0 倍
0.04±0.04	0.23	0.05	+2°C	≒1.0 倍
0.08±0.04	0.46	0.09	+1°C	≒1.0 倍
0.08±0.08	0.50	0.10	+6°C	1.06 倍
0.12±0.06	0.85	0.12	+4°C	≒1.0 倍
0.12±0.12	1.12	0.19	+17°C	1.27 倍

*1 ここでは，正弦波加振 2 時間後のせん断ひずみ振幅の中心を最大クリープ変形量と定義した。

8.1 正弦波加振後の変形量

正弦波加振実験における結果の一例を図 19 に示す。加振中の振幅中心のせん断ひずみを図中に太線 γ_s で示す。「2 時間加力後の γ_s[*1]：最大クリープ変形量」、「正弦波加振条件$(\tau_s \pm \tau_d)$におけるせん断応力の最大値$(\tau_s + \tau_d)$を試験体のせん断ひずみ 100%時の応力 τ_{100} で除した値」との関係を図 20 に示す。比較のため以前に実験した B1 試験体の結果も同様にまとめた。

※試験体個々の水平剛性のばらつきの影響除外のため、せん断ひずみ 100%時の水平剛性を測定した結果から導いた応力 τ_{100} で除した。

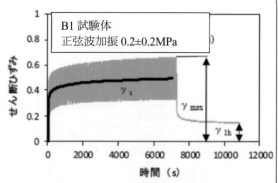

図 19 正弦波加振実験の結果例 [6]

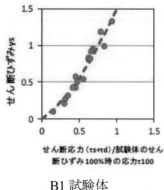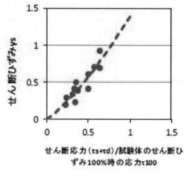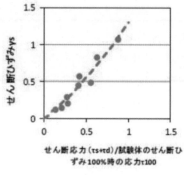

B1 試験体　　　　　　　　B2 試験体　　　　　　　　B3 試験体

図 20 振幅中心せん断ひずみ γ_s とせん断応力$(\tau_s + \tau_d)$/試験体のせん断ひずみ 100%時の応力 τ_{100} 関係図 [6]

図 20 に示した実験結果について最小二乗法による近似式を求めパラメータを表 13 に示す。

$$\gamma_s = a \times X^2 + b \times X \qquad (1)$$

$$X = (\tau_s + \tau_d)/\tau_{100} \qquad (2)$$

表 12 近似式のパラメータ

試験体	a	b	τ_{100}(MPa)
B1	0.7709	0.7146	0.620α
B2	0.5140	0.8860	0.392α
B3	0.3655	0.9379	0.300α

*α:試験体個々の水平剛性の設計値に対するばらつき

正弦波加振におけるせん断応力の最大値$(\tau_s + \tau_d)$と正弦波加振 2 時間後の振幅中心におけるせん断ひずみは相関関係があり、γ_s の予測式を設定した。上述の予測式より、振幅中心のせん断ひずみ γ_s は静的成分の応力 τ_s だけでなく動的成分の応力 τ_d の影響も受けることがわかる。

8.2 残留変形量

一定水平力実験後および正弦波加振実験後にそれぞれ行った残留変形確認実験結果において，「1 時間後の残留ひずみ γ_{1h}」と「加力中に生じる最大せん断ひずみ γ_{max}」の関係をまとめ図 21 に示す。

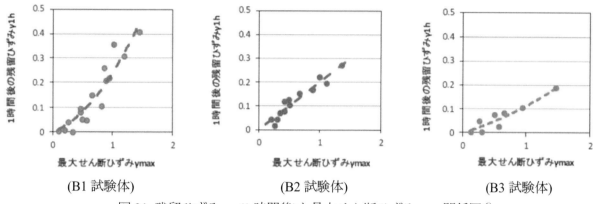

(B1 試験体)　　　　　　　(B2 試験体)　　　　　　　(B3 試験体)

図 21　残留ひずみ γ_{1h}(1 時間後)と最大せん断ひずみ γ_{max} 関係図 [6]

いずれの試験体においても最大せん断ひずみ γ_{max} が大きいほど残留ひずみも大きくなる傾向がみられ，3 種類の試験体の内で B1 試験体の残留ひずみが一番大きくなる傾向がみられた。残留ひずみは吸収エネルギー量の影響があるものと考えられる。

それぞれの試験結果にについて最小二乗法による近似式を求め，式(4)~(6)に示す。

(B1 試験体)
$$\gamma_{1h} = 0.1452\gamma_{max}^2 + 0.0939\gamma_{max} \qquad (4)$$

(B2 試験体)
$$\gamma_{1h} = 0.1976\gamma_{max} \qquad (5)$$

(B3 試験体)
$$\gamma_{1h} = 0.0341\gamma_{max}^2 + 0.077\gamma_{max} \qquad (6)$$

風応答評価法／安全性評価法

新たに実験した B2 試験体，B3 試験体の結果について，表 6 に掲載した B1 試験体同様にまとめた。ただし，この実験は部材ランク a~c を特定するために行ったものではないため，ここでの荷重振幅はランク a,b,c の境界というわけではない。

高減衰ゴム系積層ゴム支承はプラグ挿入型の積層ゴムの様に明確な降伏応力を持たない（図 1 に示した地震応答解析用復元力特性モデルにおいて履歴ループ面積が等価となる様に切片応力を設定しており，せん断変形量により切片応力および降伏応力は変化する性状を有する）ために，一義的に決めることは難しい。しかしながら，評価上は降伏応力を指標とすることが望ましいことから，本項では指標とする降伏応力を下記の通り定めた。

地震応答解析においてはせん断ひずみ=1.0(100%)を代表特性としているため，指標とする降伏応力を下記の通り定めた。

　B2 試験体：τ_y= 0.178(N/mm^2)，B3 試験体：τ_y=0.093(N/mm^2)と定める。

※切片荷重 Q_d, 降伏荷重 Q_y は次式により算定する($Q_d=\tau_d \cdot A$, $Q_y=\tau_y \cdot A$, A:積層ゴム内部鋼板の断面積)。

表 13 等価荷重振幅による簡易評価(B2 試験体)

等価荷重振幅 （対応実験）	繰返し変形性状	ランク
0.33τ_y 未満 (0.1±0.025MPa, 0.1±0.05MPa, 0.15±0.0375MPa)	換算係数 α※=0.5 を考慮すると動的成分荷重最大値 0.8τ_y 未満に対応。 繰返し変形による加振振幅幅の増加はほとんどない。 繰返し変形による積層ゴム温度の変化は小さい。 残留変形は非常に小さい。	ランク a または b
0.8τ_y 未満 (0.1±0.1MPa, 0.15±0.075MPa 0.2±0.05MPa, 0.2±0.1MPa)	換算係数 α※=0.5 を考慮すると動的成分荷重最大値 1.8τ_y 未満に対応。 繰返し変形による加振振幅幅の増加はほとんどない。 繰返し変形による積層ゴム温度の上昇は 7℃以下。	ランク b
0.8τ_y 以上 (0.15±0.15MPa)	換算係数 α※=0.5 を考慮すると動的成分荷重最大値 1.6τ_y 以上に対応。 繰返し変形によるによる加振振幅幅の増加はほとんどない。 繰返し変形による積層ゴム温度の変化は小さい。	ランク c
1.0τ_y 以上 (0.2±0.2MPa)	これ以上の条件では使用しない。 繰返し変形による温度上昇が著しい。 繰返し変形による加振振幅増大が著しく不安定な挙動を示す。	ランク外

風応答評価法／安全性評価法

表 14 についても，この実験は部材ランク a~c を特定するために行ったものではないため，ここでの荷重振幅はランク a,b,c の境界というわけではない。

表 14 等価荷重振幅による簡易評価(B3 試験体)

等価荷重振幅 （対応実験）	繰返し変形性状	ランク
$0.33\tau_y$ 未満 (0.04±0.02 MPa)	換算係数 $\alpha^{※}$=0.5 を考慮すると動的成分荷重最大値 $0.8\tau_y$ 未満に対応。 繰返し変形による加振振幅幅の増加はほとんどない。 繰返し変形による積層ゴムの変化は小さい。	ランク a または b
$0.8\tau_y$ 未満 (0.04±0.04， 0.08±0.04MPa 0.12±0.06MPa)	換算係数 $\alpha^{※}$=0.5 を考慮すると動的成分荷重最大値 $1.8\tau_y$ 未満に対応。 繰返し変形による加振振幅幅の増加はほとんどない。 繰返し変形による積層ゴム温度の上昇は 4°C以下。	ランク b
$0.8\tau_y$ 以上 (0.08±0.08MPa)	換算係数 $\alpha^{※}$=0.5 を考慮すると動的成分荷重最大値 $1.6\tau_y$ 以上に対応。 繰返し変形によるによる加振振幅幅の増加は 1.06 倍程度。 繰返し変形による積層ゴム温度の変化は 6°C以下。	ランク c
$1.1\tau_y$ 以上 (0.12±0.12MPa)	これ以上の条件では使用しない。 繰返し変形による温度上昇が著しい。 繰返し変形による加振振幅増大が著しく不安定な挙動を示す。	ランク外

文献・資料

1) 菊地，竹内 他，「高減衰ゴム系積層ゴム支承における風荷重の研究（その1　実験概要と実験結果)」，日本建築学会学術講演梗概集（関東）2011 年 9 月

2) 森，加藤 他，「風荷重の動的成分が高減衰系積層ゴムの応答特性に与える影響に関する実験的研究及びその解析モデルの検討，日本建築学会構造系論文集 Vol.77 No.676 2012.6

3) 石塚，佐々木 他，「高減衰積層ゴムの性能確認試験　－その3　荷重制御による長時間動的加力実験－」，日本建築学会大会学術講演梗概集（中国）2008 年 9 月

4) (財)日本建築センター，(社)日本免震構造協会，「免震部材のエネルギー吸収性能評価に関する現状と課題　報告書」，H19.3

5) 鈴木，竹中 他，「高層免震建築物の風応答時刻歴解析による検討(その 1~2)，日本建築学会大会学術講演梗概集 B，pp.277-280，2010.9

6) 石田，森　他，「高減衰ゴム系積層ゴムの風荷重によるクリープ変形および残留変形の検討」，日本建築学会大会学術講演梗概集（中国）2017 年 8 月

7) ブリヂストン技術資料，「高減衰ゴム系積層ゴムの風荷重に対する検討」，2021 年 3 月 24 日改訂

部材概要：剛すべり支承とは，鉛直荷重を支えながら水平方向には比較的低い摩擦特性を有するすべり材（主に四ふっ化エチレン樹脂：PTFE）とすべり板（ステンレス板）を組み合わせて用い，地震時や強風時に生じる水平方向の振動エネルギーをすべりにより吸収する装置である。一般に，すべり部としては，摩擦係数が 0.1 程度の高摩擦タイプと摩擦係数が 0.01 程度の低摩擦タイプがある。

風応答特性概要：風応答に関連する検討項目として，長時間にわたる小振幅繰返し変形時の摩擦力特性の変化およびすべり材の摩耗耐久性がある。

風荷重を想定した部材実験概要

1. 繰返し加振実験

剛すべり支承の高摩擦タイプおよび低摩擦タイプについて，製品サイズの実機品を用いて 2 時間連続加振実験を行い，摩擦係数とすべり面温度の関係，すべり材の摩耗耐久性などを確認した。

2. 実験方法

試験機は 2 軸せん断試験機を用い，試験体として鉛直支持力 1000kN 用の実大品を使用した。また，試験体は高摩擦タイプとして高摩擦用剛すべり支承（基準摩擦係数 0.095）と低摩擦タイプとして低摩擦用剛すべり支承（基準摩擦係数 0.011）の 2 種類とした。すべり面の温度を確認するためにすべり材直下に熱電対を取付けて断熱材の有無の条件で測定している。なお，試験順序として剛すべり支承の特性値確認試験を行った後に本実験（2 時間連続加振実験）を実施し，その後温度が常温に戻ってから再度特性値確認試験を行った。実験条件を表1に示す。

表1 実験条件（正弦波加振）

試験順序	周期 (sec)	振幅 (mm)	速度 (cm/s)	時間 (sec)	累積変位量 (m)	繰返し回数 (回)	備考
①	3.14	±50	10.0	31	2	10	特性値確認
②	3.0	±30	6.3	7200	288	2400	2 時間連続加振実験
③	3.14	±50	10.0	31	2	10	特性値確認

試験機：2 軸せん断試験機

試験体：高摩擦用剛すべり支承 軸力 1000 kN 用（PTFE 径　φ254 mm）

　　　　低摩擦用剛すべり支承 軸力 1000 kN 用（PTFE 径　φ254 mm）

　　　　試験の面圧：20 N/mm^2 (鉛直荷重 1000 kN)

断熱材：寸法 700×400×6.35 t（mm）　熱伝導率 λ＝0.2356 kcal/m・h・℃

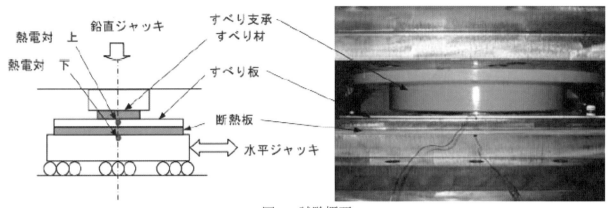

図1　試験概要

3. 実験結果

3.1 高摩擦タイプ

　　実験結果のうち摩擦係数と温度の変化を図2および図3に示す。また，摩擦係数と水平変位の履歴ループ図を図4および図5に示す。

(1) 風応答想定の2時間（7200秒）連続加振実験結果として，通常の繰返し試験に見られる摩擦係数と温度の関係を示した。摩擦係数は，摩擦熱による温度上昇の影響を受けて初期値0.1から0.05程度となり約50%低下する傾向がみられる。

(2) 断熱材有り実験では，断熱材の上側温度と下側温度に大きな差があり断熱効果が現れている。また，断熱効果の影響を受けて上側温度（すべり板）は高くなっている。発熱による温度上昇は2000秒から3000秒で収束する。

(3) 2時間連続加振実験前後の摩擦係数を表2に示す。連続加振実験前後の特性値確認試験での摩擦係数に大きな変化はみられなかった。

(4) すべり材の摩耗耐久性としてすべり材の厚さ（出代）計測を実施した。すべり摩擦での厚さ減少率は1%未満でありすべり材の摩耗耐久性は問題とならない。

(5) 以上の実験結果から，風応答における2時間連続加振実験に対して剛すべり支承の耐久性の問題はみられなかった。

表2　2時間連続加振実験前後の摩擦係数（高摩擦タイプ）

	特性値確認試験	2時間連続加振実験	特性値確認試験
断熱材無し	0.102	0.117→0.061	0.104
断熱材有り	0.098	0.107→0.047	0.100

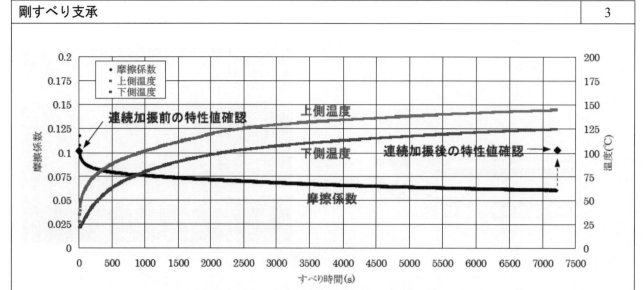

図2　断熱材無しの摩擦係数と温度（高摩擦タイプ）

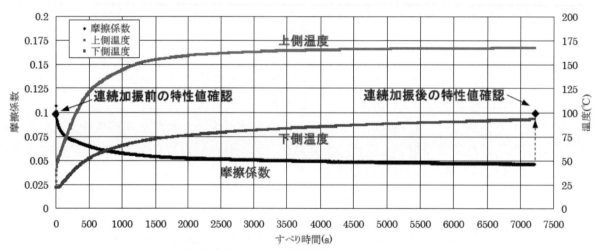

図3　断熱材有りの摩擦係数と温度（高摩擦タイプ）

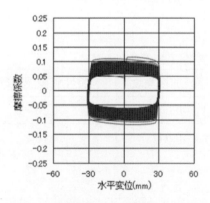

図4　断熱材無しの履歴ループ図
（高摩擦タイプ）

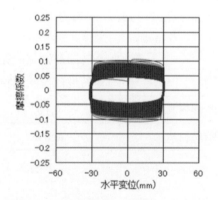

図5　断熱材有りの履歴ループ図
（高摩擦タイプ）

3.2 低摩擦タイプ

実験結果のうち摩擦係数と温度の変化を図 6 および図 7 に示す。また，摩擦係数と水平変位の履歴ループ図を図 8 および図 9 に示す。

(1) 風応答想定の 2 時間（7200 秒）連続加振実験結果として，通常の繰返し試験に見られる摩擦係数と温度の関係を示した。摩擦係数は初期値 0.01 から 7200 秒後は 0.012 程度に若干上昇する傾向があるが，ごく僅かな変化で問題となるものではない。

(2) 断熱材有り実験では，断熱材の上側温度と下側温度に大きな差があり断熱効果が現れている。また，断熱効果の影響を受けて上側温度（すべり板）は高くなっている。

(3) 2 時間連続加振実験前後の摩擦係数を表 3 に示す。連続加振実験前後の特性値確認試験での摩擦係数に大きな変化はみられなかった。

(4) すべり材の摩耗耐久性としてすべり材の厚さ（出代）計測を実施した。すべり摩擦での厚さ減少率は 1% 未満でありすべり材の摩耗耐久性は問題とならない。

(5) 以上の実験結果から，風応答における 2 時間連続加振実験に対して剛すべり支承の耐久性の問題はみられなかった。

表 3　2 時間連続加振実験前後の摩擦係数（低摩擦タイプ）

	特性値確認試験	2 時間連続加振実験	特性値確認試験
断熱材無し	0.010	0.010→0.013	0.011
断熱材有り	0.011	0.010→0.012	0.012

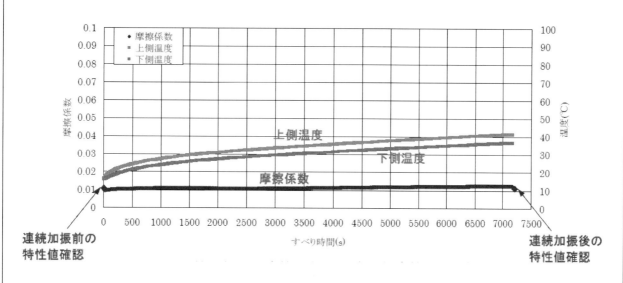

図 6　断熱材無しの摩擦係数と温度（低摩擦タイプ）

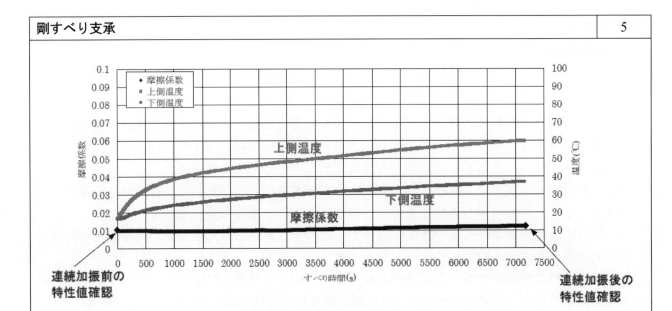

図7　断熱材有りの摩擦係数と温度（低摩擦タイプ）

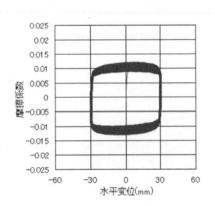

図8　断熱材無しの履歴ループ図
（低摩擦タイプ）

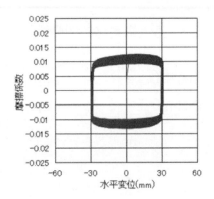

図9　断熱材有りの履歴ループ図
（低摩擦タイプ）

4．2時間連続加振実験時の写真

4.1 高摩擦タイプ

　　　実験後のすべり板およびすべり材の写真を以下に示す。すべり摩擦に伴いすべり材（四ふっ化エチレン樹脂：PTFE）に摩耗粉が出ているが，正常な PTFE の摩耗状態である。

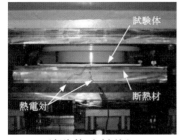

試験体取付状況

すべり板　断熱材無し　実験後

すべり板　断熱材有り　実験後

すべり材外観　実験前

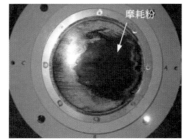

すべり材　断熱材無し　実験後

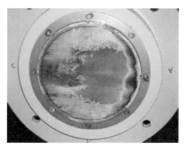

すべり材　断熱材有り　実験後

4.2 低摩擦タイプ

　　　実験後のすべり板およびすべり材の写真を以下に示す。すべり摩擦に伴いすべり材（四ふっ化エチレン樹脂：PTFE）に摩耗粉が出ているが，正常な PTFE の摩耗状態である。

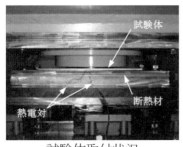

試験体取付状況

すべり板　断熱材無し　実験後

すべり板　断熱材有り　実験後

すべり材外観　実験前

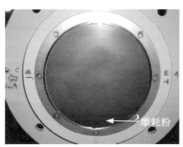

すべり材　断熱材無し　実験後

すべり材　断熱材有り　実験後

5. 摩擦係数と摺動時間の関係

5.1 高摩擦タイプ

実験より得られた摩擦係数とすべり時間または摺動距離の近似式を次に示す。

摩擦係数とすべり時間の関係式 $\mu=0.1337S^{-0.12}$ ・・・・(1)

摩擦係数と摺動距離の関係式 $\mu=0.0906M^{-0.12}$ ・・・・(2)

μ:摩擦係数   S:すべり時間(s)   M:摺動距離(m)

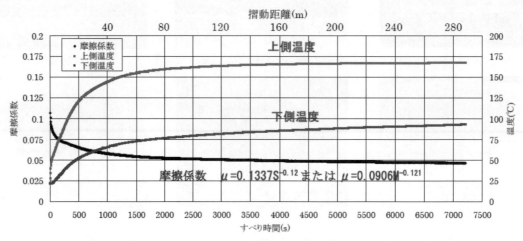

図10 摩擦係数とすべり時間または摺動距離の関係（高摩擦タイプ　断熱材有り）

5.2 低摩擦タイプ

実験より得られた摩擦係数とすべり時間または摺動距離の近似式を次に示す。

摩擦係数とすべり時間の関係式 $\mu=1\times10^{-5}S+0.0092$ ・・・・(1)

摩擦係数と摺動距離の関係式 $\mu=4\times10^{-7}M+0.0092$ ・・・・(2)

μ:摩擦係数   S:すべり時間(s)   M:摺動距離(m)

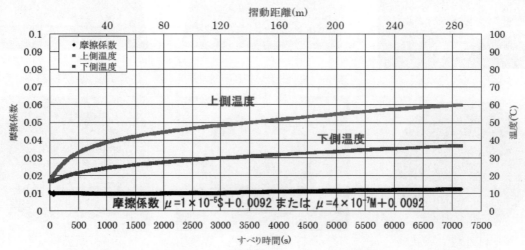

図11 摩擦係数とすべり時間または摺動距離の関係（低摩擦タイプ　断熱材有り）

剛すべり支承	8

文献・資料

1) 剛すべり支承の風応答に対する小振幅繰返し特性　日本ピラー工業　技術資料　2011 年

部材概要：弾性すべり支承は，直列に配置された積層ゴム，すべり材（主に四ふっ化エチレン樹脂：PTFE），すべり板（ステンレス板）により，小振幅振動時は積層ゴムの変形で振動を吸収し，中・大振幅振動時は積層ゴムの変形とすべりにより振動エネルギーを吸収する。一般に，すべり材は，摩擦係数が0.01程度の低摩擦タイプと0.1程度の高摩擦タイプがある。

風応答特性概要：風応答に関連する検討事項として，繰り返し摺動による温度上昇を伴う特性変化の問題がある。

風荷重を想定した部材実験概要

1. 風応答時における弾性すべり支承の挙動

　風応答時における弾性すべり支承の挙動の模式図を図1に示す。(a)風応答直後は弾性すべり支承の積層ゴム部のみが変形して摺動しない。その後も(b)風応答による力が摩擦力を越えない場合は摺動せず，(c)超える場合のみ摺動する。

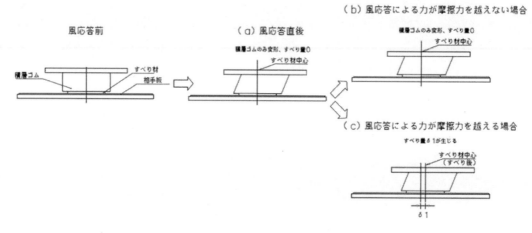

図1　風応答時における弾性すべり支承の挙動の模式図

2. すべり材単体の連続加振実験

　風応答により摺動した場合を想定し，低摩擦タイプ（摩擦係数が0.01程度）と高摩擦タイプ（摩擦係数が0.1程度）のすべり材単体による2時間連続加振実験を行った結果を図2に示す。低摩擦タイプは摩擦係数がほとんど変化せず，高摩擦タイプは約40%低下する結果であった。これにより，低摩擦タイプは繰り返し摺動による特性変化がほとんどないことから，風応答に特段の配慮は必要ないと考えられる。一方，高摩擦タイプは繰り返し摺動により摩擦係数が顕著に変化するため，風応答による考慮が必要な場合があると考えられる。

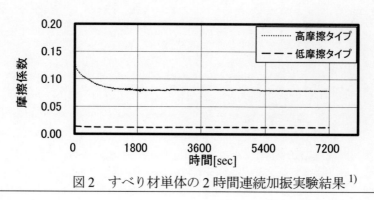

図2　すべり材単体の2時間連続加振実験結果[1]

3. 弾性すべり支承（高摩擦タイプ）の連続加振実験

　摩擦係数の変化が顕著な高摩擦タイプについて，積層ゴム部の影響による摩擦係数の変化を確認するため，弾性すべり支承として2時間連続加振実験を行い，摺動特性，温度変化等を確認した。

3.1　試験体

　表1に試験体の諸元，図3に試験体概略，写真1に試験状況を示す。

表1　試験体の諸元

項目	諸元
すべり材タイプ	μ=0.13（高摩擦タイプ）
すべり材直径（mm）	250
すべり材面圧（N/mm²）	17
すべり板寸法（mm）	900×450×t6
ゴム材料	NR／G6
ゴム外径（mm）	320
ゴム層厚（mm）×層数	3×12=36

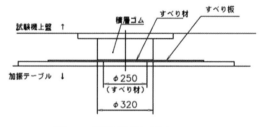

図3　試験体概略図

写真1　試験状況 [1]

3.2　実験方法

　表2に加振条件を示す。2時間連続加振実験は，積層ゴムが中立位置からの場合（オフセット無し）と，強風により免震層に水平オフセット変形が生じた場合（オフセット有り）を想定して実施した。なお，これら実験前後に特性値確認実験を実施した。

　試験機　：3MN2軸試験機

　断熱材　：試験機と試験体の間に断熱材無し

　計測項目：すべり支承移動量，積層ゴムの水平変形量，水平力，鉛直荷重，すべり板裏面温度

表2　加振条件（正弦波加振）

加振条件	面圧（N/mm²）	周期（s）	振幅（mm）	繰返し数（cycle）	最大速度（mm/s）	オフセット量（mm）	加振時間（s）	備考
①	17	3	±30	4	62.2	0	16	特性値確認
②	17	3	±30	2376	62.2	0	7200	2時間連続加振
③	17	3	±30	2376	62.2	約80	7200	2時間連続加振
④	17	3	±30	4	62.2	0	16	特性値確認

3.3.　実験結果

　図4に2時間連続加振実験（加振条件②，③）の各種時刻歴を示す。図5に2時間連続加振実験の履歴ループを示す。図6に2時間連続加振実験前後の特性値確認実験における履歴ループを示す。写真2に実験後のすべり板外観を示す。

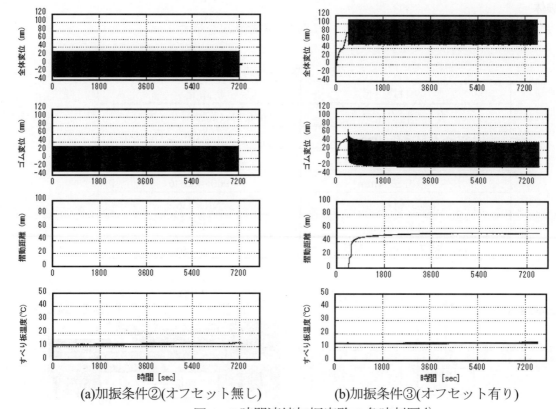

(a)加振条件②(オフセット無し)　　　　　(b)加振条件③(オフセット有り)

図4　2時間連続加振実験の各時刻歴[1]

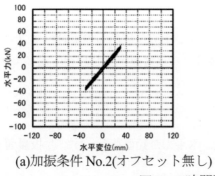

(a)加振条件 No.2(オフセット無し)　　　　(b)加振条件 No.3(オフセット有り)

図5　2時間連続加振実験の履歴ループ[1]

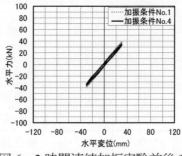

図6　2時間連続加振実験前後の履歴ループ[1]　　　写真2　実験後のすべり板外観[1]

・摺動特性

　　オフセット無しの2時間連続加振実験（加振条件②）は，積層ゴムの最大変形力がすべり材の摩擦力よりも低いため摺動せず，積層ゴムのみの変形となった。そのため，摩擦係数は変化しないと考えられる。

　　オフセット有りの2時間連続加振実験（加振条件③）は，中立位置から+80mm オフセットさせ，積層ゴムの水平変形量が約40mm の状態で加振を開始した。加振開始直後に摺動したが，数サイクル後に摺動量は急激に減少し，加振開始後約30分までは非常に微小な摺動を繰り返した。その後，摺動はなくなり，積層ゴムのみの変形となった。加振中の累積摺動距離は0.1m 未満と非常に短いため，摩擦係数は変化しないと考えられる。また，オフセット加振実験後の残留変形は10mm 程度であった。

　　2時間連続加振実験前後の特性値確認実験における履歴ループはほとんど変化がなかった。

・すべり面温度

　　オフセット有り無し共に2時間連続加振実験はほとんど摺動しないため，すべり板の温度変化はほとんどなかった。なお，断熱板を挟んでオフセット加振実験を行った場合も，ほとんど摺動せず，温度変化が小さいため，摩擦係数に与える影響はほとんどないと考えられる。

・すべり材の磨耗

　　オフセット無しの2時間連続加振実験は，摺動しないため磨耗は生じないと考えられる。

　　オフセット有りの2時間連続加振実験は，摺動するが，累積摺動距離は0.1m 未満と非常に短く，影響はほとんどないと考えられる。

風応答評価法／安全性評価法

＜低摩擦タイプ＞

　　低摩擦タイプは，図 2 のすべり材単体の 2 時間連続加振実験の結果から，摩擦係数はほとんど変化しない。これにより，低摩擦タイプは繰り返し摺動による特性変化がほとんどないことから，風応答に特段の配慮は必要ないと考えられる。

＜高摩擦タイプ＞

　　高摩擦タイプは，弾性すべり支承として 2 時間連続加振実験を行った結果から，ほとんど摺動しない条件であれば，摩擦係数は変化しないと考えられ，設計で風応答に特段の考慮は必要ないと考えられる。しかし，摺動する場合は，図 2 のすべり材単体の 2 時間連続加振実験の結果から，摩擦係数は最大で 40%程度低下するため，設計で風応答を考慮する必要があると考えられる。

　　弾性すべり支承における摺動有無の判断及び累積摺動距離は，積層ゴムの構成により変わり，摩擦係数を一定と仮定した場合，式（1）によって算出することができる。

$$\Sigma s = 4 \times n \times \delta_2 \times 10^{-3} \cdots \cdots (1)$$

Σs：	累積摺動距離（m）	
n：	繰返し数（cycle）	
δ_1：	積層ゴムの水平変形量（mm）	$(\delta_1 = F_h / K_1)$
δ_2：	すべり材摺動量（mm）	$(\delta_2 = \delta_3 - \delta_1)$
δ_3：	すべり支承移動量（mm）	
H：	積層ゴムの総ゴム厚さ（mm）	
A_r：	積層ゴムのせん断面積（mm²）	
G_r：	積層ゴムのせん断弾性率（N/mm²）	
F_h：	すべり出し時の積層ゴム水平力（kN）	$(F_h = F_v \times \mu)$
F_v：	鉛直荷重（kN）	
μ：	摩擦係数	
K_1：	一次剛性（kN/mm）	$(K_1 = G_r \times A_r / H)$

文献・資料

1）　Shinji Satou, Shuichi Nagata : "Experimental Study on SSR Durability of Base-Isolated Building Duration Strong Wind", Advances in Structural Engineering and Mechanics, Seoul, Korea, 18-22 September 2011 pp.4982-4992

部材概要：直動転がり支承(CLB : Cross Linear Bearing)は，鋼球の循環機構を持つ鋼製ブロックと軸受けレールによる直動装置(LM ガイド）を直交させて上下に組み合わせ，任意の方向へ滑動可能な転がり支承としたものである。建物の大きな荷重を支持しながら極めて小さな摩擦抵抗力で動くので免震の長周期化に有効であり，引張荷重にも対応できるので引抜力の大きい建物にも対応可能である。

風応答特性概要：風応答に関する検討項目として，長時間連続加振による装置の性能（摩擦係数）に重大な影響を及ぼすグリースの減少や温度上昇および装置の耐久性がある。

風荷重を想定した部材実験概要

1. 実験概要

1.1 試験体

十字型直動転がり支承試験体の諸元を表1に示す。

表 1 試験体の諸元

基本型番	基準荷重 (kN)	ボール直径 (mm)	ゴムシム	
			G(N/mm2)	厚さ(mm)
CLB061	600	8.731	0.8	6
CLB133	1300	13.493	1.0	8
CLB250	2451	16.669	1.0	10
CLB780	7649	30.163	1.2	12

1.2 実験方法

図 1 のように試験体を上下に重ね設置し，鉛直ジャッキによって試験体に所定の鉛直荷重を作用させた後，水平アクチュエータを変位制御し加力を行っている。試験パラメータは，表 2 に示す。微小振幅から大振幅における多数回長時間加振実験を行うとともに，グリースの排出量とその影響を確認している。

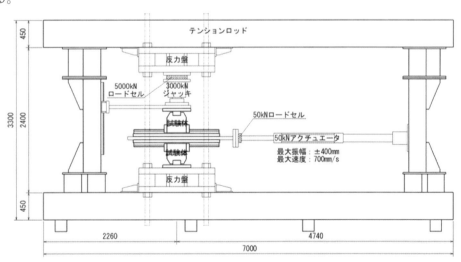

図 1　試験機の概要 (CLB133 の場合)

表 2　試験パラメータ

番号	試験装置	鉛直荷重（kN）	振動数（Hz）	振幅（mm）	加振回数（回）	累積変位(m)
試験 1-1	CLB061	600	1.0	±0.75	216000	648
試験 1-2	CLB061	600	0.1	±1.3	3250	17
試験 1-3	CLB061	600	0.1	±7.3	5400	158
試験 2-1	CLB133	1300	0.05	±50	4320	864
試験 2-2	CLB133	1300	0.40	±202	200	162
試験 2-3	CLB133	1300	0.10	±390	900	1404
試験 3	CLB250	2451	0.008	±600	90	216
試験 4	CLB780	7649	0.008	±600	22	52.8

2.　試験結果

2.1〔試験番号 1-1〕微小振幅域(1)

　　図 2 に 1.0Hz，±0.75mm 加振時の水平方向の履歴ループの抜粋を，図 3 に繰返し加振による水平荷重の最大値の変化を示す。

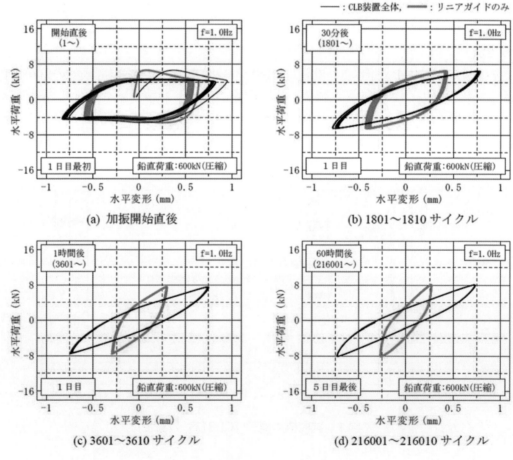

図 2　水平方向の履歴ループ（抜粋）（試 1-1）

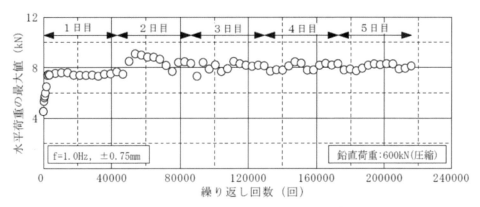

図3　繰返し加振による水平荷重の最大値の変化 (試1-1)

　表3 に 1.0Hz，±0.75mm 加振時における試験前後の水平荷重の最大値，摩擦係数(平均値)の比較して示す。試験前に比べ，水平荷重の最大値は 1.33～1.89 倍，摩擦係数は 1.02～1.14 倍に大きくなっているが，CLB 装置の動作性には全く問題がなかった。ここで，水平荷重が局部的に大きくなるのは，繰返し加振により転動溝内にできた圧痕(くぼみ)内にボールがはまり込むからであると考えられる。なお，試験後の調査により圧痕(くぼみ)の深さは 5μm 以下であることが確認されている。

表3　試験前後の水平荷重の最大値・摩擦係数の比較

([試験 1-1]，片振幅 0.75mm，加振回数 216,000 回)

試験体の状態	水平荷重の最大値		摩擦係数	
	(kN)	変化率	(×0.001)	変化率
①試験開始前	5.34	------	8.57	------
②試験終了後	10.09	1.89	9.76	1.14
③試験終了後に±50mm稼動後	8.95	1.68	9.71	1.13
④±50mm稼動後にグリース充填後	7.12	1.33	8.76	1.02

※　変化率：各値の試験開始前値に対する比率

2.2〔試験番号 1-2〕微小振幅域(2)

　図4 に 0.1Hz，±1.3mm 加振時の水平方向の履歴ループを，図5 に繰返し加振による水平荷重の最大値の変化を示す。履歴ループの形状には，2.1 節に示した 1.0Hz，0.75mm の繰返し加振時と同様に矩形から紡錐形に変わろうとする傾向が見られるが，繰返し回数 600 回以降での変化は非常に少ない為，本試験以上の繰返し加振を行ったとしても，履歴ループの形状に急激な変化が起こるとは考えにくい。したがって，繰返し稼動による発熱が少ない振幅域においては，±1.3mm(ボール径の 30%)の繰返し加振より±0.75mm(ボール径の 17%)の繰返し加振の方がより過酷な試験条件であるといえる。

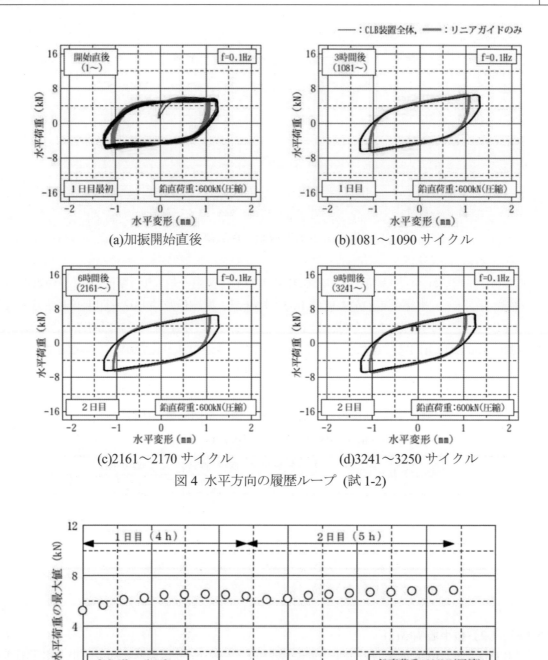

図4 水平方向の履歴ループ (試1-2)

図5 繰返し加振による水平荷重の最大値の変化 (試1-2)

表4に0.1Hz, ±1.3mm加振時における試験前後の水平荷重の最大値, 摩擦係数(平均値)を比較して示す。試験前に比べ, 水平荷重の最大値は1.13倍, 摩擦係数は1.06倍になっているが, CLB装置の動作性には問題がなく, 所要の性能を保持し続けているといえる。なお, 本試験で用いた試験体は別の試験で使用済の装置であり, 繰返し加振を行う以前にかなりの疲労が蓄積されていたものである。

表4 試験前後の水平荷重の最大値・摩擦係数の比較

([試験1-2]，片振幅1.3mm，加振回数3,250回)

試験体の状態	水平荷重の最大値		摩擦係数	
	(kN)	変化率	(×0.001)	変化率
①試験開始前	5.83	------	8.44	------
②試験終了後	6.60	1.13	8.90	1.06

2.3 〔試験番号1-3〕小振幅域

　図6に0.1Hz，±7.3mm加振時の履歴ループの抜粋を示す。この変形域では，履歴ループの形状を保ったまま摩擦係数が上昇している。リニアガイドの温度上昇により摩擦係数が変化したと考えられる。

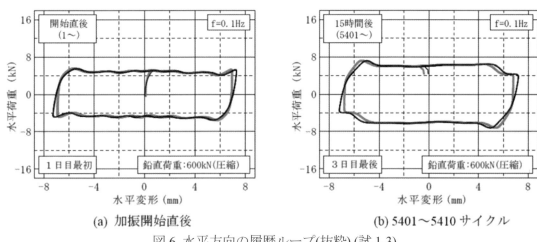

(a) 加振開始直後　　　　　　　　　　(b) 5401～5410サイクル

図6 水平方向の履歴ループ(抜粋) (試1-3)

　図7に繰返し加振による摩擦係数の変化を，表5に試験前後の水平荷重の最大値，摩擦係数(平均値)の比較を示す。試験前に比べ，水平荷重の最大値は1.40倍，摩擦係数は1.27倍に大きくなっているが，CLB装置の動作性に問題はなく，所要の性能を保持し続けているといえる。

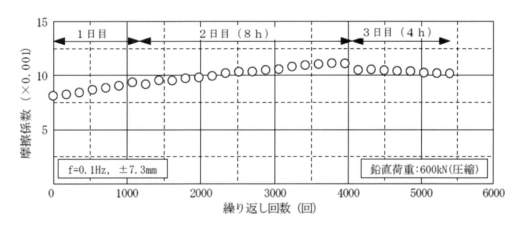

図7 繰返し加振による摩擦係数の変化 (試1-3)

表 5 試験前後の水平荷重の最大値・摩擦係数の比較
([試験 1-3]，片振幅 7.3mm，加振回数 5,400 回)

試験体の状態	水平荷重の最大値		摩擦係数	
	(kN)	変化率	(×0.001)	変化率
①試験開始前	5.17	------	7.97	------
②試験終了後	7.21	1.40	10.14	1.27

2.4〔試験番号 2-1〕中振幅（暴風時）域

　図 8 に水平方向の履歴ループを示す。また，図 9 と図 10 に繰返し加振に伴う摩擦係数の変化，ブロック表面温度の変化を示す。試験の結果，9 時間程度を経過すると温度上昇に伴う摩擦係数の上昇が顕著となり，18 時間(3240 回)経過以降ブロック温度 35℃，摩擦係数 18%上昇したところから温度・摩擦係数の上昇がなくなり，24 時間(4320 回)以上動作が続いてもこれ以上上昇する可能性は極めて低いと判断できる。

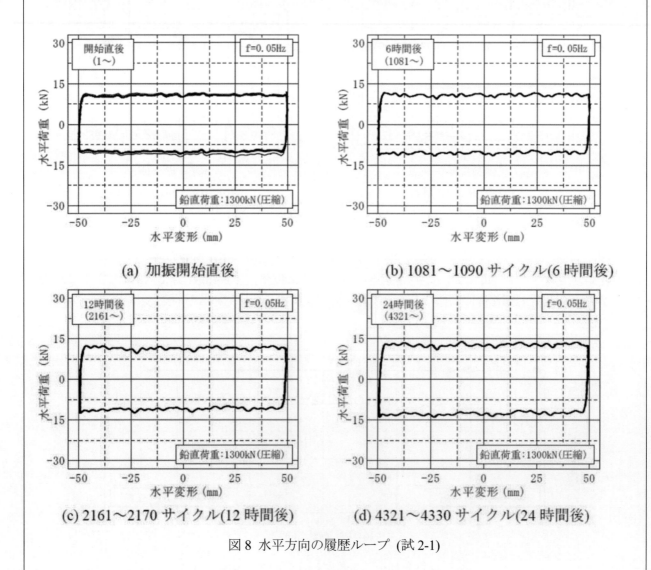

(a) 加振開始直後　　　　　　　　(b) 1081〜1090 サイクル(6 時間後)

(c) 2161〜2170 サイクル(12 時間後)　　　(d) 4321〜4330 サイクル(24 時間後)

図 8 水平方向の履歴ループ (試 2-1)

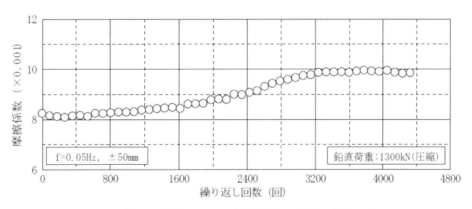

図9 繰返し加振による摩擦係数の変化（試2-1）

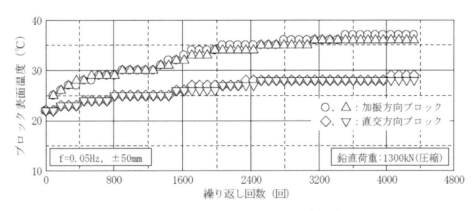

図10 繰返し加振によるブロック表面温度の変化（試2-1）

　表6に0.05Hz,±50mm加振時における試験前後の摩擦係数の比較を示す。ただし，試験開始前の摩擦係数は，同一加振条件のデータがないため，繰返し加振の初期ループ(0.05Hz,±50mm)より求めた。ここで，試験後のCLB装置の状態は，①試験終了後1時間放置，②3日放置しグリース再充填の2種類である。1時間放置後の摩擦係数は，繰返し加振開始直後とほぼ同じであり，3日間放置しグリースを再充填した後の摩擦係数は，繰返し加振開始直後よりも小さくなっている。したがって，温度上昇がなければ，±50mm(ボール径の15倍)の繰返し稼動によりCLB装置の摩擦係数は小さくなると考えられる。なお，このことは加振開始初期に摩擦係数が減少するという現象からも裏付けられる。

表6 試験前後の水平荷重の最大値・摩擦係数の比較
([試験2-1]，片振幅50mm，加振回数4,320回)

試験体の状態	摩擦係数	
	(×0.001)	変化率
試験開始前	8.28	－－－－－
①1時間放置後	8.29	1.00
②3日間放置後にグリース充填後	7.63	0.92

2.5〔試験番号 2-3〕大振幅（大地震時）域

　　地震時を想定し±390mm 連続加振を行った。図 11，図 12，図 13 に繰返し加振に伴う水平荷重の最大値の変化，摩擦係数の変化，ブロック表面温度の変化を示す。ブロック表面温度は加振回数が増すにつれて急激に上昇し，900 回の加振終了時には 150℃以上になった。その結果，加振回数が 900 回(総走行距離は約 1400m)を過ぎた直後にブロックが破壊し，稼動しなくなった。ただし，通常の使用条件下で，連続稼動によりブロック表面温度が 50℃以上に上昇することはないので，稼動による温度上昇で CLB 装置が所要の性能を失うことはないと考えられる。なお，ブロック表面温度が 140℃になっても CLB 装置は稼動できるということは特筆に値すると考える。連続加振 400 回目（ブロック表面温度 100℃）程度を超えるまでは，摩擦係数の上昇は小さいと判断できる。

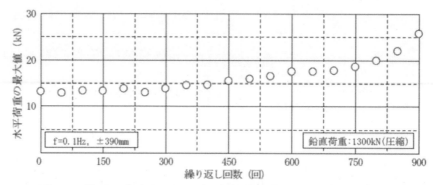

図 11　繰返し加振による水平荷重の最大値の変化 (試 2-3)

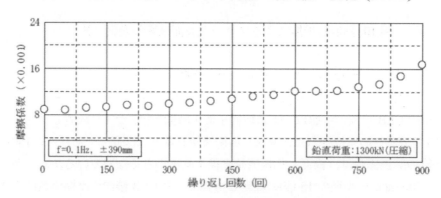

図 12　繰返し加振による摩擦係数の変化 (試 2-3)

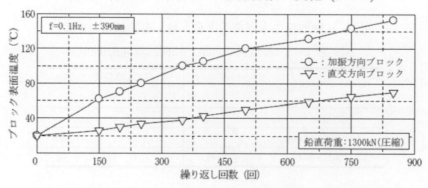

図 13　繰返し加振によるブロック表面温度の変化(試 2-3)

2.6〔試験番号 3〕〔試験番号 4〕大振幅（大地震時）域（大型装置）

　地震時を想定し±600mm 連続加振を大型リニアガイドの装置で行った。図 14，図 15 に CLB250 および CLB780 の繰返し加振に伴う摩擦係数の変化を示す。其々90 回の累積変位 216m，22 回の累積変位 52.8m の加振終了まで摩擦係数の上昇は小さいと判断できる。

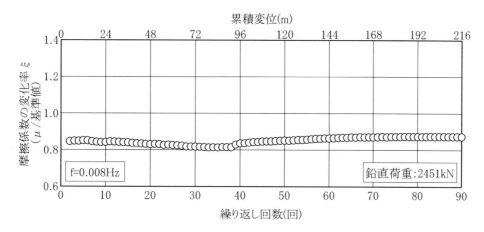

図 14　繰返し加振による摩擦係数の変化 (試 3，CLB250)

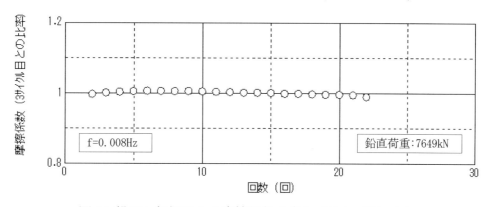

図 15　繰返し加振による摩擦係数の変化 (試 4，CLB780)

2.7〔試験番号 2-2〕グリースの排出量確認

　本試験の目的はグリースの排出量を特定し，グリースの減少が CLB 装置の性能に影響を及ぼさないことを確認することであるため，加振は 5 サイクルずつ間欠的に行った。グリースの排出量の測定は，排出されたグリースの重量を測ることで行っている。図 16 に繰返し加振に伴う摩擦係数の変化，図 17 に繰返し回数とブロック内部からのグリース排出量の関係を示す。試験結果より，試験体温度の上昇がない場合，グリースが初期封入量の 45%程度に減少しても，摩擦係数は殆んど変化しないことが確認できる。また，繰返し回数 80 回目以降のグリース排出量は非常に少なく，さらに加振を続けてもこれ以上のグリースが排出される可能性は非常に少ないと考えられる。したがって，CLB 装置の性能を保持するために必要なグリース量は，どのような稼動を経験した後であっても常にブロック内に充填されていると判断できる。

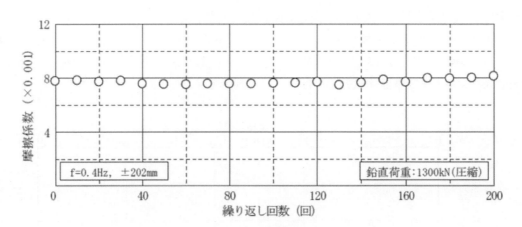

図 16　繰返し加振による摩擦係数の変化 (試 2-2)

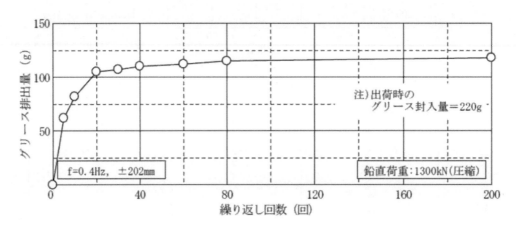

図 17　繰返し回数とグリース排出量の関係 (試 2-2)

3.　まとめ

以上のまとめを以下に示す。

表 7　変形量と実験結果

条件	微少振幅		小振幅	中振幅	大振幅
片振幅	0.75mm (ボール径の 15%相当)	1.3mm (ボール径の 30%相当)	〜1cm	〜5cm	〜1m
振動数	1.0Hz	0.1Hz	0.1Hz	0.05Hz	0.008Hz,0.1Hz, (0.4Hz)
現象	リニアガイドの圧痕		リニアガイドの温度上昇		
性能復旧策	グリース充填		時間経過		
摩擦係数	＋14%		＋27%	＋18%	＋5.7(試験 3) －1.5(試験 4)
試験番号	1-1, 1-2		1-3	2-1	2-3, 3, 4, (2-2)

　本試験により，CLB の性能を変化させる要因は，微小変形領域(概ね片振幅がボール直径の 10〜15% 以下)では転動面の圧痕(くぼみ)，それ以上の変形領域では稼動に伴う温度上昇であることが明らかとなった。但し，CLB の摩擦係数は非常に小さく，上記の性能変化が免震性能に及ぼす影響も小さいと考えられる。

　なお，転動面の圧痕による摩擦係数の変化に対しては，定期点検の実施時に確認されるグリース充填により，温度上昇は加振後の時間経過による温度低下によって，摩擦係数の変化率が小さくなることが確認できた。

文献・資料

1) 原田浩之：転がり支承を用いた免震構造と履歴ダンパーを用いた制震構造に関する研究，学位論文，2006 年 3 月

部材概要：球面すべり支承はすべり面が球面形状をした摩擦振り子支承であり，「荷重支持機能」，「復元機能」，「減衰（エネルギー吸収）機能」を持ち合わせていることを特徴としている。一般に，摩擦係数が4%程度の中摩擦タイプと1%程度の低摩擦タイプがある。

風応答特性概要：風応答に関連する検討項目として，長時間にわたる小振幅繰り返し変形時の摩擦係数の変化が挙げられる。

風荷重を想定した部材実験概要

1. 繰り返し耐久試験

　　球面すべり支承の繰り返し耐久性については，地震応答を想定し中摩擦タイプ(摩擦係数μ=4%程度)[1]と低摩擦タイプ(μ=1%程度)[2]の速度400mm/sにて累積摺動距離120m程度の摺動耐久性を確認している。また，風荷重を想定した試験としては，文献[3]にて実大試験体を用いて摺動距離400m（中摩擦タイプ）および600m（低摩擦タイプ）の加振を行っている。

2. 試験体および試験方法

　　試験は二軸載荷試験機を用い，図1に示すように面圧を一定に保ちながら水平力を載荷する。表1に試験体の概要および試験条件を示す。試験体はスライダー径200mm（鉛直支持力1,884kN）の実大品を使用した。

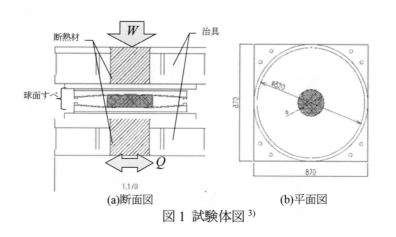

(a)断面図　　　　　　　　　　　(b)平面図

図1　試験体図[3]

表1　試験体概要および試験条件

試験体			試験条件					
摩擦係数	接線周期(2次剛性)(s)	スライダー径(mm)	温度(℃)	面圧(N/mm²)	最大速度(mm/s)	振幅(mm)	摺動距離(m)	試験時間(h)
中摩擦(4%)	6	200	雰囲気	60	10 (正弦波)	±100	400	17.4
低摩擦(1%)							600	26.1

3. 試験結果

3.1 中摩擦タイプ

　荷重変位関係を図2に示す。Y軸は水平荷重を鉛直荷重で除した値を示す。繰り返し載荷 i サイクル目の摩擦係数は，i サイクル目の正負 Y 切片の値の平均値から別途実施した速度換算試験での補正係数（20mm/s と 400mm/s の 3 サイクル目の比）を用いて 400mm/s のときの摩擦係数に換算している。サイクル数を重ねるにつれて摩擦係数（Y 切片値）が低下している。摺動距離と摩擦係数の関係を図3に示す。灰色で網掛けした部分は摩擦係数のばらつきの公称値範囲（3.3%～5.3%）である。摺動距離を重ねるにつれ，摩擦係数は増減しながらも微増の傾向にある。この摩擦係数の増減は，100m ごとに載荷のインターバルを設けたためであり，連続載荷中の摩擦熱による温度上昇の影響で摩擦係数は微減し，冷えて摩擦係数は再び上昇したと考察する。また，摺動により滑り材の表面が摩耗した影響によって摩擦係数が微増したと考察する。以上より，累積 400m の試験の連続加振の範囲では，十分な耐久性を保有していると判断できる。

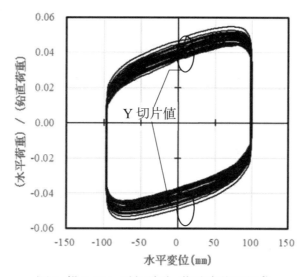

図2 繰り返し耐久試験 荷重変位関係 [3]

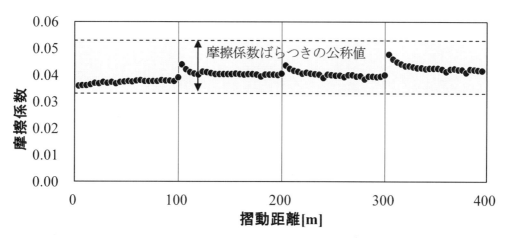

図3 中摩擦タイプ 摺動距離と摩擦係数の関係 [3]

3.2 低摩擦タイプ

　図4に低摩擦タイプの摺動距離と摩擦係数の関係を示す。灰色で網掛けした部分は摩擦係数のばらつきの公称値範囲（0.6%～2.0%）である。低摩擦タイプの場合も100mごとにインターバルを設けたものの摺動距離の増加に伴い摩擦係数は微減する傾向にある。以上より，累積600mの試験の連続加振の範囲では，十分な耐久性を保有していると判断できる。

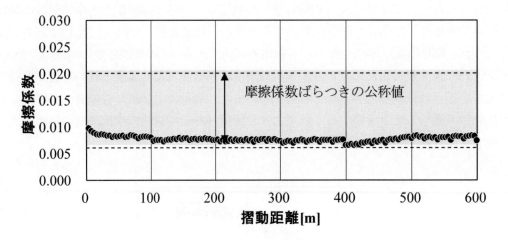

図4 低摩擦タイプ　摺動距離と摩擦係数の関係 [3]

文献・資料

1) 西本ほか：高面圧球面すべり支承(SSB)の開発(その2 SSBの各種依存性及び繰り返し耐久性)，日本建築学会学術梗概集，pp.483-484, 2014.9

2) 西本ほか：球面滑り支承(SSB)低摩擦タイプの実大性能確認実験，日本建築学会学術梗概集，pp.957-958, 2017.8

3) 小西ほか：球面すべり支承（SSB）が導入された免震建物の風方向荷重の性状に対する検討(その 3 低速度繰り返し耐久試験と静止摩擦係数)，日本建築学会学術梗概集，pp.623-624, 2020.9

部材概要：鉛ダンパーは鉛の変形時の弾塑性履歴に伴うエネルギー吸収を利用した履歴型ダンパーであり，湾曲した円柱状に鋳造された純鉛材を，鋼製のフランジに溶着している。

風応答特性概要：風荷重平均成分によるクリープ変形，長時間の風応答による温度上昇およびそれに伴う変形量の増加，繰返し変形による疲労亀裂・破断が風荷重に対する照査項目に挙げられる。

風荷重を想定した部材実験概要

1. 鉛ダンパーの荷重制御試験

文献[1]では，風荷重を想定し，鉛ダンパーと積層ゴムを並列に設置し一定水平荷重と正弦波荷重を組合せた荷重制御による試験を行い，鉛ダンパーのクリープ特性を評価している。試験体には図1に示す2種類の鉛ダンパーを用い，一定水平荷重(Q)と正弦波荷重(ΔQ)の組合せ Q±ΔQ により，表1に示す条件で加振している。

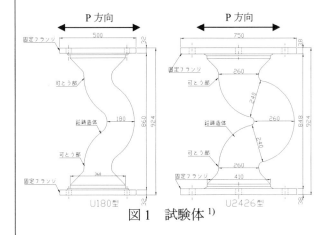

図1　試験体[1]

表1　加振条件[文献1]に追記

耐力比[*1] $Q/Q_y, \Delta Q/Q_y$	U180 型	U2426 型
0.5 倍	45±45kN	110±110kN
0.67 倍	60±60kN	147±147kN
1.0 倍	90±90kN	―
積層ゴム直径	400mm	500mm
積層ゴム水平剛性 K_r(2体)	17kN/cm	23kN/cm
加振方向	P 方向(図1中に示す)	
周期	3 秒	
サイクル数 (加振時間)	2,400(2 時間)	
断熱材の有無	無し	

*1：鉛ダンパーの降伏荷重 Q_y との比率

1.1 クリープ性

試験結果を図2に示す。履歴曲線中に積層ゴムの負担する水平力 $K_r \times \delta$ に鉛ダンパーの降伏荷重 Q_y を付加した $K_r \times \delta \pm Q_y$，荷重－変位の履歴および最終サイクルの履歴ループの荷重－変位中心点を示す。なお降伏荷重はバイリニアモデルを用いて計算した値である。これによると，U180 型は耐力比 0.67 以下で，U2426 型は耐力比 0.5 では，荷重が一定水平荷重(Q)値に達したときの位置を中心に，正弦波荷重(ΔQ)による変形を繰返しており，変位振幅と荷重振幅の中央値は積層ゴムの水平剛性とほぼ同じである。U180 型は耐力比 1.0，U2426 型は耐力比 0.67 においては，最終的な変位振幅の中心値は積層ゴムの水平剛性を若干超えた値となっている。この原因としては，積層ゴムが繰返し加力により剛性低下している可能性も考えられる。

1.2 変位振幅と温度上昇

図2によると，耐力比が 0.5 の場合には変位振幅はほぼ一定の値を示し，温度上昇も僅かである。U180 型では耐力比 1.0 倍，U2426 型では 0.67 倍で変位振幅の増大に伴って温度が徐々に上昇し，2 時間の加振で表面温度は 80～90℃に達している。このように変位振幅が増大した理由としては，長時間の加振により鉛の温度が上昇し，鉛ダンパーの温度依存性により降伏荷重が低下したことによると考えられる。

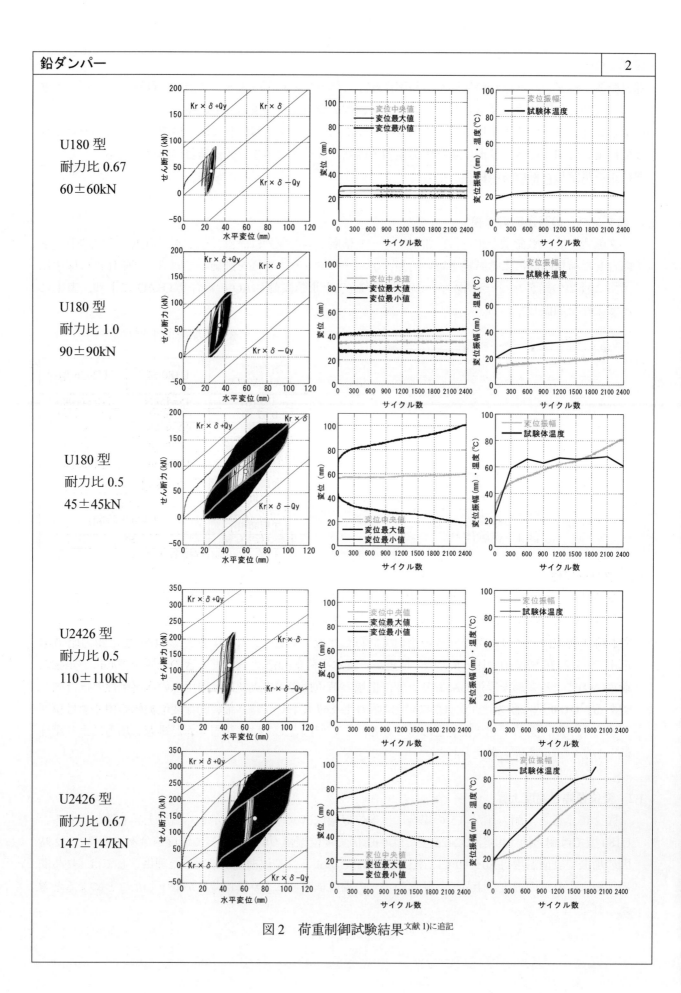

図2　荷重制御試験結果^{文献 1)に追記}

2. 高サイクル疲労試験

　文献[2]では，風応答を想定した微小変位での，鉛ダンパーの高サイクル疲労特性が確認されている。加力方法は図3に示す試験機を用いて，表2に示す条件で変位制御による定振幅繰返し加振を行なっている。なお，表2の実験結果は図4に反映されている。

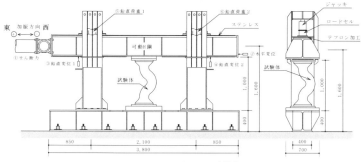

載荷形式：1軸型，最大荷重：±500kN，最大ストローク：±150mm

図3 試験機[文献2]

表2 試験条件[文献2]より抜粋

試験体番号	ダンパー種類	加力方向	振幅(mm)	周波数(Hz)
1			±0.25	10
2			±1.0	5
3	U180型	P方向(図1)	±2.5	5
4			±2.5	5
5			±2.5	5
6			±5.0	2
7	U2426型		±2.5	5

風応答評価法／安全性評価法

3. 亀裂発生時・破断時繰返し回数と振幅の関係

　図4に亀裂発生時・破断時繰返し回数と振幅の関係を示す。これによると，鉛ダンパーの疲労曲線は回数10〜10^6の範囲でダンパー種類に関わらず式(1)，式(2)で表現できるとされている。また，式(1)，式(2)より，破断時繰返し回数は亀裂発生時繰返し回数の約33倍であると考えられる。

$$\delta = 2,269 \times N_d^{-0.545} \quad \cdots (1)$$

$$\delta = 315 \times N_c^{-0.534} \quad \cdots (2)$$

$$N_d \approx 33 N_c$$

ここに、

　　δ：片振幅(mm)

　　N_d：破断時繰返し回数

　　N_c：亀裂発生時繰返し回数

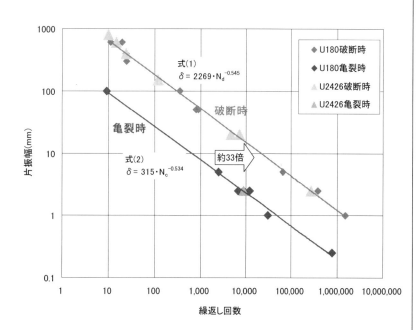

図4 亀裂発生時・破断時繰返し回数と振幅の関係[文献2]

4. 疲労損傷度と降伏荷重比

　繰返し変形により鉛ダンパーに亀裂が発生した場合，断面積が欠損し降伏荷重が低下する場合がある。文献[3]によると，亀裂が発生した鉛ダンパーの疲労損傷度 D，降伏荷重比(損傷後の降伏荷重／損傷前の降伏荷重)r_y は式(3)で表すことができるとされている。式(3)から式(4)が得られ，疲労損傷度から降伏荷重比を求めることができる。

$$D = \frac{2}{3}\left(1 - r_y\right) \quad \cdots(3)$$

$$r_y = 1 - \frac{2}{3}D \quad \cdots(4)$$

表3　頻度分布を求めた水準

免震部材の応答状態	ランクb	ランクc		
記号	b	c1	c2	c3
全振幅最大値(mm)	15	30	45	60
頻度	7,200			

5. Miner 則を用いた疲労損傷度評価

5.1 風応答時の全振幅頻度分布の推定

　鉛ダンパーに Miner 則が成り立つことは文献[4]で確認されており，ここでは Miner 則による検討を行う。変動成分による最大振幅が鉛ダンパーの弾性限変位×2 となるランク b の応答状態，および最大振幅が弾性限変位×2 を超えるランク c の応答状態 3 水準を想定し，鋼材ダンパーと同様の手法で表3に示す全4水準での全振幅の確率密度分布を求めた。全サイクル数を 2 時間×周期 1 秒 =7,200 回として求めた頻度分布を図5に示す。なお，頻度解析では半周期の回数をカウントしているため，頻度＝半周期カウント数×1/2 (全周期数合計 7200 回)として図示した。

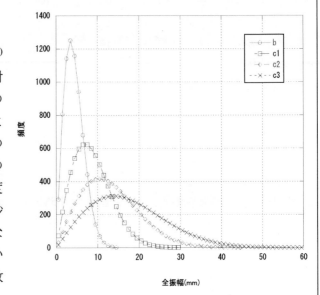

図5　全振幅の確率密度分布

5.2 疲労損傷度の検討

　図 6 は図 4 の破断時繰返し回数 N_d を全振幅 Δ との関係で示したものであり，破断時繰返し回数は式(5)で表すことが出来る。周期 1 秒の場合の各振幅における頻度 n_i，破断時繰返し回数 N_d，疲労損傷度 D_i，降伏荷重比 r_y を表 4 に示す。なお，各振幅における疲労損傷度 D_i は式(6)により求めた。

$$N_d = 1.38\times10^6\,\delta^{-1.83} = 1.38\times10^6\left(\frac{\Delta}{2}\right)^{-1.83} \quad \cdots(5)$$

$$D_i = \frac{n_i}{N_{di}} \quad \cdots(6)$$

ここに，δ：片振幅(mm)，N_{di}：各振幅の N_d

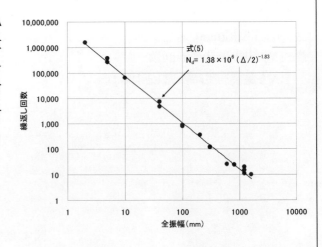

図 6　全振幅と破断時繰返し回数

5.3 全振幅最大値と降伏荷重比・累積疲労損傷度

　表4中の累積疲労損傷度ΣDを図7中に「×」で示す。これによると，累積疲労損傷度は式(7)で表すことができる。また，表4および式(7)の周期は1秒であるので，周期T秒での累積疲労損傷度は式(8)のとおりとなる。また，式(4)，式(8)より式(9)が得られ，風応答時の周期および全振幅最大値 Δ_{max} から，疲労損傷時の降伏荷重比を推定できる。周期1〜3秒における降伏荷重比・累積疲労損傷度を図7に示す。これによると，降伏荷重比が製品ばらつきの下限値に相当する r_y=0.9 となる全振幅最大値は，周期1秒，2秒，3秒でそれぞれ39mm，56mm，70mmであり，ランクcの変動成分であってもこれらの値までは，降伏荷重比は製品ばらつきの幅と同程度の範囲に収まると考えられる。

周期1秒の場合の累積疲労損傷度は，

$$\sum D = 8.24\times10^{-5}\Delta_{max}^2 + 6.58\times10^{-4}\Delta_{max} \quad \cdots(7)$$

周期T秒の場合は，

$$\sum D = \frac{1}{T}\left(8.24\times10^{-5}\Delta_{max}^2 + 6.58\times10^{-4}\Delta_{max}\right) \quad \cdots(8)$$

式(4)式(8)より

$$r_y = 1 - \frac{2}{3}\sum D = 1 - \frac{1}{T}\left(5.49\times10^{-5}\Delta_{max}^2 + 4.39\times10^{-4}\Delta_{max}\right) \quad \cdots(9)$$

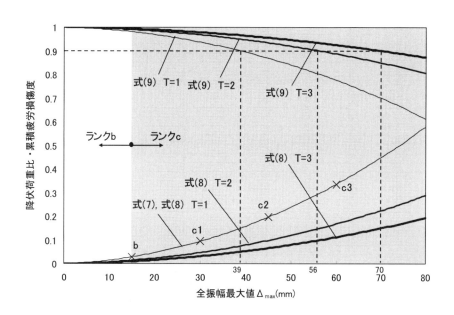

図7　変動成分による全振幅最大値と降伏荷重比・累積疲労損傷度の関係

表 4　風応答時の累積疲労損傷度(T=1 (秒))

全振幅区間中央値 Δ (mm)	破断時繰返し数 Nd (回)	全振幅最大値15mm b 頻度 ni (回)	疲労損傷度 Di	全振幅最大値30mm c1 頻度 ni (回)	疲労損傷度 Di	全振幅最大値45mm c2 頻度 ni (回)	疲労損傷度 Di	全振幅最大値60mm c3 頻度 ni (回)	疲労損傷度 Di
0.5	17,444,112	292	1.674E-05	73.5	4.213E-06	33	1.892E-06	18.5	1.061E-06
1.5	2,336,237	806.5	0.0003452	216.5	9.267E-05	97.5	4.173E-05	55	2.354E-05
2.5	917,347	1141	0.0012438	346	0.0003772	159.5	0.0001739	91	9.92E-05
3.5	495,586	1250	0.0025223	455.5	0.0009191	217	0.0004379	125	0.0002522
4.5	312,885	1158	0.003701	539.5	0.0017243	269	0.0008597	157.5	0.0005034
5.5	216,721	940	0.0043374	595	0.0027455	314	0.0014489	188	0.0008675
6.5	159,637	680	0.0042597	622	0.0038963	351.5	0.0022019	215	0.0013468
7.5	122,858	442.5	0.0036017	622	0.0050628	380.5	0.0030971	239.5	0.0019494
8.5	97,707	260.5	0.0026661	598.5	0.0061254	401	0.0041041	260.5	0.0026661
9.5	79,713	139.5	0.00175	556	0.006975	413	0.0051811	278	0.0034875
10.5	66,372	68	0.0010245	501	0.0075483	417	0.0062827	292	0.0043994
11.5	56,194	30.5	0.0005428	438	0.0077945	413	0.0073496	302.5	0.0053832
12.5	48,241	12.5	0.0002591	372.5	0.0077216	402.5	0.0083435	309	0.0064053
13.5	41,904	5	0.0001193	308.5	0.0073621	386	0.0092116	312.5	0.0074576
14.5	36,767	2	5.44E-05	248.5	0.0067587	365	0.0099273	312	0.0084858
15.5	32,543			195.5	0.0060074	340.5	0.0104631	309	0.0094951
16.5	29,025			150	0.005168	313.5	0.0108011	303	0.0104394
17.5	26,062			112.5	0.0043167	285	0.0109355	295	0.0113193
18.5	23,542			82.5	0.0035044	255.5	0.010853	284	0.0120636
19.5	21,380			59	0.0027596	227	0.0106176	272	0.0127224
20.5	19,510			41	0.0021015	199	0.0102	258	0.0132241
21.5	17,881			28	0.0015659	172.5	0.0096469	243	0.0135895
22.5	16,454			19	0.0011547	147.5	0.0089644	227	0.0137961
23.5	15,195			12.5	0.0008226	125	0.0082262	211	0.0138859
24.5	14,080			8	0.0005682	105	0.0074576	194.5	0.0138143
25.5	13,086			5	0.0003821	87	0.0066485	178	0.0136027
26.5	12,196			3	0.000246	71.5	0.0058625	162	0.0132828
27.5	11,397			2	0.0001755	58	0.0050891	146.5	0.0128544
28.5	10,676			1.5	0.0001405	46.5	0.0043557	131.5	0.0123177
29.5	10,023			1	9.977E-05	37	0.0036916	117.5	0.0117233
30.5	9,430					29.5	0.0031284	104	0.011029
31.5	8,889					23	0.0025875	92	0.0103498
32.5	8,395					17.5	0.0020846	80.5	0.0095891
33.5	7,942					13.5	0.0016998	70	0.0088139
34.5	7,526					10.5	0.0013952	60.5	0.008039
35.5	7,142					8	0.0011201	52.5	0.0073504
36.5	6,788					6	0.0008839	44.5	0.0065553
37.5	6,461					4.5	0.0006965	38	0.0058816
38.5	6,157					3	0.0004872	32	0.0051973
39.5	5,875					2.5	0.0004255	27	0.0045959
40.5	5,612					2	0.0003564	22.5	0.0040092
41.5	5,367					1.5	0.0002795	19	0.0035401
42.5	5,138					1	0.0001946	15.5	0.0030166
43.5	4,924					1	0.0002031	13	0.0026401
44.5	4,724					0.5	0.0001059	10.5	0.0022229
45.5	4,535							8.5	0.0018742
46.5	4,358							7	0.0016061
47.5	4,192							5.5	0.001312
48.5	4,035							4.5	0.0011152
49.5	3,887							3.5	0.0009004
50.5	3,747							3	0.0008005
51.5	3,615							2.5	0.0006915
52.5	3,490							2	0.000573
53.5	3,372							1.5	0.0004449
54.5	3,260							1.5	0.0004602
55.5	3,153							1	0.0003172
56.5	3,052							1	0.0003277
57.5	2,955							0.5	0.0001692
58.5	2,863							0.5	0.0001746
59.5	2,776							0.5	0.0001801
頻度合計		7228		7213.5		7214		7212.5	
累積疲労損傷度ΣDi		0.03		0.09		0.20		0.34	
降伏荷重比ry		0.982		0.937		0.868		0.777	

文献・資料

1) 高山ほか：鉛ダンパーの風応答に関する研究 (その 1) 荷重制御試験と微小変位の履歴特性　日本建築学会大会学術講演梗概集 B-2 構Ⅱ, 2010 年, pp.287-288

2) 安永ほか：鉛ダンパーの風応答に関する研究 (その 2) 微小変位での高サイクル疲労特性　日本建築学会大会学術講演梗概集 B-2 構Ⅱ, 2010 年, pp.289-290

3) (社)日本免震構造協会：応答制御建物調査委員会報告書　2012 年 1 月

4) 森田ほか：免震建物から回収された鉛ダンパーの残存性能試験　日本建築学会九州支部研究報告, 第 51 号, 2012 年 3 月

鋼材ダンパー	1

部材概要：鋼材の塑性変形により地震時の振動エネルギーを吸収するダンパーであり，鋼棒をループ状に加工したもの，または鋼板を U 字型に加工したものを複数本組み合わせて一つの製品としている。

風応答特性概要：風応答に対する鋼材ダンパーの検討事項としては温度上昇より疲労性能が問題になる。風荷重変動成分に対する疲労損傷の検討を行う。

風荷重を想定した部材実験概要

1. 鋼材ダンパーの疲労性能

鋼材ダンパーの疲労性能は，定振幅繰返し載荷試験を行い加振振幅とダンパーが破断に至るまでの繰返し回数から疲労曲線を作成している。鋼材ダンパーの載荷試験ではおもに 1cm/秒程度の準静的載荷を行っているが，文献[1]などにおいて鋼材ダンパーは載荷速度による疲労性能への影響が小さいことが報告されている。

1.1 ループ型鋼棒ダンパー

図 1(a)及び(b)は，既存の定振幅載荷試験の結果をもとに，破断に至る繰返し回数と載荷振幅の関係を，載荷方向別に示したものである。図 1(a)は TSDφ70R265（鋼棒径 70mm，鋼棒巻き半径 265mm）について，(b)は TSDφ90R365（鋼棒径 90mm，鋼棒巻き半径 365mm）についての図である。図の凡例中，"単"と示したものは単リング（図 2(b)）による試験，"製品"と示したものは 4 リングを組み合わせた状態での試験という意味である。

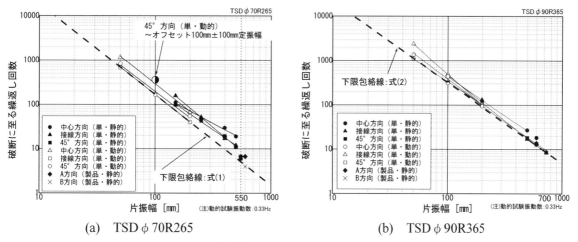

(a) TSDφ70R265   (b) TSDφ90R365

図 1 鋼棒ダンパーの疲労性能

鋼棒ダンパーは図 2(a)に示すように，鋼棒をループ状に成形したリングを 4 本一組とした製品であるが，各リングの載荷方向により疲労性能が異なる。このため，4 本のリングが同時に破断することは考えにくく，どれか 1 本が破断してもすぐに耐荷力を喪失するわけでは無いが，ここではリング 1 本が破断に至るときを製品としての設計上の限界として位置づける。各リングの載荷方向の定義を図 2(b)に示す。

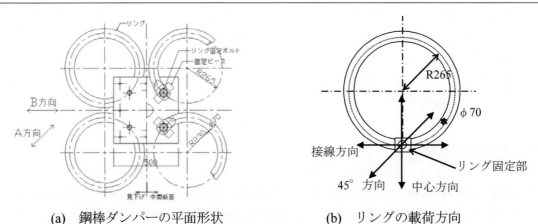

(a)　鋼棒ダンパーの平面形状　　　　　(b)　リングの載荷方向

図2　鋼棒ダンパーの形状と載荷方向の定義

　図1には，免震層の風応答を想定して行ったオフセット定振幅載荷試験の結果[1]（○印）も同時に示してある。オフセット試験の結果は，定振幅載荷試験の結果に比べ，破断に至るまでにおよそ2倍の繰返し回数を要している。試験体1体についての結果であるが，少なくともオフセット載荷においてはオフセット無しの載荷に比べても破断に至る繰返し回数は下回らないと考えられる。この理由については，文献[1]を参照されたい。

　図1より，載荷方向によらず破断に至る繰返し回数が最小となる点を包絡する下限包絡線として疲労性能評価式を求めると疲労性能評価式は(1)，(2)で与えられる。

$$（TSD\phi70R265）\quad N_d = 2090098 \times \delta^{-2.048} \tag{1}$$
$$（TSD\phi90R365）\quad N_d = 1369602 \times \delta^{-1.819} \tag{2}$$

　ここで，N_d：破断に至る繰返し回数 [回]，δ：片振幅[mm]

1.2　U型鋼材ダンパー

　免震U型ダンパーは相似形で5種類のサイズがあり，ここでは真ん中のサイズである NSUD50 シリーズを検討対象とする。弾性限変位は 27.9mm であり，そのダンパーロッド形状を図3に示す。定振幅繰返し載荷試験における加力方向については，ダンパーロッドの軸線方向を0度方向加力，軸線に直交する方向を90度方向としている。

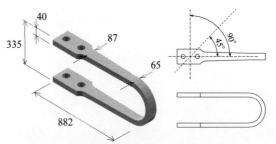

図3　ダンパーロッドの形状と寸法
（NSUD50 シリーズ）

免震 U 型ダンパーのダンパーロッド単体を対象とした定振幅繰返し試験において方向別の疲労特性を図4に示す。NSUD50 の場合，振幅±400mm 以下の領域では0度方向の繰返し性能が低いことがわかる。そこで，U型ダンパーの弾性限付近の小振幅領域を対象とした試験では0度方向のみに着目した実験が行われている。0度方向の結果から回帰した疲労曲線を式(3)に示す。

　図5に小振幅領域までを考慮した疲労特性を示す。地震を対象とした振幅での結果から回帰した疲労曲線(3)に対して，風を対象とした小振幅領域では破断回数は大きくなり，振幅がより小さくなるほど顕著になることがわかる。疲労曲線(4)は小振幅も含めた結果から回帰したもの[2]である。

$$N_d = 10.5 \times \delta^{-1.363} \tag{3}$$

$$\delta = 0.0586 \times N_d^{-0.15} + 6.06 \times N_d^{-0.80} \tag{4}$$

$$(\gamma = \delta/h \times 100 = 35 N_d^{-0.15} + 3620 N_d^{-0.80},\ h=335\text{mm})$$

　　　N_d：破断までの繰返し回数

　　　δ：片振幅（m）

よって，小振幅領域の繰返し回数が多い風応答の疲労検討では，疲労曲線(4)を用いる方が精度良い評価が可能であり，疲労曲線(3)を用いると損傷度を過大に評価することになる。なお，図5において振幅15mmおよび22mmのデータはNSUD40で行った試験結果で相似則によりNSUD50相当の振幅に換算しプロットしている。

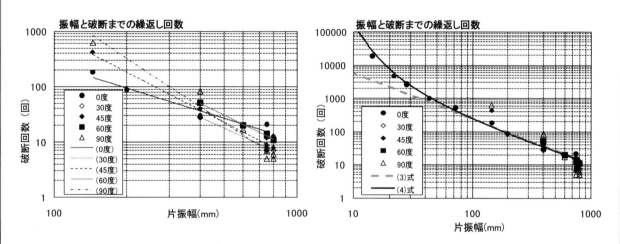

図4　中～大振幅の疲労特性　　　　　図5　小～大振幅の疲労特性
(NSUD50シリーズ)　　　　　　　　　(NSUD50シリーズ)

2. オフセット変位が疲労特性にあたえる影響

　暴風時に風荷重の平均成分に対するオフセット変位を受けた状態で変動成分に対する振幅を繰返した時を想定し，小振幅領域でのオフセット変位が疲労性能に与える影響について検討する。試験体はNSUD50を用いて，0度方向の2本組（図6）による試験を行った。振幅およびオフセット変位および破断回数を表1に示す。また，試験体毎の履歴ループと各サイクルにおける最大荷重の変化を図7に示す。

　オフセットのない試験体No.1と比較して，弾性限変位に相当するオフセット変位を与えたNo.2とその3倍のオフセット変位を与えたNo.3が，ほぼ同じ破断回数であった。このことから，小振幅領域でのオフセット変位が疲労性能に与える影響は非常に小さい事がわかった。[注]

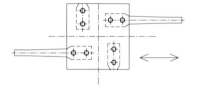

図6　試験体平面図
(NSUD50，0度方向，2本組)

注）オフセット変位があっても振幅に着目すればオフセット変位0で実験した疲労曲線が使えるということであり，疲労検討にはオフセット位置までの1/2振幅は別途考慮が必要。

表1　加振振幅と破断回数

試験	振幅	オフセット変位	破断回数	
No.	(mm)	(mm)	1本目（回）	2本目（回）
1	±28	0	2,568	2,704
2		28	2,566	2,683
3		112	2,733	2,847

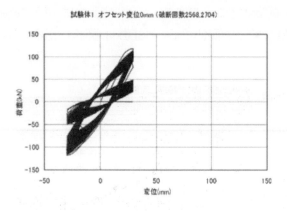
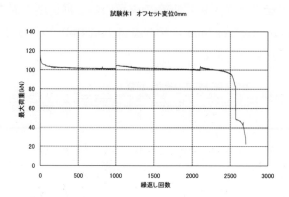

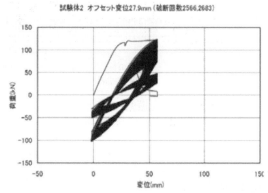
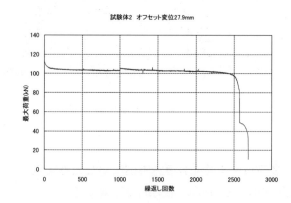

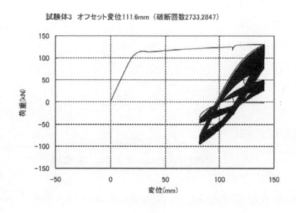
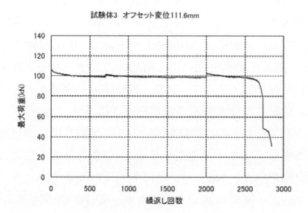

図7　履歴ループと各サイクルにおける最大荷重の変化

3. ボルトの回転

　東日本大震災において鋼材ダンパーのロッド端部とベースプレートを接続するボルトが回転する事象が報告されているが，風荷重に対する長時間の繰返し変位においてもボルト回転は起こりえる。前述2.の実験においても加振中にボルト回転が発生しており，図7の履歴ループはボルト回転の影響を含んだものであるが安定したループとなっている。なお，ボルトが回転した場合は維持管理として締め直す必要があるが，回転量が多くなければ緊急性は低いので次の定期点検など適切な時期に行えばよい。図8のようなにボルトの回転を拘束する固定金物が取り付いている仕様であれば，ボルト回転の影響はないものと考えられる。

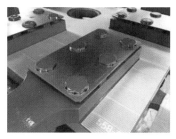

図8　ボルト固定金物

4.1. ランク b の免震層風応答波形に含まれる振幅頻度分布の推定

ここでは，次項で行う累積損傷度の評価の準備として，ランク b を想定した免震層応答波形に含まれる振幅頻度分布の推定を行う。

免震層の風応答波形に含まれる各振幅（ピーク・ピーク変位）の頻度は，文献[3]を参考に推定する。また，加振時間 2 時間中に発生する波の周期が全て 1 秒で繰り返されるものと仮定し，全サイクル数を7200 とする。

文献[3]において，風応答変位の変動成分を広帯域定常ランダム過程の低振動数成分と狭帯域定常ランダム過程の共振成分の和とみなし，広帯域・狭帯域ランダム過程の極大値分布の理論式を基に準静的成分および共振成分のゼロクロスサイクル間の最大値分布とピーク・ピーク値分布の確率密度関数の理論式が提案されており，時刻歴応答解析の結果との比較から妥当性も確認されている。

準静的成分は振動中心のゆるやかなシフトと捉えることが出来るが，ランク b の検討においては応答変位の変動成分がダンパーの弾性限範囲内に限定されるため，準静的成分を考慮することは共振成分の振幅を小さくして検討することにほかならない。ここでは，共振成分のみを対象として検討を行うこととする。

なお，免震鋼棒ダンパーや免震U型ダンパーなどのオフセット繰返し試験結果[1,4]によれば，オフセット無しの疲労性能と同等或いはそれ以上の性能を有することが示されている。以下で行う風応答変位の変動成分に対する疲労性能の検討は，オフセット位置を原点とした振幅成分のみを考慮したものと言える。累積損傷度の評価に際しては，必要に応じて風応答変位の平均成分（1/2 サイクル）による損傷分を考慮する。

文献[3]によれば，共振成分のゼロクロスサイクル間のピーク・ピーク変位の確率密度関数は，次式で与えられる。

$$\Delta_{R,p-p} = (1+\beta)\cdot_R x_p \tag{5}$$

ここに，$_R x_p$ は共振成分ゼロクロスサイクル間のピーク変位，

$$\beta = \exp(-\zeta\pi), \quad \zeta：振動系の減衰定数$$

$_R x_p$ は，rms 値が $\sigma_{_R x}$ の *Rayleigh* 分布に従うことから，$\Delta_{R,p-p}$ は，rms 値が $(1+\beta)\cdot\sigma_{_R x}$ の *Rayleigh* 分布として，

$$p_{\Delta_{R,p-p}}\left(x;\sigma_{_R x},\beta(\zeta)\right) = p_{Rayleigh}\left(x,(1+\beta(\zeta))\right)$$

$$= \frac{x}{(1+\beta)^2 \sigma_{_R x}^2}\exp\left(-\frac{x^2}{2(1+\beta)^2 \sigma_{_R x}^2}\right) \tag{6}$$

で表される。また累積分布関数は，次式で表される。

$$P_{\Delta_{R,p-p}}\left(x;\sigma_{Rx},\beta\left(\zeta\right)\right)=P_{Rayleigh}\left(x,\left(1+\beta\left(\zeta\right)\right)\right)$$

$$=1-\exp\left(-\frac{x^2}{2\left(1+\beta\right)^2\sigma_{Rx}^2}\right) \tag{7}$$

ここで，ダンパーの弾性限変位を d_y とし，ランク b を対象とする場合 x（全振幅）は $2d_y$ を超えないことから，弾性限界の非超過確率を 0.9999（$P_{\Delta R,p-p}$= 0.9999）として考えると，σ_{Rx} は次式で表される。

$$\sigma_{Rx}=\sqrt{-\frac{2d_y^2}{\left(1+\beta\right)^2\ln\left(1-0.9999\right)}} \tag{8}$$

ここでは，振幅が小さいことを考慮し，上部構造，免震層の粘性減衰は無し，免震層の履歴減衰も無いとして，振動系の減衰定数 ζ は 0 とする。

例としてループ型鋼棒ダンパーTSDφ70R265 の弾性限変位 d_y =33.8mm を代入すると，σ_{Rx}=7.86 を得る。これらを式(6)に代入して確率密度関数を求め，全サイクル数が 7200 であるとして求めた頻度分布が図 9 である。ランダム振動では，全振幅半サイクルを計数するが，疲労曲線と対比する便宜上，頻度=全振幅半サイクルのカウント数×1/2 で示している。但し，計算結果の頻度は小数点以下を切り上げ，$x\geqq2\ d_y$ の頻度は 0 としているため最終的な頻度総数は若干異なる。尚，頻度計数区間は 1mm としている。

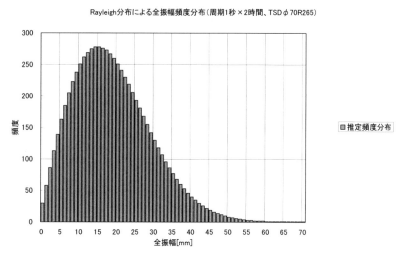

図 9　Rayleigh 分布による全振幅（×1 サイクル）頻度分布

4.2. マイナー則を用いた累積損傷度の評価

4.2.(1) ループ型鋼棒ダンパー

例としループ型鋼棒ダンパーTSDφ70R265 について，マイナー則を用いた累積損傷度の評価を試みる。

1-a で示した疲労性能評価式(1)を，全振幅 Δ[mm]（=2×δ）の表現に書き直し次式を得る。

$$N_d = 8643230 \times \Delta^{-2.048} \tag{9}$$

前項で推定したランク b を想定した免震層風応答波形に含まれる振幅頻度分布より，ある全振幅区間 i の中央値 Δ_i に対する頻度 N_i と破断に至る回数 N_{di} 求め，区間 i の損傷度を $D_i = N / N_d$ と定義する。また，累積損傷度を次式(10)で定義する。

$$D = \sum D_i = \sum N_i / N_d \tag{10}$$

ループ型鋼棒ダンパーTSDφ70R265 について，区間損傷度，累積損傷度を求めたものが表 2 であり，累積損傷度は 0.472 となる。

表 2　累積損傷度の評価結果（TSDφ70R265）

全振幅区間中央値 [mm]	頻度分布 N [回]	疲労回数 Nd [回]	区間損傷度 Di	全振幅区間中央値 [mm]	頻度分布 N	疲労回数 Nd [回]	区間損傷度 Di
0.5	30	35742547	0.0000	35.5	77	5778	0.0133
1.5	58	3767395	0.0000	36.5	68	5459	0.0125
2.5	86	1323412	0.0001	37.5	60	5165	0.0116
3.5	113	664392	0.0002	38.5	53	4894	0.0108
4.5	139	397097	0.0004	39.5	46	4643	0.0099
5.5	163	263277	0.0006	40.5	40	4412	0.0091
6.5	185	186995	0.0010	41.5	35	4197	0.0083
7.5	205	139492	0.0015	42.5	30	3997	0.0075
8.5	223	107951	0.0021	43.5	26	3811	0.0068
9.5	238	85960	0.0028	44.5	22	3638	0.0060
10.5	251	70029	0.0036	45.5	19	3476	0.0055
11.5	262	58126	0.0045	46.5	16	3325	0.0048
12.5	269	49001	0.0055	47.5	14	3183	0.0044
13.5	275	41855	0.0066	48.5	12	3050	0.0039
14.5	278	36157	0.0077	49.5	10	2925	0.0034
15.5	278	31541	0.0088	50.5	8	2808	0.0028
16.5	276	27750	0.0099	51.5	7	2697	0.0026
17.5	273	24600	0.0111	52.5	6	2593	0.0023
18.5	267	21954	0.0122	53.5	5	2495	0.0020
19.5	260	19710	0.0132	54.5	4	2402	0.0017
20.5	251	17791	0.0141	55.5	3	2314	0.0013
21.5	241	16138	0.0149	56.5	3	2231	0.0013
22.5	230	14703	0.0156	57.5	2	2152	0.0009
23.5	219	13450	0.0163	58.5	2	2077	0.0010
24.5	206	12350	0.0167	59.5	2	2007	0.0010
25.5	193	11378	0.0170	60.5	1	1939	0.0005
26.5	181	10516	0.0172	61.5	1	1875	0.0005
27.5	168	9748	0.0172	62.5	1	1814	0.0006
28.5	155	9061	0.0171	63.5	1	1756	0.0006
29.5	142	8443	0.0168	64.5	1	1701	0.0006
30.5	130	7886	0.0165	65.5	1	1648	0.0006
31.5	118	7381	0.0160	66.5	1	1598	0.0006
32.5	107	6924	0.0155	67.5	1	1550	0.0006
33.5	96	6507	0.0148	68.5	1	1504	0.0007
34.5	86	6127	0.0140	69.5	1	1460	0.0007
				累積損傷度D = Σ (Ni / Ndi)			0.472

4.2.(2) U型鋼材ダンパー

図10に4.1.の手法によりNSUD50の弾性限変位から d_y=27.9mm として求めた全サイクル数が7200の頻度分布を示す。

表3にマイナー則を用いた疲労損傷度の検討を示す。疲労曲線は前述の (4)式それぞれを用いて行い，疲労損傷度0.077となった。ちなみに，(3)式で検討をおこなうと疲労損傷度1.040となり損傷度を過大に評価してしまう。

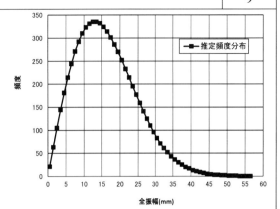

図10　Rayleigh分布による
全振幅頻度分布

表3　累積疲労損傷度の評価結果(NSUD50)

全振幅区間中央値 (mm)	(4)式		
	頻度分布 N (回)	破断までの繰返し回数 Nd(回)	区間損傷度 Di
0.5	21	6.323E+15	0.0000
1.5	63	4.170E+12	0.0000
2.5	105	1.384E+11	0.0000
3.5	144	1.469E+10	0.0000
4.5	181	2.751E+09	0.0000
5.5	214	7.225E+08	0.0000
6.5	244	2.375E+08	0.0000
7.5	271	9.170E+07	0.0000
8.5	292	3.994E+07	0.0000
9.5	310	1.912E+07	0.0000
10.5	323	9,877,782	0.0000
11.5	331	5,436,043	0.0001
12.5	335	3,156,173	0.0001
13.5	335	1,919,128	0.0002
14.5	332	1,215,244	0.0003
15.5	324	797,771	0.0004
16.5	314	540,994	0.0006
17.5	301	377,821	0.0008
18.5	286	271,047	0.0011
19.5	270	199,286	0.0014
20.5	252	149,869	0.0017
21.5	233	115,065	0.0020
22.5	214	90,039	0.0024
23.5	195	71,695	0.0027
24.5	177	58,007	0.0031
25.5	159	47,622	0.0033
26.5	141	39,621	0.0036
27.5	125	33,367	0.0037
28.5	110	28,414	0.0039
29.5	96	24,442	0.0039
30.5	83	21,221	0.0039
31.5	71	18,580	0.0038
32.5	61	16,393	0.0037
33.5	52	14,566	0.0036
34.5	43	13,026	0.0033
35.5	36	11,718	0.0031
36.5	30	10,599	0.0028
37.5	25	9,634	0.0026
38.5	20	8,798	0.0023
39.5	17	8,069	0.0021
40.5	13	7,429	0.0017
41.5	11	6,865	0.0016
42.5	9	6,365	0.0014
43.5	7	5,920	0.0012
44.5	5	5,522	0.0009
45.5	4	5,165	0.0008
46.5	3	4,844	0.0006
47.5	3	4,553	0.0007
48.5	2	4,289	0.0005
49.5	2	4,049	0.0005
50.5	1	3,830	0.0003
51.5	1	3,630	0.0003
52.5	1	3,446	0.0003
53.5	0	3,277	0.0000
54.5	0	3,120	0.0000
55.5	0	2,976	0.0000
56.5	0		
	累積疲労損傷度 ΣDi		0.077

文献・資料

1) 大河原，植草，吉敷，山田，和田：免震 U 型ダンパーの実大動的載荷実験 - その 2　ランダム振幅における破断回数の予測方法の検討 - ，日本建築学会学術講演梗概集（九州），B-2，2007.7

2) 吉敷，大河原，山田，和田：免震構造用 U 字形鋼材ダンパーの繰り返し変形性能に関する研究，日本建築学会構造系論文集，第 73 巻，第 624 号，pp.333-340，2008.2

3) 吉江，大熊，北村，和田：広帯域性の変動風力を受ける弾塑性構造物の応答変位振幅の確率分布，日本建築学会構造系論文集，第 604 号，pp.37-46，2006.6

4) 大家：平均変位を有する繰り返し載荷を受ける免震鋼棒ダンパーの疲労特性，巴コーポレーション技報，No.21，pp.13-20，2008.3

オイルダンパー（流体系ダンパー）	1

<u>部材概要</u>：流体が調圧弁を流れる時の抵抗力により，振動エネルギーを吸収するダンパーである。温度変化による減衰特性の変化が小さいという特徴がある。

<u>風応答特性概要</u>：風応答に対するオイルダンパーの検討事項としては，オイルの温度上昇に伴う特性変化および高温によるパッキンの損傷が問題となる。

<u>風荷重を想定した部材実験概要</u>

1. 温度上昇実験

オイルダンパーは，80℃程度まで減衰性能の変化は充分小さく，パッキンの損傷もないということが知られているが，80℃を超える領域でのオイルダンパーの減衰性能，およびパッキンの損傷なきことを，実大試験[1]にて確認した。

1.1 実験方法
1.1.1 供試品

　　　型式，名称　　　　：1000kN　BDS1201400-B1　オイルダンパー（実験用ダンパー）

　　　諸元　　　　　　　：最大減衰力　　　F_{max}=1000kN

　　　　　　　　　　　　　1次減衰係数　　C_1=2500kN·s/m

　　　　　　　　　　　　　2次減衰係数　　C_2=169.5kN·s/m

　　　　　　　　　　　　　リリーフ速度　　V_y=0.32m/s

　　　　　　　　　　　　　ストローク　　　S=±700mm

1.1.2 実験法

　　　試験機：2000kN油圧サーボ，変位制御方式　1軸載荷試験機

　　　加振波：正弦波による間欠加振

　　　断熱材：試験機－ダンパー間に断熱材は無し

　　　計測項目：アクチュエータ変位，減衰力およびダンパー表面温度

　　　加振条件：表1に示す

表1　加振条件

加振条件	振動数(Hz)	振幅(±mm)	速度(m/s)	備考
①	0.4	80	0.201	1次減衰域特性計測用
②	1.0	80	0.503	2次減衰域特性計測用
③	2.0	80	1.005	2次減衰域特性計測用
④	0.5	160	0.503	温度上昇用
⑤	1.0	160	1.005	温度上昇用

　減衰特性計測は，ダンパー表面温度10℃毎に，加振条件①～③の条件で行い，加振条件④，⑤を実施し，ダンパー温度を上昇させた。そして，本実験では，表4に示すような加振サイクルで，一連の加振実験を行った。また，ダンパー表面温度は写真1，図1で示す熱電対の位置で計測した。

写真1　ダンパー表面温度計測位置

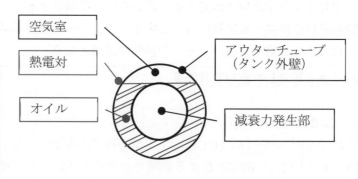

図1　ダンパー断面

1.2　実験結果

1.2.1　温度依存性

①減衰力と温度の関係

　各加振条件における減衰力と温度の関係を図 2 に，ダンパー表面温度 100℃における減衰力低下率（20℃基準）を表2に示す。温度が高くなるほど減衰力は低下するが，低下率は10%未満だった。また，表2では，加振振動数が大きいほど低下率が大きく，振動数依存性が確認できる。

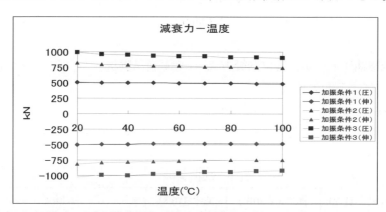

図2　減衰力と温度

表2　減衰力低下率

加振条件	振動数(Hz)	F_{20}(20℃時)	F_{100}(100℃時)	低下率(%)
1	0.4	506	481	4.9
2	1.0	816	743	8.9
3	2.0	1009	912	9.6

※F_{20}，F_{100}はダンパー表面温度 20℃，100℃時の減衰力で単位は kN

②加振振幅と減衰力特性

　ダンパー表面温度 20℃，60℃および 100℃における，加振条件ごとの減衰力－変位線図を図 3 に示す。温度による減衰力と変位の関係には，ほとんど違いは見られない。

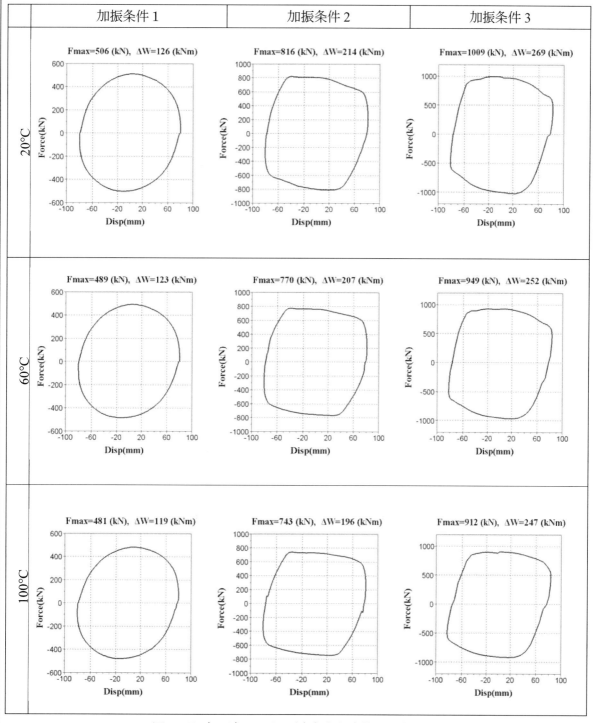

図 3　温度の違いによる減衰力と変位の関係の差異

③等価粘性減衰係数と温度の関係

　各加振条件における，等価減衰係数と温度の関係を図4〜図6に，20℃を基準としたときの100℃での等価減衰係数低下率を表3に示す。各条件において低下率が異なるが4.8%〜10.5%程度であった。また，表3からは振動数依存性も確認できる。

なお，等価粘性減衰係数は以下の式により求めている。

$$C_{eq} = \frac{\Delta W}{\pi \cdot a^2 \cdot \omega}$$

ここで，$\begin{cases} \Delta W : ダンパ吸収エネルギー \\ a : 加振振幅 \\ \omega : 角振動数 \end{cases}$ である。

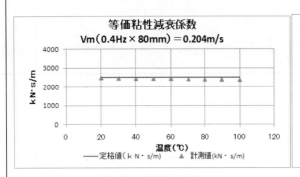

図4　等価減衰係数(加振条件1)　　　　　　図5　等価減衰係数(加振条件2)

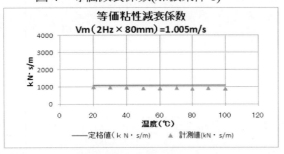

図6　等価減衰係数(加振条件3)

表3　等価粘性減衰係数 (kN・s/m)

加振条件	振動数(Hz)	C_{eq20}(20℃時)	C_{eq100}(100℃時)	低下率(%)
1	0.4	2472.7	2354.7	4.8
2	1.0	1667.8	1536.7	7.9
3	2.0	1007.6	902.1	10.5

1.2.2 繰り返し回数依存性

本実験における加振サイクルを表4に示す。列左からデータ番号，時刻，加振間隔，経過時間，各加振時のダンパーへの入力エネルギー，累積入力エネルギー，ダンパー表面温度および加振条件番号(表1参照)となる。

表4 加振サイクル

DataNo.	hh:mm:ss	△T(sec)	ΣT(sec)	△Enrg.(kNm)	Σ enrg.(kNm)	temp(℃)	加振条件
1	9:30:15	0	0	667	667	22	①
2	9:31:59	104	104	987	1654	23	②
3	9:33:47	108	212	1243	2897	24	③
4	9:35:32	105	317	1081	3978	24	④
5	9:37:26	114	431	1104	5082	25	④
6	9:39:14	108	539	1083	6165	26	④
7	9:41:15	121	660	1106	7271	27	④
8	9:43:07	112	772	1098	8369	28	④
9	9:44:59	112	884	1097	9466	27	④
10	9:46:48	109	993	1073	10539	28	④
11	9:48:57	129	1122	1148	11687	32	④
12	9:51:03	126	1248	548	12235	33	①
13	9:53:11	128	1376	1058	13293	35	②
14	9:54:54	103	1479	1223	14516	36	③
15	9:56:53	119	1598	1102	15618	36	④
16	9:58:46	113	1711	1090	16708	37	④
17	10:01:00	134	1845	1134	17842	39	④
18	10:03:11	131	1976	643	18485	40	①
19	10:05:13	122	2098	1014	19499	42	②
20	10:07:01	108	2206	1211	20710	43	③
21	10:09:41	160	2366	1174	21884	45	④
22	10:11:46	125	2491	1083	22967	46	④
23	10:13:43	117	2608	1067	24034	48	④
24	10:15:47	124	2732	1081	25115	49	④
25	10:17:53	126	2858	634	25749	50	①
26	10:19:51	118	2976	979	26728	51	②
27	10:21:54	123	3099	1201	27929	53	③
28	10:24:20	146	3245	1169	29098	54	④
29	10:26:39	139	3384	1083	30181	55	④
30	10:28:39	120	3504	1055	31236	59	④
31	10:30:54	135	3639	489	31725	62	①
32	10:32:38	104	3743	988	32713	62	②
33	10:34:44	126	3869	1204	33917	64	③
34	10:37:39	175	4044	1120	35037	65	④
35	10:39:55	136	4180	1455	36492	66	⑤
36	10:42:25	150	4330	1454	37946	68	⑤
37	10:44:54	149	4479	1450	39396	68	⑤
38	10:47:25	151	4630	490	39886	69	①
39	10:49:29	124	4754	982	40868	70	②
40	10:51:45	136	4890	1193	42061	71	③
41	10:53:59	134	5024	1066	43127	72	④
42	10:57:16	197	5221	1111	44238	73	④
43	11:01:18	242	5463	1103	45341	75	④
44	11:03:52	154	5617	1061	46402	76	④
45	11:06:26	154	5771	534	46936	79	①
46	11:08:35	129	5900	976	47912	81	②
47	11:10:57	142	6042	1177	49089	82	③
48	11:13:28	151	6193	1053	50142	83	④
49	11:15:42	134	6327	1037	51179	85	④
50	11:18:01	139	6466	1048	52227	86	④
51	11:21:46	225	6691	1077	53304	88	④
52	11:24:04	138	6829	529	53833	89	①
53	11:26:21	137	6966	961	54794	90	②
54	11:28:32	131	7097	1134	55928	91	③
55	11:32:27	235	7332	1069	56997	92	④
56	11:34:48	141	7473	1035	58032	93	④
57	11:37:04	136	7609	1013	59045	94	④
58	11:39:22	138	7747	1014	60059	95	④
59	11:41:41	139	7886	1017	61076	96	④
60	11:44:06	145	8031	1016	62092	97	④
61	11:46:37	151	8182	1032	63124	99	④
62	11:49:02	145	8327	577	63701	100	①
63	11:51:17	135	8462	921	64622	106	②
64	11:53:44	147	8609	1147	65769	106	③

　各加振条件とも複数回加振であり，実験では振幅±80mm で約 140 波，振幅±160mm で約 108 波の加振となり，総摺動距離は約 114m となる。また，表 4 によると総入力エネルギー量は 65798kN·m となる。長時間の風荷重（周期 3 秒，振幅 3cm，2 時間）を想定したときの，ダンパー吸収エネルギーは累積で 35530kN·m となることから，本実験では，ダンパーに十分な加振回数，入力エネルギーを入力したと判断でき，実験結果から繰り返しによる大きな性能変化は無いと考えられる。

1.2.3　パッキンの損傷

　オイルダンパーで使用するパッキンの寿命は，パッキン単体での熱劣化試験の結果によると 150℃で 336 時間となっている [2]。温度上昇実験では，ダンパー表面温度は最高 106℃にもなったが，油漏れは確認されなかった。以上のことからダンパー外壁温度が 100℃程度まではパッキンに損傷は見られなかった。

風応答評価法／安全性評価法（現在の知見の範囲で）

2.　温度上昇シミュレーション

　風応答評価については，時刻歴応答で入力エネルギーを算出し，温度上昇予測式を用いて外壁温度が許容値以下に入ることを確認する方法がある。

2.1　温度上昇一般式

　温度測定を対象とするオイルダンパーの温度は表面温度とし，その温度分布は常に一様とする。温度上昇の一般式に用いる代表的な記号を次のように定める。

t	温度	[℃]
t_a	周囲温度	[℃]
V	体積	[m³]
F	表面積	[m²]
ρ	密度	[kg/m³]
C_P	比熱	[kJ / (kg・℃)]
C	熱容量 ＝ $V \rho C_P$	[kJ / ℃]
U	熱伝達係数	[kJ / (m²・h・℃)]
Q	発熱量	[kJ /h]
τ	経過時間	[h]

　微小時間 $d\tau$ に対象物の温度が dt だけ上がったとすると，この時間内の発熱量 $Q \cdot d\tau$ から放熱量 $U(t-t_a) \cdot F \cdot d\tau$ を差引いた残りが，dt なる温度上昇に預かった発熱量と考えられることから，次式が成り立つ。

$$Cdt = Qd\tau - U(t - t_a)Fd\tau \quad \cdots\cdots\cdots\cdots\cdots (1)$$

オイルダンパーの減衰力を F_d[kN]，入力速度を $\dot{x}$[m/s]とすると，微小時間 $d\tau$に生じる減衰エネルギーE_d[kN・m]($=$[kJ]) は

$$E_d = F_d \dot{x} \cdot d\tau \quad \cdots\cdots\cdots\cdots\cdots\cdots\cdots\cdots (2)$$

となる。減衰エネルギーE_dがすべて熱エネルギーに変換されるものとすると，発熱量Qとの関係は次式となる。

$$E_d = Q \cdot d\tau \quad \cdots\cdots\cdots\cdots\cdots\cdots\cdots\cdots (3)$$

すなわちオイルダンパーの温度 t は，式(2),(3)を用いて式(1)の微分方程式を逐次数値積分することで温度上昇の時刻歴が得られる。ここで熱容量 C は $C = V\rho C_P$ として与えられ，体積 V を鉄鋼部品と作動油に分類し，鉄鋼部品の体積を V_s，オイル体積を V_o とする。密度ρ，比熱比 C_P も上述と同様にして鉄鋼部品の密度をρ_s，比熱比を C_s とし，またオイル密度をρ_o，比熱比を C_o とする。したがって，熱容量 C は式(4)となる。

$$C = V_s \rho_s C_s + V_o \rho_o C_o \cdots\cdots\cdots\cdots\cdots\cdots\cdots (4)$$

2.2 計算例

温度上昇実験のシミュレーションを行った。実測値とシミュレーションの比較を図 7 に示す。なお，オイルダンパーへの入力は表 4 で示す入力エネルギーとし，その他のパラメータは表 5 のとおりとする。

表5 入力パラメータ

鉄鋼部品	体積	V_s	0.1227	[m³]
	密度	ρ_s	7850	[kg/m³]
	比熱	C_s	0.465	[kJ/kg・℃]
	表面積	F	3.158	[m²]
作動油	体積	V_o	0.154	[m³]
	密度	ρ_o	892	[kg/m³]
	比熱	C_o	1.821	[kJ/kg・℃]
温度	初期温度	t_i	20	[℃]
	周囲温度	t_a	13	[℃]
（熱伝達係数）			(17.6)	([kJ/(h・m2・℃)])

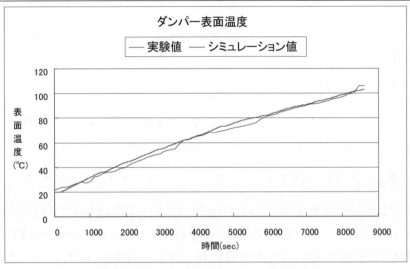

図7 実験・シミュレーション比較

　図7で示す実験値は，表4のダンパー表面温度（オイルの温度ではなく，ダンパー中央部分の代表点の外壁温度）をプロットしたものである。実測値とシミュレーション結果は，ほぼ一致しており，風応答による温度上昇予測式を用いて，上昇温度を予測することができる。

文献・資料
1) 免震ダンパー温度上昇実験報告，カヤバシステムマシナリー技術資料，1160-21-006
2) KUT901材の寿命予測（熱劣化），カヤバ工業技術資料，R20-67D-E073

部材概要：ボールねじを用いた速度増幅機構が内蔵されており，増幅された回転方向の粘性体のせん断抵抗力により振動エネルギーを吸収するダンパーである。

風応答特性概要：風応答に対する本装置の検討事項としては，粘性体の温度上昇に伴う減衰特性の変化およびシール材の損傷の有無による装置の安全性の確認があげられる。

風荷重を想定した部材実験概要

1. 多数回繰返し実験 [1]

　粘性体の温度上昇や繰返し加振に伴う減衰特性の変化を把握するため，実機品による多数回繰返し試験 [1]を行った。実験結果より仕事率と温度上昇の関係式を導くとともに，想定される長時間の風荷重（周期 3 秒，振幅 3cm，加振時間 2 時間）に対する温度上昇，そのときの減衰力の変化率を検討した。また，シール材の損傷の有無により装置の安全性の確認を行った。写真 1 に実験状況を，図 1 に温度センサー計測位置を示す。

1.1　実験方法

1.1.1　試験体

型式，名称：160kN　RDT16-750　減衰こま（認定品）

諸元　　　：減衰力の基本式 [2]　　$p_n = 1.03(\alpha \cdot Q_v + 2.7)$

ここに，

繰り返し依存係数[※1]	$\alpha = 0.85$
粘性抵抗力	$Q_v = S \cdot \eta(V_s, t) \cdot V_s \cdot A$ [kN]
速度増幅率	$S = \pi D_n / L_d$
内筒外直径	D_n [m]
リード	L_d [m]
見掛けの粘度	$\eta(V_s, t) = \eta_t / \left(1 + bV_s^{\beta}\right) \times 10^{-6}$
粘性体温度 t °C時の粘度	$\eta_t = 1.02^{(25-t)} \eta_{25}$
粘性体温度 25°C時の粘度	η_{25}

$$b = 0.000472\eta_t^{0.276}, \quad \beta = 0.308\eta_t^{080.276}$$

せん断ひずみ速度	$V_s = SV / d_y$ [1/sec]
せん断隙間	d_y [m]
速度	V [m/sec]
せん断面積	A [m²]
最大減衰力	$p_{n\max} = 160$ [kN]
限界速度	$V_{\max} = 1.5$m/s
等価粘性減衰係数	$C_{eq} = 124$kN・s/m
基準温度	$t = 20$°C
ストローク	$S_t = \pm 650$mm

[※1] 繰り返し依存係数 α とは，繰り返し載荷における粘性抵抗力の低下を表す係数で，1 サイクル目の 1.0 から低下し 0.7 程度で横ばいになる。3 サイクル目で 0.85 程度となるため，基準式においては 0.85 を基準値としている。

1.1.2　実験方法

　　試験機：300kN 油圧サーボ，変位制御方式 1 軸載荷試験機

　　加振波：正弦波による連続加振

　　断熱材：試験機－ダンパー間に断熱材は無し

　　計測項目：アクチュエータ変位，減衰力，ダンパー表面温度および粘性体温度

　　加振条件：表 1 に示す

表 1 加振条件 [1]

加振条件	振動数(Hz)	振幅(±mm)	速度(m/s)	サイクル数[※1]	備考
1	0.25	100	0.157	125	多数回繰返し試験用
2	0.25	200	0.324	63	多数回繰返し試験用
3	0.25	300	0.471	42	多数回繰返し試験用

※1 文献 1) では，各加振条件ともに表 1 に示すサイクル数を連続で 3 セット行ったが，

　　本検討では 1 セット分のデータを使用させていただき検討を行った。

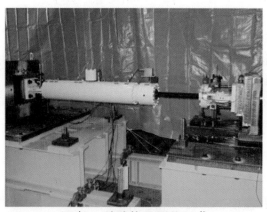

写真 1 試験体設置状況 [1]

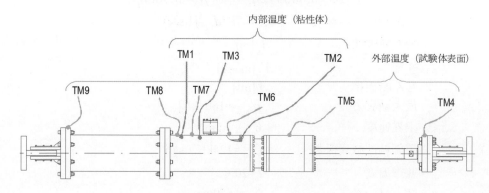

図 1 温度センサー計測位置 [1]

1.2　実験結果

1.2.1　温度依存式

(1) 累積吸収エネルギー・総走行距離と温度上昇との関係

　図2に累積吸収エネルギーと時間関係を，図3に総走行距離と粘性体温度上昇の関係を，図4に外筒の温度変化図を示す。そのときの加振終了時の累積吸収エネルギー，総走行距離および粘性体温度の関係を表2に示す。粘性体温度は，図1に示す計測点TM1〜TM3の平均値とした。

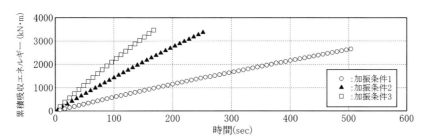

図2　累積吸収エネルギーと時間の関係

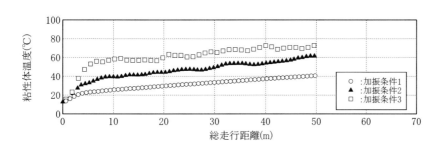

図3　総走行距離と粘性体温度の関係

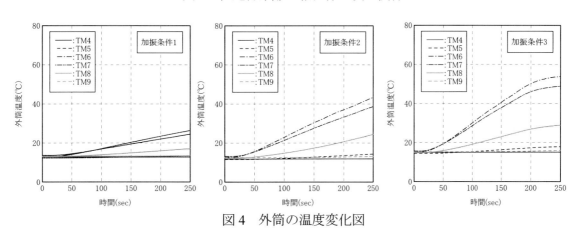

図4　外筒の温度変化図

表2　累積吸収エネルギー，総走行距離および粘性体温度

加振条件	累積吸収エネルギー (kN・m)	総走行距離(m)	開始温度 (℃)	終了温度 (℃)
1	2,653	49.8	13.1	40.5
2	3,372	49.8	12.7	61.8
3	3,469	49.8	15.7	72.8

(2) 仕事率と温度上昇との関係

　表2で得られた実験結果の累積吸収エネルギーを試験時間で割った仕事率（以下，「平均仕事率」と定義）と粘性体温度上昇との関係式を導く。表3および図4に仕事率（単位時間当りの累積吸収エネルギー量）と粘性体温度上昇との関係を示す。

表3　平均仕事率と粘性体温度上昇

加振条件	振動数 (Hz)	振幅 (±mm)	加振時間 (sec)	平均仕事率 (W)	温度上昇 (℃)
1	0.25	100	500	5,439	27.4
2	0.25	200	252	13,734	49.1
3	0.25	300	168	21,268	57.1

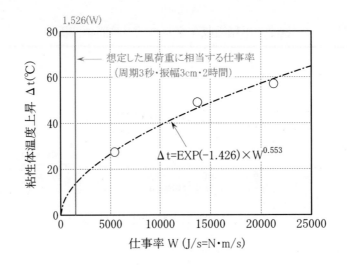

図5　平均仕事率と粘性体温度上昇

　これらの関係により，粘性体温度上昇 Δt と仕事率 W との関係は式(1)で近似した。

$$\Delta t = \exp(-1.426) \times W^{0.553} \qquad \cdots (1)$$

　ここで，長時間の風荷重を周期3秒，振幅3cm，最大速度6.2cm/s 加振時間2時間，2,400サイクルと想定すると，このときの RDT16 の仕事率は1,526W(J/s=N・m/s)となる。（6.2cm/s 時の1サイクル当たりの吸収エネルギー量4,577N・m（基準荷重40kN）が7,200秒の間で2,400サイクル加振されると考えた）

　よって，式(1)より粘性体の温度上昇は13.8℃と想定される。

(3) 減衰力と粘性体温度との関係

図6～図8 に各加振条件における減衰力と粘性体温度の関係を示す。図中には，想定した長時間の風荷重(RDT16 の仕事率 1,526W) に対する粘性体温度 33.8℃(=20℃+13.8℃)のラインを併記している。表4 に温度 20℃を基準としたときの温度 33.8℃時の変化率を示す。表4 によると減衰力の変化率は-8.1%～-15.3%であった。

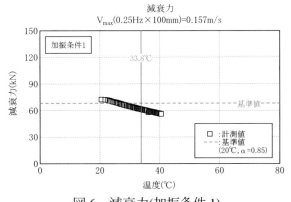

図6　減衰力(加振条件 1)

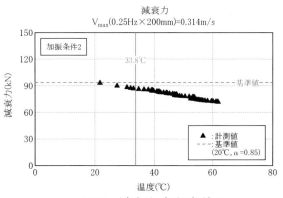

図7　減衰力(加振条件 2)

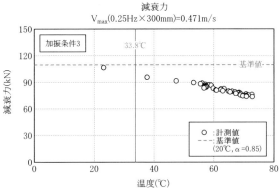

図8　減衰力(加振条件 3)

表4　減衰力の変化率(kN)

加振条件	F_{20} (20℃時)	長時間風荷重時[※2]		参考値[※3]		
		$F_{33.8}$(33.8℃時)	変化率(%)	F_t	温度 t(℃)	変化率(%)
1	72.3	61.2	-15.3	56.1	40.5	-22.4
2	95.8	86.5	-9.7	71.8	61.8	-25.1
3	110.1	101.2	-8.1	73.6	71.8	-33.2

※1 F_{20}, $F_{33.8}$, F_t はそれぞれ粘性体温度 20℃, 33.8℃, t℃時の減衰力で単位は kN

※2 周期 3 秒，振幅 3cm, 2 時間

※3 各加振条件終了時の粘性体温度 t℃時の減衰力の変化率

(4) 等価粘性減衰係数と粘性体温度との関係

　図9～図11 に各加振条件における等価粘性減衰係数と粘性体温度の関係を示す。図中には，想定した長時間の風荷重に対する粘性体温度33.8℃のラインを併記している。表5 に温度20℃を基準としたときの温度33.8℃時の変化率を示す。表5 によると等価粘性減衰係数の変化率は-4.8%～-15.1%であった。なお，等価粘性減衰係数は以下の(2)式により求めた。

$$C_{eq} = \frac{\Delta W}{\pi \cdot a^2 \cdot \omega} \qquad (2)$$

ここで，
$\begin{cases} \Delta W : ダンパ吸収エネルギー \\ a : 加振振幅 \\ \omega : 角振動数 \end{cases}$

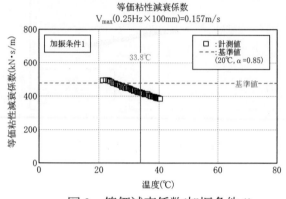

図9　等価減衰係数(加振条件 1)

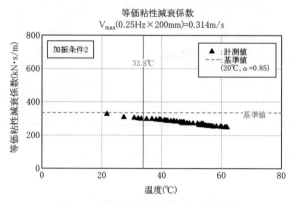

図10　等価減衰係数(加振条件 2)

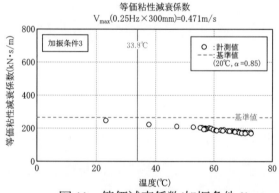

図11　等価減衰係数(加振条件 3)

表5　等価粘性減衰係数の変化率　(kN・s/m)

加振条件	$C_{eq\,20}$ (20℃時)	長時間風荷重時※2			参考値※3		
		$C_{eq\,33.8}$(33.8℃時)	変化率(%)		$C_{eq\,t}$	温度 t(℃)	変化率(%)
1	496.3	421.2	-15.1		386.0	40.5	-22.2
2	326.5	298.2	-8.6		247.6	61.8	-24.2
3	246.6	234.8	-4.8		168.8	72.8	-31.5

※1 $C_{eq\,20}$, $C_{eq\,33.8}$, $C_{eq\,t}$ はそれぞれ粘性体温度 20℃, 33.8℃, t℃時の減衰係数(kN・s/m)

※2 周期3 秒，振幅3cm，2 時間

※3 各加振条件終了時の粘性体温度 t℃時の減衰力の変化率

(5) 加振振幅と減衰力特性

　　図 12 に粘性体温度約 20℃，40℃および 60℃における加振条件毎の減衰力－変位線図を示す。

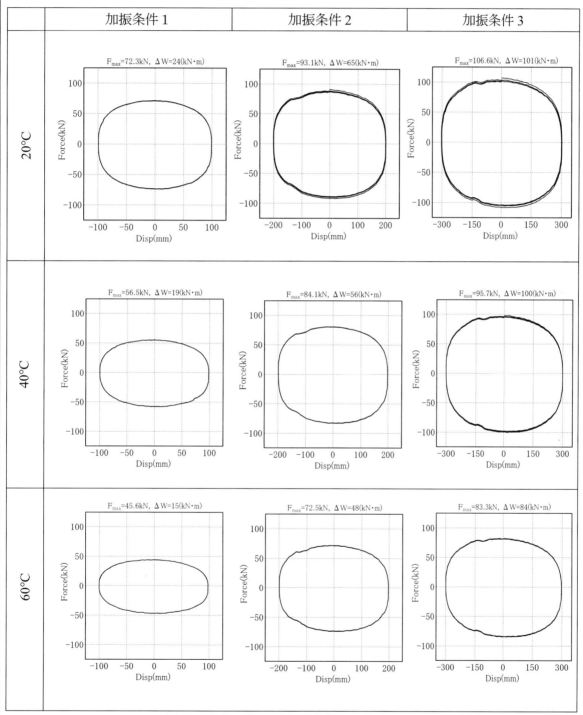

図 12　温度の違いによる減衰力－変位関係の差異

1.2.2　シール材の耐久性 [2]

　図13，表6 にシール材の概要図および主な物性を示す。シール材はシールジャケットとU字型の耐腐食性スプリングで構成されている。このシール材は，低圧または無圧状態では金属スプリングによりシール性能を維持し，圧力上昇時はシールリップへも同様に加圧されることでシール性能を発揮するものである。主な材料物性は純PTFE とカーボンファイバー添加剤との化合物である。

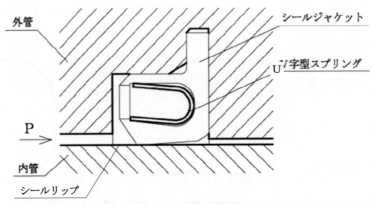

図 13　シール材概要図 [2]

表 6　シール材の主な物性 [2]

項　　　目	物　　　　　性	備　　　考
比　　重	2.14〜2.20	
硬さ範囲	50〜60	ロックウエル
引張強さ	141〜351　kgf/cm^2	
伸　　び	200〜400　　％	
圧縮強さ	120　　　kgf/cm^2	
耐 熱 性	288　　　℃	耐熱連続使用温度
耐 寒 性	-100〜-260　　℃	ぜい化温度

　表6 によると耐熱連続使用時の耐熱温度は288℃であり，多数回繰り返し実験 [1]において粘性体温度は最高 72.8℃になったが，粘性体漏れは確認されなかった。以上のことから粘性体温度が 80℃程度まではシール材に損傷は無く，長時間の風荷重に対して十分な耐久性を有していると考えられる。

2. 温度上昇簡易シミュレーション [3]

累積吸収エネルギーによる粘性体の温度上昇を下記に示す評価式(3)[3]により検討を行った。図14に粘性体と鉄部のシミュレーション評価部分と粘性体の計測点を示す。減衰こまの鉄部熱容量は粘性体周辺の外筒と内筒のみを評価対象とした。

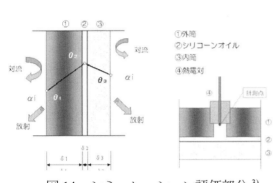

図14 シミュレーション評価部分 [3]

$$\Delta T[\text{℃}] = \frac{Q_v}{\kappa(m_1 \cdot s_1) + (m_2 \cdot s_2)} \left[\frac{kcal}{\left[g \frac{kcal}{g\text{℃}}\right] + \left[g \frac{kcal}{g\text{℃}}\right]} \right] \quad (3)$$

ここに、

m_1: 鉄の質量$[g]$＝容積$[cm^3]$×比重$[g/cm^3]$
s_1: 鉄の比熱　0.00016$[kcal/g \cdot \text{℃}]$
m_2: シリコーンの質量$[g]$
s_2: シリコーンの比熱　0.000355$[kcal/g \cdot \text{℃}]$
$\kappa = -1.335 \log_e(W) + 11.6$(ただし、$\kappa \leq 1.10$)
W: 粘性部の累積吸収エネルギー量

ここでは、粘性体の温度上昇を評価するため、粘性抵抗力の他に発生するボールねじやスラスト軸受の摩擦による熱量は全熱量から摩擦による熱量を差し引くものとした。なお、外筒や内筒周辺の伝導・対流および放射熱は考慮しないものとした。また、全熱量に対する鉄の負担比 κ は非定常性を考慮して、吸収エネルギーに応じて変化させるものとした。表7に検討に用いた熱解析用のRDT諸元を下記に示す。表2のエネルギー吸収量をもとに検討を行ったシミュレーション結果を表8に示す。

表7 熱解析用RDT諸元

RDT諸元

諸元	数値	単位
外筒外径	202	mm
厚さ	24	mm
内筒外径	148	mm
厚さ	30.5	mm
内筒内径	87	mm
隙間	3	mm
有効長	815	mm

外筒

厚さ	d1	24	mm
熱伝導率	λ1	41.3	kcal / m^2・h・℃
表面積	A1	0.394	m^2
容積	V1	10938	cm^3
比重	Γ1	7.85	g / cm^3
比熱	s1	0.000116	kcal / g・℃
質量	m1	85863	g
熱貫流率	K1	1721	kcal / m^2・h・℃
熱伝導抵抗	r 1	0.0006	m^2・h・℃/kcal

シリコーンオイル

厚さ	d2	3	mm
熱伝導率	λ2	0.14	kcal / m^2・h・℃
容積	V2	1160	cm^3
比重	Γ2	0.978	g / cm^3
比熱	s2	0.000355	kcal / g・℃
質量	m2	1134	g
熱貫流率	K2	47	kcal / m^2・h・℃
熱伝導抵抗	r 2	0.0214	m^2・h・℃ / kcal

内筒

厚さ	d3	30.5	mm
熱伝導率	λ3	41.3	kcal / m^2・h・℃
表面積	A3	0.379	m^2
容積	V3	9176	cm^3
比重	Γ3	7.85	g / cm^3
比熱	s3	0.000116	kcal / g・℃
質量	m3	72030	g
熱貫流率	K3	1354	kcal / m^2・h・℃
熱伝導抵抗	r 3	0.0007	m^2・h・℃ / kcal

表 8 実験値とシミュレーション結果の比較

加振条件	累積吸収エネルギー (kN・m)	粘性体温度上昇	
		実験値	シミュレーション結果
1	2,653	27.4℃	30.6℃
2	3,372	49.1℃	54.9℃
3	3,469	57.1℃	59.4℃

　表 8 によると，実験値とシミュレーション結果は概ね一致しており，簡易的に累積吸収エネルギーによる温度上昇を予測することができることがわかった。

文献・資料

1) 山本雅史，嶺脇重雄，米田春実，高山峯夫，菊池優，飯場正紀：長周期地震動に対する免震部材の多数回繰返し実験，日本建築学会学術講演梗概集(関東)，pp.671-672，2011.8

2) 国土交通省：AT 式増幅機構付き減衰装置－減衰こま RDT-AT-10 万 cst，建築材料認定書(MVBR-0221)

3) 光阪勇治，古橋剛，中南滋樹，田中久也，斉藤賢二，中澤昭信：増幅機構付き減衰装置の高速度領域における性能評価(その 2 高速試験結果)，日本建築学会学術講演梗概集(東海)，pp.176-177，2003.9

付3　強風の継続時間

1.　強風の累積的作用の評価

　免震部材は弾塑性の性質を活かしたダンパー等のエネルギー吸収部材が用いられるため，一般的な建築物で実施される部材の最大応力度による安全性照査に加えて，総エネルギー入力または累積疲労損傷度等の強風の累積的作用を的確に評価し，安全性を検証する必要がある。しかし，このための風速の継続時間に関する情報は十分に整理されているとは言い難く，本項では幾つかの文献を参考に，継続時間の評価方法について解説する。

　免震構造物に累積的に作用する風としては，

  1) 供用期間中の中弱風

  2) 年1度程度の強風（主として居住性を評価する，再現期間1年程度）

  3) 稀に生じる暴風（建築基準法第87条第2項，再現期間50年程度）

  4) 極めて稀な暴風（3の1.25倍の風速，再現期間500年程度）

等が考えられる。

　1) については，過去10年程度の最寄りの気象官署の観測記録をワイブル分布等で近似する手法が環境アセスメントで風環境を評価する際に良く用いられ，参考にすることができる。2) については，日本建築学会「建築物荷重指針・同解説2015」(以下，荷重指針)等に掲載されている。また，3), 4) については，建築基準法の当該部分によるほか，荷重指針等を参考にすることができる。ただし，これらのうち，累積作用を評価する上で必要な継続時間等に関する情報を利用できるのは，1)のみであり，2)〜4)については，別途何らかの方法でその継続時間を評価しなければならない。ここでは，一つの強風イベントを対象に，その等価継続時間を評価する方法について解説する。

2. 等価継続時間の評価

　気象官署における観測記録等に基づく10分毎の平均風速の時間変化を有する強風イベント下での総エネルギー入力や累積疲労損傷度を考える。等価継続時間は，その強風イベントの(10分間平均)最大風速が継続した場合に，その強風イベントによる総エネルギー入力や累積疲労損傷と等価になるような継続時間 T_{eq} として次式により求める[1]。

$$T_{eq} = E_{total} / e_{U \max 10} \tag{1}$$

　ここで，E_{total} は強風1イベントの総エネルギー入力（または，累積疲労損傷），$e_{U\max10}$ は，強風1イベントの最大風速(10分間平均風速)が単位時間作用した時のエネルギー入力（または，累積疲労損傷）を表す。

　E_{total} や $e_{U\max10}$ を求めるには様々な方法が考えられ，特に限定する必要は無い。ここでは，便宜的に構造物の代表高さにおける設計風速と応答の関係が近似的にべき関数で表わされる場合が多いことを利用して，以下の様に見積もる。

　累積的な影響を考慮すべき荷重効果として，総エネルギー入力，累積疲労損傷度を対象とする。単位時間(例えば10分間)当たりのエネルギー入力は，運動エネルギーに比例し，運動エネルギーは速度応答の2(= m_E)乗に比例する。また，速度応答は風速の2〜3(= n_v)乗に比例すると見積もられる[1]。

$$E = C_1 U^{m_E n_v} \tag{2}$$

ここで，$m_E = 2$，$n_v = 2 \sim 3$ 程度の値をとる。

一方，単位時間当たりの疲労損傷度 D は，両対数表現した S-N 曲線の勾配 $(= m_s)$ と風速のべき$(= n_d)$乗に比例する応答変位の変動成分から，下式のように，風速の $m_s n_d$ 乗に比例すると見積もられる[2]。

$$D = C_2 U^{m_s n_d} \tag{3}$$

ここで，$m_s = 2 \sim 3$ 程度の疲労曲線で決まる値，$n_d = 2 \sim 3$ 程度の値をとる。

以下では，$mn = m_E n_v$ または $m_s n_d$ として幾つかの気象官署における強風イベントに対する等価継続時間の評価例を示す。

これらの計算例から，最大風速の増加と共に等価継続時間は短くなる傾向にある。その値は概ね 2〜3 時間程度である。この傾向は，2019 年台風 19 号による羽田での観測記録にもみられた[3]。ただし，神戸海洋気象台に見られるような例外的地点もあり，注意が必要である。

表 1　東京管区気象台観測記録による等価継続時間の値

年月日	最大風速 (m/s)	等価継続時間 (分)		強風イベント
		$mn=4.4$	$mn=9.0$	
2001 年 09 月 11 日	17.7	51	18	台風 0115 号
2004 年 12 月 05 日	17.5	57	20	
1997 年 05 月 08 日	15.4	117	31	
2007 年 09 月 06 日	14.9	302	97	台風 0709 号
2008 年 02 月 24 日	14.2	207	71	

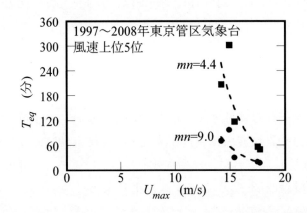

図 1　東京管区気象台における最大風速 U_{max} と等価継続時間 T_{eq} との関係

表 2　神戸海洋気象台観測記録による等価継続時間の値

年月日	最大風速 (m/s)	等価継続時間 (分)		強風イベント
		$mn=4.4$	$mn=9.0$	
2009 年 10 月 08 日	25.1	211	122	台風 0918 号
2004 年 10 月 20 日	17.7	239	116	台風 0423 号
2001 年 08 月 21 日	17.6	298	111	台風 0111 号
2003 年 01 月 28 日	15.8	90	31	
2002 年 08 月 19 日	15.5	263	120	
2006 年 11 月 07 日	15.1	134	50	

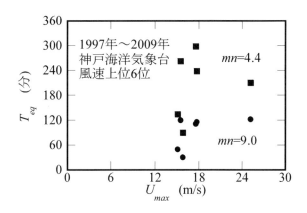

図2　神戸海洋気象台における最大風速 U_{max} と等価継続時間 T_{eq} との関係

表3　鹿児島地方気象台観測記録による等価継続時間の値

年月日	最大風速 (m/s)	等価継続時間（分）		強風イベント
		$mn=4.4$	$mn=9.0$	
2004 年 09 月 29 日	31.5	89	46	台風 0421 号
1999 年 09 月 24 日	30.8	109	53	台風 9918 号
2005 年 09 月 05 日	28.2	135	50	台風 0514 号
2006 年 09 月 17 日	24.4	157	73	台風 0613 号
2002 年 08 月 31 日	18.4	510	296	台風 0215 号

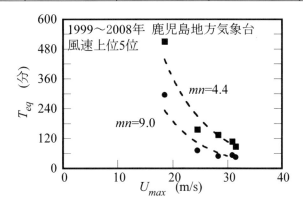

図3　鹿児島地方気象台における最大風速 U_{max} と等価継続時間 T_{eq} との関係

3.　仮想台風による設計用風速時刻歴の生成

　台風による強風時の風速時刻歴を生成する手法 [4-5]について解説する。

　風速の時間変化を検討するには，台風シミュレーションのみによる方法も考えられるが，複雑な地形の影響などがある場合には，再現性の高いシミュレーションは困難である。以下では，実観測記録をベースに台風モデルに基づくスケーリングを適用した再現性の高い台風時の風速を合成する手法を解説する。この手法は，照査対象地点における過去の台風時の風速観測記録から代表的な風速時刻歴を要素記録として選択し，その台風の気圧場パラメータが変化した場合の仮想的な台風時の風速を求める方法である。

　設計対象地点最寄りの気象官署等の顕著な台風の観測記録を要素記録とする。さらに，その台風の経路情報および気象台における地上気圧観測記録から，気圧場のパラメータ（中心気圧低下量，最大旋衡風速半径，移動速度等）を同定する。

想定する台風(以下，仮想台風)は要素記録の台風（以下，要素台風）と同一の経路をたどるものとする。また，仮想台風の中心気圧，最大旋衡風速半径，移動速度等は，要素台風と異なる値をとることができるものとする。さらに，要素台風の風速を $U_{e\text{-}obs}$，仮想台風の風速を U_{syn} とし，これらの風速は同心円状の気圧場に伴って発生する風速場(要素台風 $U_{e\text{-}typ}$，仮想台風 U_{typ})が，大規模地形や地物の影響 E_{env} を線形的に受けた結果であると仮定する。すなわち，

$$U_{e\text{-}obs} = U_{e\text{-}typ} \cdot E_{env} \tag{4}$$
$$U_{syn} = U_{typ} \cdot E_{env} \tag{5}$$

が成り立つものとする。

さらに，(4)式の同心円状気圧場の傾度風は台風パラメータから台風モデルを用いて求められ，(4)式，(5)式に現れる大規模地形，地物等の影響(E_{env})は両式で同一と仮定する。(5)式は，次の様に書き直される。

$$U_{syn} = U_{typ} / U_{e\text{-}typ} \cdot U_{e\text{-}obs} \tag{6}$$

一方，風速の時間変化はいわゆる spectral gap より長い周期の変動は気圧場の移動で支配されると仮定し，気圧場の位置，移動速度を代表長さ L，代表速度 U にとって，要素記録の時間スケール T から次式で与えられる無次元時間 τ を介して仮想台風の時間スケールに変換する。

$$\tau = T / (L / U) \tag{7}$$

台風モデルとしては，気圧場には Schloemer[6]のモデル，風速場のモデルには Meng ら[7]のモデル等を用いることができる。

以下に計算例を挙げる。

鹿児島地方気象台における過去の日最大風速順位 2 位の風速を生じさせた台風 9612 号を要素台風とする。同気象官署周辺は地表面粗度区分 III と判断され，測器高さ地上 45m に設計風速(標準状態，地表面粗度区分 II，地上 10m)を変換した値 45.1m/s を目標値とする。trial and error の結果，次の 2 通りを設定することが出来た。

  a) 中心気圧低下量 D_P を 1.6 倍

  b) 中心気圧低下量 D_P を 1.5 倍，移動速度 C を 2.0 倍

a), b)の仮想台風時の風速時刻歴を要素記録と共に図 4 に示す。ただし，最大風速発生時が一致するように図示している。解析に際して，台風パラメータは，1 時間毎の同定値を線形的に内挿し，外挿する際は最も近い時刻の値を用いた。

a)では，最大風速発生時の中心気圧低下量 D_P は 85.0hPa であり，これは台風の中心気圧 P_C=928.hPa (= 1013 - 85)に相当する。b)では，最大風速発生時の中心気圧低下量 D_P は 79.8hPa で(中心気圧 933.2hPa に相当)，相当する移動速度 C は 18.4m/s となった。

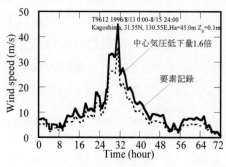

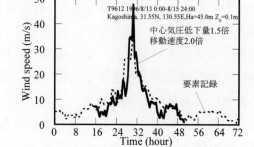

a) 中心気圧低下量 1.6 倍　　　　　b) 中心気圧低下量 1.5 倍,移動速度 2.0 倍

図 4　鹿児島気象台における要素記録(9612 号)と仮想台風による風速時刻歴

4. シミュレートされた仮想台風による風速時刻歴の等価継続時間の評価例

計算例として，羽田アメダス(AMeDAS)における仮想台風風速および観測記録に対する等価継続時間評価例[8]を以下に示す。

東京都内における台風による強風の観測記録として，2004年台風22号の羽田アメダス観測地点における10分間平均風速時刻歴を用いる。同観測記録は，同観測地点における歴代1位の最大風速をもたらしている。

次に，設計での想定として，建築基準法設計風速 V_0=34m/s，極稀に発生する暴風 42.5m/s（=1.25×V_0）の条件を設定する。パラメータチューニングの結果，中心気圧低下量 D_P 倍率=1.83，移動速度 C 倍率=0.5，最大旋衡風速半径 R_M 倍率=1.0 倍とした。この設定に当たっては，参考文献7に示されるパラメータの感度解析結果を参照した。生成された風向・風速時刻歴を図5に示す。

羽田アメダスにおける台風時の観測記録，また図5の仮想台風による風速波形に対して，(1)式から求めた等価継続時間を表4に示す。同じ強風イベントの風速時刻歴でも，累積荷重効果を与える風速のべき指数 mn が大きいほど，等価継続時間が短く評価される。mn は構造物が風に対して敏感な場合に大きな値をとることが予想されるため，一般的な構造物の mn の値に対して等価継続時間を評価しておけば，より風に敏感な建物には安全な設定になることが期待される。

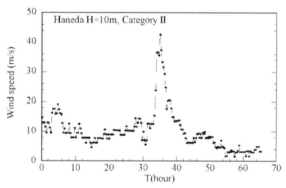

図5　気圧場パラメータの調整により生成された仮想台風時の風速時刻歴
地点：羽田アメダス，要素記録：台風0422, MA-ON

表4　強風イベントの等価継続時間

強風イベント	等価継続時間 (分)		
	(累積荷重効果を与える風速のべき指数 mn)		
	(mn=6)	(mn=8)	(mn=10)
仮想台風による風速(図5)	64	49	40
羽田アメダス T0422 最大風速：29m/s(図5の要素記録)	33	25	21
羽田アメダス T0709 最大風速：27m/s	146	83	54

5. 注意事項

① 最終的な安全性を検討する場合は，強風のみならず，他の荷重効果による累積的影響を評価する必要がある。

② 継続時間の評価に当たっては，単一の強風イベントについて考慮することはもとより，引き続き同じ免震部材を使用し続ける場合は，供用期間における累積的な影響も考慮する必要がある。その際には，後述する付4または参考文献2), 9)が参考となる。

③ 風速と応答の関係が単純なべき関数で表わされない場合は，別途検討する必要がある。後流渦による共振効果が顕著な場合，免震部材の特性が大きく変化する場合等がこれに相当する。ただし，疲労損傷度は強風時の影響が非常に支配的であるので，設計風速で考慮する風速範囲で仮定を満たしていることを確認すればよい。

④ 上記の評価手順の一部を，最新の研究による，さらに高い予測精度の台風モデルや応答予測モデルで置き換えることは可能である。

参考文献
1) 松井正宏：強風イベントの等価継続時間，吉江慶祐，風速と速度応答の関係，耐風設計部会資料，日本免震構造協会，2010
2) 松井正宏，田村幸雄：風応答による構造部材の累積疲労損傷特性，日本建築学会大会，B-1，pp.277-278，2008
3) 松井正宏，風荷重の累積継続時間の評価，特集 免震・制振技術変遷と新たな進展，建築技術 2022 年 2 月号，pp.82-83, 2022
4) 松井正宏，大熊武司，田村幸雄：経験的風況特性を用いた仮想台風による風速時刻歴の生成方法，日本建築学会大会，B-1，pp.115-116, 2009
5) 鈴木雅靖，竹中康雄，近藤明洋，飯場正紀，大熊武司，松井正宏：高層免震建築物の風応答時刻歴解析による検討(その3)，日本建築学会大会，pp.613-614, 2011
6) Schloemer, R. W. : Analysis and synthesis of hurricane wind patterns over Lake Okeechobee, Florida. Hydrometeorological Report No. 31, 1954
7) Meng, Y., Matsui, M. and Hibi, K. : A numerical study of the wind field in a typhoon boundary layer, Journal of Wind Engineering and Industrial Aerodynamics 67&68, 437-448, 1997
8) Matsui, M., Ohkuma, T. and Tamura, Y. : Evaluation of time history of design wind speeds using typhoon model and empirical wind characteristics, 34th IABSE Symposium on large structures and infrastructures for environmentally constrained and urbanized areas, Venice Italy, 2010
9) 安井八紀，大熊武司，吉江慶祐，鶴見俊雄: 疲労損傷評価のための暴風の累積作用時間の簡易評価方法，日本建築学会技術報告集，第 19 巻，第 42 号，413-414，2013 年 6 月

付4 強風の累積作用時間の簡易評価方法

1. はじめに

　強風の累積的な作用効果を評価する際にその対象となる強風としては，付3において取り上げた1つの強風イベントの他に，ある期間における全強風が考えられる。また，この算定する期間には，ダンパーのように取換可能な部材を対象とした期間，積層ゴムのように取換が困難な部材を対象とした期間が考えられるが，現状いずれも法的に特定されるものではない。ここでは，照査の対象期間という意味で照査期間と呼ぶこととする。また，後述するように，ここで対象とする強風は台風だけでなく台風以外を要因とする強風も含み，その再現期間は1年～500年と広範囲の風速を含んでいる。

　照査期間中の風の累積作用時間を評価する方法としては，幾つかの方法が提案[1),2),3)]されている。近年では，その強風の発生要因を台風と非台風に区分し，台風については Monte Carlo 法に基づく台風シミュレーション(以降，台風シミュレーションと呼ぶ)，非台風については近隣の気象官署の観測データを Weibull 分布に当てはめた結果から算定し，これらを合計した作用時間を累積作用時間として用いる方法[4)]がしばしば用いられている。

　ここでは，文献 1)～3)の考え方を参考に提案されている強風の累積作用時間を簡易に評価する方法[5)]を示す。ただし，ここで評価される風速は年最大級の風速のみであり，日常的な風の作用時間は含まれない。照査期間が長い場合や免震部材の疲労特性によっては，日常的な風を含めた累積作用時間の評価が必要となる場合も考えられるので，留意が必要である。

2. 簡易評価方法の概要

　照査期間における強風の累積作用時間の簡易評価方法は，以下の2つの簡易評価方法によりなっている。
　　① 照査期間における強風の最大風速の簡易評価方法
　　② 強風の風速の時間変化の簡易評価方法

なお，この簡易評価方法は，伊豆諸島，薩南諸島，大東諸島，先島諸島および小笠原諸島を除く日本全国について適用できる。また，この簡易評価方法によって評価される強風の累積作用時間は，文献4)に示される評価方法を用いて算定される累積作用時間より安全側の値を与える。以降にその方法を示す。

2.1 照査期間における強風の最大風速の簡易評価方法

　照査期間年中に発生する強風イベントを $E(1)$, $E(2)$, $E(3)$, ...とする。また，それぞれの強風イベントにおける最大風速を $U(1)$, $U(2)$, $U(3)$, ...とする。これらの強風イベントをその最大風速の大きい順に並べ替えたものを E_1, E_2, E_3, ...とし，それらの最大風速を U_1, U_2, U_3, ...とする。このとき，i 番目に大きな最大風速 U_i は以下の式で算定することができる。

$$U_i = U_0 k_{Rw,i} \tag{1}$$

$$k_{Rw,i} = 0.63(\lambda_U - 1)\ln r_i - 2.9\lambda_U + 3.9 \tag{2}$$

$$\lambda_U = U_{500}/U_0 \tag{3}$$

$$r_i = N/(i-0.5) \qquad\qquad (i=1,\cdots,mN) \tag{4}$$

ここで，U_0 および U_{500} は，建築物荷重指針・同解説[6](以降，荷重指針と呼ぶ)による基本風速および再現期間 500 年の風速であり，$k_{Rw,i}$ は再現期間 r_i 年の場合の再現期間換算係数である。すなわち，式(1)〜(3)は再現期間 r_i 年の地表面粗度区分 II，地上 10m における 10 分間平均風速を与える。

また，修正 Jensen & Frank 法による照査期間 N 年における i 番目に大きな最大風速の経験的再現期間 r_i は，年平均の強風数を m として Hazen プロットを適用すると式(4)のように表すことができる。なお，この式で表わされる上位 N 個の再現期間は $2N$ 年から約 1 年に相当し，年平均の強風数 m が 1 以上であれば，再現期間は年平均の強風数 m に依存しない。因みに，年平均強風数 m は台風だけを取り上げても九州以北では 2.3〜0.5 の値であり，冬季から春季にかけての低気圧に伴う強風を考慮すれば，全国的に 1 を上回る個数と考えられる。

以上のようにして，式(1)〜(4)によって，照査期間における強風イベントの最大風速を算定できる。

2.2 強風時の風速の時間変化の簡易評価方法

簡易評価方法における強風時の風速の時間変化は，強風イベントにおいて，最大風速発生時刻前後 12 時間における 10 分間平均風速を降順に並べ替えたものであり，正確には時間変化ではないが，ここではこれを時間変化と呼ぶこととする。

前述した i 番目に大きな最大風速 U_i を有する強風イベントの時間変化は，以下の式で算定できる。

$$U_i(t) = U_i r_U(t) \tag{5}$$
$$r_U(t) = (1+C_1 t)/\exp(C_2 t^{0.70}) \tag{6}$$
$$C_1 = \min(-0.532 + 0.0192\theta_N, 0.217) \tag{7}$$
$$C_2 = \min(-0.444 + 0.0210\theta_N, 0.375) \tag{8}$$

ここで，θ_N は対象地点の緯度（°）である。

これらの算定式は，台風シミュレーション結果から最大風速が再現期間 1 年〜500 年となる強風イベントに着目し，最大風速発生時刻前後 12 時間の 10 分間平均風速を抽出した後に，その風速を降順に並べ替え，最大風速から各風速までの時間と風速の関係をモデル化したものである。

鹿児島および東京における台風シミュレーション結果と算定式を比較して図 1 に示す。

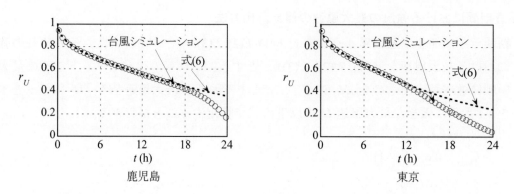

図 1　簡易評価法と台風シミュレーション結果による風速の時間変化の比較事例

3. 算定例

付 6 の検討建物を事例に，簡易評価方法により照査期間における風の累積作用時間を算定する。付 6 の検討建物の建設地，地表面粗度区分，基本風速 U_0 および再現期間 500 年の風速 U_{500}，建築物の高さ H は以下の通りである。

建設地　　　　　　　：東京都 23 区内

地表面粗度区分　　：Ⅲ の平坦地　　$Z_G = 450 \, \mathrm{m}$　　　　$\alpha = 0.2$

基本風速 U_0　　　：38m/s　　　　$U_{500} = 43 \, \mathrm{m/s}$

建築物の高さ H　：75m

強風の累積作用時間を算定するためには，これらの項目以外に建設地の緯度 θ_N 並びに照査期間 N が必要であり，ここでは以下とする。

建設地の緯度 θ_N：北緯 35.6°

照査期間 N　　　：100 年

3.1　照査期間の強風の最大風速の算定例

式(4)によって算定される照査期間 N 年における 1 番目に大きな最大風速の経験的再現期間は $2N$ 年に相当する。一方，「極めて稀に発生する暴風」の再現期間は概ね 500 年とすることができる。すなわち，照査期間が 250 年未満の場合には「極めて稀に発生する暴風」は含まれないことになり，「極めて稀に発生する強風」に対する安全性の検証と累積疲労損傷度に対する安全性の検証に不整合が生じる。

しかしながら，設計の観点からみた場合には照査期間が 250 年未満であっても，照査期間に発生する全強風に加えて，少なくとも 1 つの「極めて稀に発生する暴風」による累積疲労損傷度に対する安全性が担保されなければならない。そこで，ここでは，照査期間が 250 年未満の場合でも，照査期間 N 年に発生する上位 N 個の強風に加えて 1 つの「極めて稀に発生する暴風」を加えて累積作用時間とする。

照査期間 N 年中の建物頂部における i 番目に大きな強風の最大風速は，前述の式(1)〜式(4)と，荷重指針における風速の鉛直分布係数 E の基準高さ H における値 E_H を考慮することで順次算定できる。

例えば，1 番目に大きな最大風速は，以下のように算定される。

$$r_1 = N/(i - 0.5)$$
$$= 100/(1 - 0.5)$$
$$= 200 \, 年$$
$$\lambda_U = 43/38$$
$$= 1.132$$
$$k_{rw} = 0.63(\lambda_U - 1)\ln r_i - 2.9\lambda_U + 3.9$$
$$= 0.63 \times (1.132 - 1) \times \ln(200) - 2.9 \times 1.132 + 3.9$$
$$= 1.058$$
$$E_H = 1.7 \times (H/Z_G)^\alpha$$
$$= 1.7 \times (75/450)^{0.20}$$
$$= 1.188$$

$$U_{ri} = U_0 k_{Rw}$$
$$= 38 \times 1.058$$
$$= 40.2\,\text{m/s}$$
$$U_{Hi} = U_{ri} E_H$$
$$= 40.2 \times 1.188$$
$$= 47.7\,\text{m/s}$$

照査期間の強風の最大風速の算定結果を表 1 に示す。

表 1　照査期間における強風の最大風速

i	r_i (年)	k_{rw}	U_{ri} (m/s)	U_{Hi} (m/s)
U_{500}	500.0	1.132	43.0	51.1
1	200.0	1.058	40.2	47.7
2	66.7	0.967	36.7	43.6
3	40.0	0.924	35.1	41.7
4	28.6	0.896	34.1	40.5
5	22.2	0.875	33.3	39.5
6	18.2	0.859	32.6	38.8
7	15.4	0.845	32.1	38.1
8	13.3	0.833	31.7	37.6
9	11.8	0.823	31.3	37.1
10	10.5	0.814	30.9	36.7
11	9.5	0.805	30.6	36.4
12	8.7	0.798	30.3	36.0
13	8.0	0.791	30.1	35.7
:	:	:		:
97	1.0	0.621	23.6	28.1
98	1.0	0.621	23.6	28.0
99	1.0	0.620	23.5	28.0
100	1.0	0.619	23.5	27.9

3.2　強風の風速の時間変化の算定例

建設地の緯度より強風の最大風速に対する風速比は以下のように表わされる。

$$C_1 = \min(-0.532 + 0.0192\theta_N, 0.217)$$
$$= \min(-0.532 + 0.0192 \times 35.6, 0.217)$$
$$= 0.152$$
$$C_2 = \min(-0.444 + 0.0210\theta_N, 0.375)$$
$$= \min(-0.444 + 0.0210 \times 35.6, 0.375)$$
$$= 0.304$$
$$r_U(t) = (1 + C_1 t)/\exp(C_2 t^{0.70})$$
$$= (1 + 0.152t)/\exp(0.304 t^{0.70})$$
$$U_H(t) = U_{Hi} r_U(t)$$

表 1 に対応して風速の時間変化を算定した結果を表 2 に示す。

表2　照査期間の強風の時間変化

i	U_{Hi} (m/s)	t (h)								
		0	0.167	0.333	0.500	0.667	・・・	23.500	23.667	23.833
		$U_H(t)$								
U_{500}	51.1	51.1	48.0	46.6	45.6	44.8	・・・	14.6	14.5	14.4
1	47.7	47.7	44.9	43.6	42.6	41.8	・・・	13.7	13.6	13.5
2	43.6	43.6	41.0	39.8	38.9	38.2	・・・	12.5	12.4	12.3
3	41.7	41.7	39.2	38.1	37.2	36.6	・・・	12.0	11.9	11.8
4	40.5	40.5	38.0	36.9	36.1	35.4	・・・	11.6	11.5	11.4
5	39.5	39.5	37.2	36.1	35.3	34.6	・・・	11.3	11.2	11.1
6	38.8	38.8	36.5	35.4	34.6	34.0	・・・	11.1	11.0	10.9
7	38.1	38.1	35.9	34.8	34.0	33.4	・・・	10.9	10.8	10.8
8	37.6	37.6	35.4	34.3	33.6	32.9	・・・	10.8	10.7	10.6
9	37.1	37.1	34.9	33.9	33.1	32.5	・・・	10.6	10.6	10.5
10	36.7	36.7	34.5	33.5	32.8	32.2	・・・	10.5	10.4	10.4
11	36.4	36.4	34.2	33.2	32.4	31.8	・・・	10.4	10.3	10.2
12	36.0	36.0	33.9	32.9	32.1	31.5	・・・	10.3	10.2	10.2
13	35.7	35.7	33.6	32.6	31.9	31.3	・・・	10.2	10.1	10.1
:	:	:	:	:	:	:	・・・	:	:	:
97	28.1	28.1	26.4	25.6	25.0	24.6	・・・	8.0	8.0	7.9
98	28.0	28.0	26.3	25.6	25.0	24.5	・・・	8.0	8.0	7.9
99	28.0	28.0	26.3	25.5	25.0	24.5	・・・	8.0	8.0	7.9
100	27.9	27.9	26.3	25.5	24.9	24.5	・・・	8.0	7.9	7.9

3.3　強風の累積作用時間および等価累積継続時間の算定例

　付 3 において示した等価継続時間は，1 つの強風イベントにおいて，その累積的な影響が一致する最大風速の等価な継続時間を意味している。本事例における最も大きな最大風速が「極めて稀に発生する暴風」であることから，照査期間における累積疲労損傷度と等価となる「極めて稀に発生する暴風」の継続時間を等価累積継続時間と呼ぶこととする。

　風速のビンを 1m/s として，強風の累積作用時間および等価累積継続時間を算定する。

　風速の中央値を U_{Hk} とすると，その累積作用時間 $T_S(U_{Hk})$ は $U_{Hk} - 0.5$ m/s 以上かつ $U_{Hk} + 0.5$ m/s 未満の風速となる時間の合計となる。例えば，表 2 のように強風の時間変化が得られている場合には，$U_{Hk} - 0.5$ m/s 以上の風速の個数から $U_{Hk} + 0.5$ m/s 以上の風速の個数を引いて 10 倍すれば，風速 U_{Hk} に対する累積作用時間が分単位の値として得られることになる。また，風速の中央値が U_{Hk} で累積作用時間 $T_S(U_{Hk})$ である場合の等価累積継続時間 $T_{eq,k}$ は，「極めて稀に発生する暴風」の建物頂部における風速を $U_{H,r=500}$ とすると，以下のように算定できる。なお，ここでの算定事例では付 3 に準じて $mn = 9$ としている。

$$T_{eq,k} = T_S(U_{Hk})(U_{Hk}/U_{H,r=500})^{mn}$$

　表 2 に対応して算定した強風の累積作用時間および等価累積継続時間の算定結果を表 3 に示す。なお，同表では，「極めて稀に発生する暴風」とそれ以外の強風に分けてそれぞれ算定した結果を示している。

　同表の最下段の合計に示すように，疲労損傷度の観点からみると「極めて稀に発生する暴風」

は，再現期間 500 年の風速が約 1 時間連続して吹いた場合と等価となり，「極めて稀に発生する暴風」を除く照査期間 100 年の全強風は「極めて稀に発生する暴風」の約 3 個分に相当することになる。

表3 強風の累積作用時間と疲労損傷に関する等価累積継続時間

U_{Hk} (m/s)	極めて稀に発生する暴風		極めて稀に発生する暴風以外の強風		合計	
	累積作用時間(min)	等価累積継続時間(min)	累積作用時間(min)	等価累積継続時間(min)	累積作用時間(min)	等価累積継続時間(min)
51	10	10.0	0	0.0	10	10.0
50	0	0.0	0	0.0	0	0.0
49	0	0.0	0	0.0	0	0.0
48	10	5.8	10	5.8	20	11.6
47	10	4.8	0	0.0	10	4.8
46	10	4.0	0	0.0	10	4.0
45	10	3.2	10	3.2	20	6.5
44	10	2.6	20	5.3	30	7.9
43	20	4.3	10	2.2	30	6.5
42	20	3.5	20	3.5	40	7.0
41	30	4.2	30	4.2	60	8.4
40	30	3.4	50	5.6	80	9.0
39	30	2.7	50	4.5	80	7.2
:	:	:	:	:	:	:
3	0	0.0	0	0.0	0	0.0
2	0	0.0	0	0.0	0	0.0
1	0	0.0	0	0.0	0	0.0
0	0	0.0	0	0.0	0	0.0
合計	1,440	59.9	144,000	157.6	145,440	217.4

参考文献
1) 大熊武司，中込忠男，丸川比佐夫：強風による鋼構造骨組の累積疲労損傷 その1，その2，日本建築学会大会学術講演梗概集，75-78，1988
2) 成原弘之，泉満，浅見豊：風荷重に対する高層鋼構造骨組の疲労設計，日本建築学会構造系論文集，第 465 号，129-137，1994 年 11 月
3) 安井八紀，大熊武司，廣川雅一，吉江慶祐，丸川比佐夫：高層建築物の疲労損傷評価に与える強風特性のモデル化の影響に関する研究，その1 強風特性のモデル化，日本建築学会大会学術講演梗概集，185-186，2001 年 9 月
4) 日本建築学会：風と地震による繰返し荷重効果と疲労損傷，シンポジウム資料，2003
5) 安井八紀，大熊武司，吉江慶祐，鶴見俊雄：疲労損傷評価のための暴風の累積作用時間の簡易評価方法，日本建築学会技術報告集，第 19 巻，第 42 号，413-414，2013 年 6 月
6) 日本建築学会：建築物荷重指針・同解説(2015)

付5 免震層の簡易風応答評価方法

1. はじめに

　風外力には平均風力が存在し，継続時間が長いといった地震力とは異なった特性がある。これらの風外力の特性によって，免震部材に無視し得ない大きさでクリープ変形が生じる場合があることが近年の研究によって明らかになってきている[1]。

　ここで示す簡易風応答評価方法は，このクリープ変形を考慮した免震層の簡易な変位の評価方法である。まず，クリープ性を示す部材の実験事例を示し，ここで言うクリープ性の定義を示す。続いて，簡易風応答評価方法の基本的な考え方を示し，風方向風荷重に対する評価事例を示す。最後に，風荷重の組合せに対する適用方法を示す。

2. クリープ性を有する免震部材のクリープ特性 [2],[3]

　クリープ性を有する免震部材として，鉛プラグ入り積層ゴムのクリープ特性の実験事例を示す。試験体は図1に示す直径 $\phi 500$mm の鉛プラグ入り積層ゴムで，その降伏荷重相当のせん断力 Q_d は 66kN である。実験は，面圧 $\sigma = 12$ MPa 一定とし，一定水平荷重(Q=22, 33, 44kN)を載荷した後，正弦波水平荷重(ΔQ=22, 33, 44kN，周期3秒)を連続2時間に渡って加振したものである。実験より得られた水平変位－せん断力の関係を図2に示す。なお，同図に示す履歴線の破線部分は一定荷重からの最初の 1/4 サイクル分に相当する。また，同図にはゴムのみの剛性を考慮した場合の水平変位－せん断力 Q_r 関係も併せて示している。

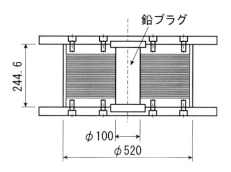

図1　鉛プラグ入り積層ゴム試験体の概要

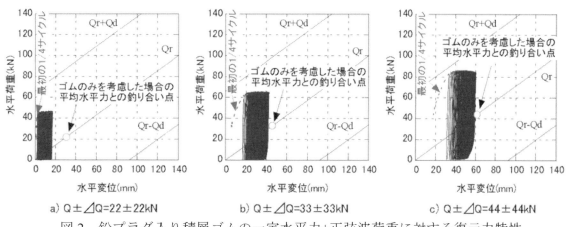

a) Q±△Q=22±22kN　　　b) Q±△Q=33±33kN　　　c) Q±△Q=44±44kN

図2　鉛プラグ入り積層ゴムの一定水平力+正弦波荷重に対する復元力特性

同図に示すように，水平変位は時間の経過と共にクリープ変形によって増加している。一定荷重が降伏荷重相当値の 50%を超える場合の平均水平力に対する水平変形は，ゴム剛性のみを考慮した場合の釣り合い点と概ね一致しており，静的な外力に対して無抵抗とみなすことができる。ここで言う「クリープ性を有する」とは，このようにクリープ変形が生じることによって，静的な外力に無抵抗とみなせることを言い，このような部材をここではクリープ性部材と呼ぶこととする。

3. 簡易風応答評価方法の考え方

ここで示す簡易風応答評価法は，免震層に作用する最大風荷重と平均風荷重が静的荷重として適切に評価されていることを前提とした応答評価方法である。したがって，建築物荷重指針・同解説(2015)[5](以降，荷重指針と呼ぶ)等により荷重を評価して耐風安全性を検討する場合には，その応答状態がランク A あるいはランク B として評価される免震層であることが前提となる。

その基本的な考え方としては，クリープ性部材のクリープ変形を静的な外力に対して無抵抗とみなせるとして評価するもので，この方法によって評価されるクリープ変形はその上限値であり，安全側の評価となる。なお，一定荷重が降伏荷重相当値の 40%以下の載荷の場合[3]には，この方法によって評価されるクリープ変形が過大となるため，文献 4)において提案されている時刻歴解析法によってクリープ変形を評価することもできる。

免震システムは，以下の 4 種類の免震部材の全てもしくは積層ゴムを含むそれら一部の組合せで構成されると仮定する。

- ・積層ゴム
- ・クリープ性を有しない弾塑性ダンパー(鋼材ダンパー)
- ・クリープ性を顕著に有する弾塑性ダンパー(鉛ダンパーや鉛プラグ入り積層ゴムの鉛プラグ，錫プラグ入り積層ゴムの錫プラグなど)
- ・流体系ダンパー(オイルダンパーなど)

前述したように，ここにいう「クリープ性を顕著に有する」とは，そのダンパーが風荷重の平均成分に対して全く抵抗できないと仮定できることを意味し，各種の免震部材は風荷重の平均成分および変動成分に対する特性によって表 1 のように分類できる。なお，すべり支承はクリープ性を有する免震部材ではないが，滑動時の剛性（2 次剛性）がないことや軸力変動などによる摩擦力変動の影響を受けることから，風荷重により滑動が生じる場合においてクリープ性を顕著に有する弾塑性ダンパーとして扱うことが望ましい。

表 1　各免震部材の風荷重に対する特性

免震部材の種類	平均成分	変動成分
積層ゴム	有効	有効
クリープ性のない弾塑性ダンパー	有効	有効
クリープ性の顕著な弾塑性ダンパー	無効	有効
流体系ダンパー	無効	有効

それぞれの免震部材の復元力特性として，積層ゴムの線形バネ，弾塑性ダンパーの復元力特

性(クリープ変形非考慮), 流体系ダンパーの速度－減衰力関係を以下とする。なお, 弾塑性ダンパーの履歴法則としては Masing の履歴則に従うものとする。すなわち, 履歴曲線は骨格曲線の相似形とする。

$$Q_R = K_R X \qquad\qquad\qquad\qquad （積層ゴム） \qquad\qquad (1)$$

$$Q_S = F_S(X) \qquad\qquad\qquad （クリープ性のない弾塑性ダンパー） \qquad (2)$$

$$Q_L = F_L(X) \qquad\qquad\qquad （クリープ性の顕著な弾塑性ダンパー） \qquad (3)$$

$$Q_F = F_F(X) \qquad\qquad\qquad （流体系ダンパー） \qquad\qquad (4)$$

風荷重は, 平均荷重 Q_m と最大変動荷重 Q' を有し, その最大荷重 $Q_{\max}$ は $Q_{\max} = Q_m + Q'$ であるとする。さらに, 免震層最大変位は, 平均荷重 Q_m による平均変位 X_m と最大変動荷重 Q' に対する最大変動変位 X' からなり, 最大変位 $X_{\max}$ は $X_{\max} = X_m + X'$ で評価できるものとする。

このような仮定により, 平均荷重 Q_m と最大変動荷重 Q' に対する釣り合い式は, 鋼材ダンパーの弾塑性状態を考慮して以下のように表わすことができる。

$$Q_m = K_R X_m + F_S(X_m + X') - F_S(X') \qquad\qquad (5)$$

$$Q' = K_R X' + F_S(X') + F_L(X') + \Delta Q_F \qquad\qquad (6)$$

ここに, ΔQ_F は次式に示すように最大変動荷重 Q' と流体系ダンパー以外の免震部材による最大水平力の差で, 流体系ダンパーがない場合やその影響が小さい場合には 0 とすることができる。

$$\Delta Q_F = \max\left[K_R X(t) + F_S(X(t)) + F_L(X(t)) + F_F(\dot{X}(t)) \right] - \left\{ K_R X' + F_S(X') + F_L(X') \right\} \qquad (7)$$

したがって, 平均荷重 Q_m と最大変動荷重 Q' が与えられた場合には, まず式(6)を解いて最大変動変位 X' を求め, 次に, 式(5)を解いて平均変位 X_m および最大変位 $X_{\max} = X_m + X'$ を求めることができる。

本方法に基づいて, 免震層の風応答時刻歴解析を行う場合には, 風外力の時刻歴 $F(t)$ を, 平均成分 $F_m(= Q_m)$ と変動成分 $f(t)$ とに分離した上で, $f(t)$ による時刻歴応答解析を行い, まず, 加速度応答と変動変位 $X(t)$ を求める。さらに, 式(5)より平均荷重 Q_m による平均変位 X_m を算定し, さらに変動変位 $X(t)$ を足し込むことにより, クリープ変形を含めた水平変位が得られる。

4. 風方向風荷重に対する評価事例

ここでは, 天然ゴム系積層ゴム, 鋼材ダンパーおよび鉛ダンパーの 3 種から構成される免震システムについて取り上げる。各部材のスケルトンカーブを図 3 に示すように, 積層ゴムは弾性, 鋼材ダンパーと鉛ダンパーはバイリニアであるとする。

式(5)および(6)は各部材の状態に応じて 5 組に分類され, この 5 組の釣り合い式をそれぞれ解くことで, 最大変動変位 X', 平均変位 X_m および最大変位 $X_{\max} = X_m + X'$ が得られる。なお, 以後この 5 組を状態(1)〜状態(5)と呼ぶこととする。以降, 表 2 に示す免震建物を取り上げて, 各状態での免震層の応答変位の評価事例を示す。

まず, 最大荷重 $Q_{\max}$ とガスト影響係数 G_D により, 平均荷重 Q_m と最大変動荷重 Q' を以下のように算定する。

$$Q_m = Q_{\max} / G_D \qquad\qquad (8)$$

$$Q' = Q_{\max} - Q_m = Q_{\max}\left(1 - 1/G_D\right) \qquad\qquad (9)$$

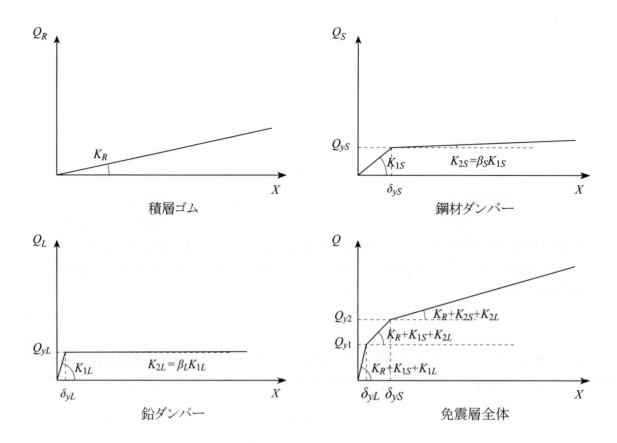

図3 部材のスケルトンカーブ

表2 免震建物の諸元

建物全体	総重量	W	220,000	kN
	降伏せん断力係数	$\alpha_y = \alpha_S + \alpha_L = (Q_{yS} + Q_{yL})/W$	0.030	
	降伏せん断力係数比	α_L / α_S	1.000	
	第一折れ点せん断力	Q_{y1}	4,388	kN
	第二折れ点せん断力	Q_{y2}	7,650	kN
	第一折れ点せん断力(除鉛)	Q'_{y1}	4,350	kN
積層ゴム	剛性	K_R	350	kN/cm
鋼材ダンパー	第一剛性	K_{1S}	1100	kN/cm
	降伏後剛性比	$\beta_S = K_{2S}/K_{1S}$	0.017	
	降伏変形	δ_{yS}	3.00	cm
鉛ダンパー	第一剛性	K_{1L}	4400	kN/cm
	降伏後剛性比	$\beta_L = K_{2L}/K_{1L}$	0.000	
	降伏変形	δ_{yL}	0.75	cm

状態(1): 鋼材ダンパーは弾性で，鉛ダンパーは最大変動荷重に対して降伏しない

状態(1)では，鋼材ダンパーは最大荷重に対して弾性($X_{max} < \delta_{yS}$)であり，鉛ダンパーは最大変動荷重に対しては降伏しない($X' < \delta_{yL}$)が，平均成分に無抵抗であるため，平均風力に対して復元力が生じないことになる。したがって，最大変動荷重は式(10)に示すように，免震層の全弾性剛性と最大変動変位との積で表される。一方，平均荷重については式(11)に示すように，鉛ダンパーの剛性を除いた免震層の弾性剛性と平均変位の積で表されることになる。

$$Q' = \left(K_R + K_{1S} + K_{1L} \right) X' \tag{10}$$

$$Q_m = (K_R + K_{1S})X_m \tag{11}$$

したがって，最大変動変位 X' と平均変位 X_m は以下のように算定できる。

$$X' = \frac{Q'}{K_R + K_{1S} + K_{1L}} \tag{12}$$

$$X_m = \frac{Q_m}{K_R + K_{1S}} \tag{13}$$

ただし，

$$X' < \delta_{yL}, \quad X_{\max} = X_m + X' < \delta_{yS} \tag{14}$$

状態(1)における式(11)および式(13)は，平均変位 X_m が鉛ダンパーを除いたスケルトンカーブと平均荷重 Q_m との交点に一致することを意味する。また，不等式(14)の1つ目と式(10)あるいは式(12)から下記の不等式(15)が成立し，最大変動荷重 Q' は免震層のスケルトンカーブの第一折れ点せん断力 Q_{y1} より小さいことになる。

$$Q' < (K_R + K_{1S} + K_{1L})\delta_{yL} = Q_{y1} \tag{15}$$

各デバイスおよび免震層のスケルトンカーブと履歴を $Q_{\max} \leq Q_{y1}$ の事例として図4に，$Q_{\max} > Q_{y1}$ の事例として図5に示す。なお，ここでは，変位が最大変位→最小変位($X_{\min} = X_m - X'$)→最大変位となった場合を履歴として描いている。図4および図5共に変動成分に対して弾性を維持するため，エネルギー吸収が生じることなく，載荷除荷を繰り返す。

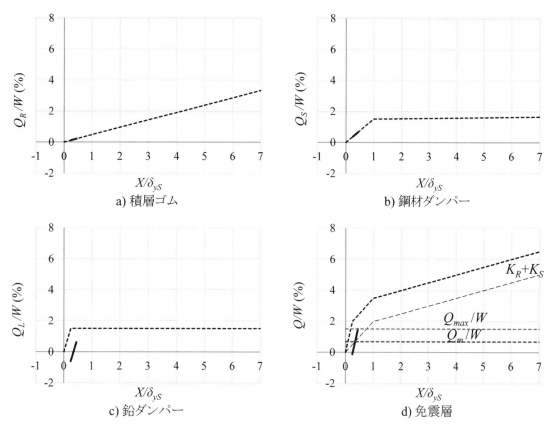

図4　デバイスおよび免震層のスケルトンカーブと状態(1)時の履歴の事例($Q_{\max} \leq Q_{y1}$)

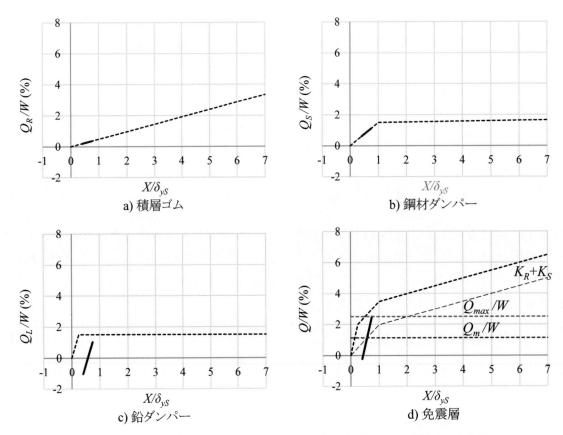

図5　デバイスおよび免震層のスケルトンカーブと状態(1)時の履歴の事例($Q_{\max} > Q_{y1}$)

　図4は各デバイスおよび免震層のスケルトンカーブと，平均風荷重Q_mが1,500kN，最大風荷重$Q_{\max}$が3,300kN，ガスト影響係数G_Dが2.20の場合の履歴を表している。式(12)，(13)によって算定される最大変動変位X'は0.308cm($<\delta_{yL}$)，平均変位X_mは1.034cm，最大変位$X_{\max}$は1.342cm($<\delta_{yS}$)と算定され，不等式(14)を満足する。

　図5は，平均風荷重Q_mが2,500kN，最大風荷重$Q_{\max}$が5,500kN，ガスト影響係数G_Dが2.20の場合で，最大変動変位X'は0.513cm($<\delta_{yL}$)，平均変位X_mは1.724cm，最大変位$X_{\max}$は2.237cm($<\delta_{yS}$)と算定され，図4と同様に不等式(14)を満足する。

　前述したように状態(1)の場合には，図4d)および図5d)に示すように，式(13)に示すように鉛ダンパーを除いたスケルトンカーブと平均風荷重の交点が平均変位となる。

　因みに，図4および図5に示す鋼材ダンパーの耐風安全性の評価は，いずれも弾性域にあるためランクaとなる。また，鉛ダンパーについては，降伏荷重より小さな荷重レベルであっても，小振幅時の復元力特性として弾塑性挙動を示す部材であるため，図4および図5共にランクbとして扱うことが望ましい。

状態(2): 鋼材ダンパーも鉛ダンパーも最大変動荷重によって降伏しないが，鋼材ダンパーは最大荷重に対して降伏

　状態(2)では，鋼材ダンパーおよび鉛ダンパー共に最大変動荷重に対して降伏しない($X'<\delta_{yL}$，$X'<\delta_{yS}$)が，最大荷重に対して鋼材ダンパーが降伏している($X_{\max}\geqq\delta_{yS}$)ことになる。したがって，最大変動荷重は状態(1)と同様に，免震層の全弾性剛性と最大変動変位との積で表され，式(10)が成立することになる。一方，最大荷重時の各デバイスのせん断力は式(16)に示すように，積層

ゴムについてはその剛性と最大変位の積で，鋼材ダンパーは降伏しているので，最大変位に対して第二勾配上に位置することを考慮したせん断力で，鉛ダンパーは平均風力に対して復元力が生じないので，弾性剛性と最大変動変位の積で表されることになる。

$$Q' = (K_R + K_{1S} + K_{1L})X' \qquad \text{(10)再掲}$$

$$Q_{max} = K_R(X_m + X') + Q_{yS} + K_{2S}(X_m + X' - \delta_{yS}) + K_{1L}X' \qquad \text{(16)}$$

したがって，最大変動変位 X' と平均変位 X_m は以下のように算定できる。

$$X' = \frac{Q'}{K_R + K_{1S} + K_{1L}} \qquad \text{(12)再掲}$$

$$X_m = \frac{Q_{max} - Q_{yS} + K_{2S}\delta_{yS} - (K_R + K_{2S} + K_{1L})X'}{K_R + K_{2S}} \qquad \text{(17)}$$

ただし，

$$X' < \delta_{yL}, \quad X_{max} = X_m + X' \geq \delta_{yS} \qquad \text{(18)}$$

状態(2)においても状態(1)と同様に，不等式(18)の 1 つ目と式(10)あるいは式(12)から不等式(15)が成立し，最大変動荷重 Q' は免震層のスケルトンカーブの第一折れ点せん断力 Q_{y1} より小さい。

$$Q' < (K_R + K_{1S} + K_{1L})\delta_{yL} = Q_{y1} \qquad \text{(15)再掲}$$

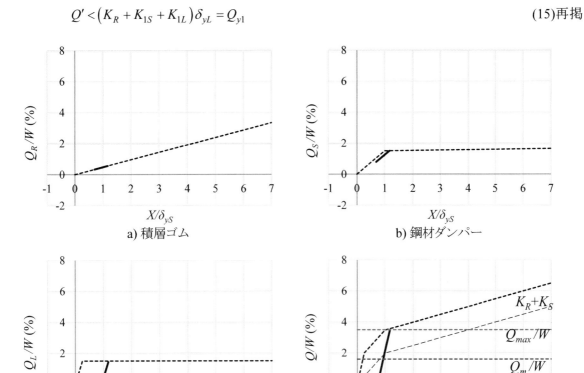

図6　デバイスおよび免震層のスケルトンカーブと状態(2)時の履歴

この状態の各デバイスおよび免震層のスケルトンカーブと履歴を図6に示す。同図において
も状態(1)と同様に，デバイスの履歴は変動荷重に対して弾性を維持しているため，エネルギー
吸収が生じることなく，載荷除荷を繰り返す。

　図6は各デバイスおよび免震層のスケルトンカーブと，平均風荷重Q_mが3,500kN，最大風荷
重Q_{max}が7,700kN，ガスト影響係数G_Dが2.20の場合の履歴を表している。式(12), (17)によっ
て算定される最大変動変位X'は 0.718cm($<\delta_{yL}$)，平均変位X_mは 2.800cm，最大変位X_{max}は
3.518cm($\geqq\delta_{yS}$)と算定され，不等式(18)を満足する。

　状態(2)の場合には図6dに示すように，鉛ダンパーを除いたスケルトンカーブと平均風荷重
の交点と免震層の履歴の中心とは，状態(1)の図4dおよび図5dのようには一致しない。これは，
鋼材ダンパーが状態(1)では弾性であることに対し，状態(2)では塑性変形を伴うため，平均風荷
重に対する釣合点が鉛ダンパーを除いたスケルトンカーブ上に位置しない。

　因みに，同図に示す鋼材ダンパーは，塑性域に達しているためランクbと評価される。また，
鉛ダンパーについては状態(1)と同様にランクbとして扱うことが望ましい。

状態(3): 鉛ダンパーのみ最大変動荷重によって降伏し，鋼材ダンパーは弾性

　状態(3)では，鉛ダンパーは最大変動荷重に対して降伏($X'\geqq\delta_{yL}$)し，鋼材ダンパーは最大変動
荷重および最大荷重に対して弾性($X_{max}<\delta_{yS}$)を維持した状態である。したがって，最大変動
荷重時の積層ゴムと鋼材ダンパーのせん断力は式(19)に示すように，それらの弾性剛性に最大変
動変位を乗じたものとなる。また，最大変動荷重時の鉛ダンパーのせん断力は，降伏している
ことから，式(19)に示すように最大変動変位に対して第二勾配上のせん断力となる。一方，最大
荷重時の各デバイスのせん断力は式(20)に示すように，積層ゴムと鋼材ダンパーについてはそ
の弾性剛性と最大変位の積で，鉛ダンパーは平均風力に対して復元力が生じないので，最大変
動変位に対して第二勾配上のせん断力となる。すなわち，

$$Q' = \left(K_R + K_{1S}\right)X' + Q_{yL} + K_{2L}\left(X' - \delta_{yL}\right) \tag{19}$$

$$Q_m + Q' = \left(K_R + K_{1S}\right)\left(X_m + X'\right) + Q_{yL} + K_{2L}\left(X' - \delta_{yL}\right) \tag{20}$$

したがって，最大変動変位X'と平均変位X_mは以下のように算定できる。

$$X' = \frac{Q' - Q_{yL} + K_{2L}\delta_{yL}}{K_R + K_{1S} + K_{2L}} \tag{21}$$

$$X_m = \frac{Q_m}{K_R + K_{1S}} \tag{22}$$

ただし，

$$X' \geq \delta_{yL}, \ X_{max} = X_m + X' < \delta_{yS} \tag{23}$$

　状態(3)においては状態(1)および(2)とは異なって，不等式(23)の1つ目と式(21)から不等式(24)
が成立し，最大変動荷重Q'がスケルトンカーブの第一折れ点のせん断力Q_{y1}以上となる。

$$Q' \geq \left(K_R + K_{1S} + K_{1L}\right)\delta_{yL} = Q_{y1} \tag{24}$$

　また，式(22)から平均変位X_mは鉛ダンパーを除いたスケルトンカーブと平均荷重との交点に

一致する。さらに，不等式(23)の 2 つ目と式(21)および(22)から不等式(25)が導かれ，最大荷重 Q_{max} は免震層全体のスケルトンカーブの第二折れ点荷重 Q_{y2} より小さいことになる。

$$Q_{max} < Q = Q_{y2} - \frac{K_{2L}}{K_R + K_{1S}} Q_m \qquad (25)$$

この状態の各デバイスおよび免震層のスケルトンカーブと履歴を図 7 に示す。前述したように，同図の鉛ダンパーが最大変動荷重に対して降伏しているため，鉛ダンパーおよび免震層全体共にエネルギー吸収を伴う履歴を描く。この場合，このエネルギー吸収を伴う挙動を考慮して荷重指針 [5] とは別途に等価静的風荷重を評価した上で，本評価方法を適用する必要がある。

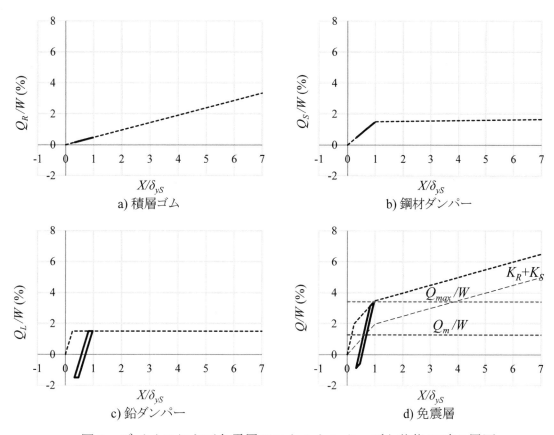

図 7 デバイスおよび免震層のスケルトンカーブと状態(3)時の履歴

図 7 は各デバイスおよび免震層のスケルトンカーブと，平均風荷重 Q_m が 2,800kN，最大風荷重 Q_{max} が 7,500kN，ガスト影響係数 G_D が 2.68 の場合の履歴を表している。式(21)，(22)によって算定される最大変動変位 X' は 0.966cm($\geqq \delta_{yL}$)，平均変位 X_m は 1.931cm，最大変位 X_{max} は 2.897cm($< \delta_{yS}$)と算定され，不等式(23)を満足する。

因みに，同図に示す鋼材ダンパーおよび鉛ダンパーの耐風安全性の評価は，それぞれ，ランク a，ランク c と評価される。

状態(4)：鉛ダンパーのみ最大変動荷重によって降伏し，鋼材ダンパーは最大荷重に対し降伏

状態(4)では，鉛ダンパーは最大変動荷重に対して降伏して($X' \geqq \delta_{yL}$)おり，鋼材ダンパーは最大荷重に対しては塑性域に達している($X_{max} \geqq \delta_{yS}$)が，最大変動荷重に対して弾性($X' < \delta_{yS}$)である。したがって，最大変動荷重時の各デバイスのせん断力は状態(3)と同様に，積層ゴムと鋼材

ダンパーについてはそれらの弾性剛性に最大変動変位の積で，鉛ダンパーはそのスケルトンカーブを考慮して最大変動変位に対応するせん断力で表され，式(19)が成立することになる。一方，最大荷重時の各デバイスのせん断力は式(26)に示すように，積層ゴムについてはその弾性剛性と最大変位の積で，鋼材ダンパーは最大変位に対して第二勾配上のせん断力，鉛ダンパーは平均荷重に無抵抗なので，そのスケルトンカーブを考慮して最大変動変位に対して第二勾配上のせん断力となる。

$$Q' = \left(K_R + K_{1S}\right)X' + Q_{yL} + K_{2L}\left(X' - \delta_{yL}\right) \tag{19}\text{再掲}$$

$$Q_{\max} = Q_m + Q' = K_R\left(X_m + X'\right) + Q_{yS} + K_{2S}\left(X_m + X' - \delta_{yS}\right) + Q_{yL} + K_{2L}\left(X' - \delta_{yL}\right) \tag{26}$$

したがって，最大変動変位 X' と平均変位 X_m は以下のように算定できる。

$$X' = \frac{Q' - Q_{yL} + K_{2L}\delta_{yL}}{K_R + K_{1S} + K_{2L}} \tag{21}\text{再掲}$$

$$X_m = \frac{Q_{\max} - Q_{yS} - Q_{yL} + K_{2S}\delta_{yS} + K_{2L}\delta_{yL} - \left(K_R + K_{2S} + K_{2L}\right)X'}{K_R + K_{2S}} \tag{27}$$

ただし，

$$X' \geq \delta_{yL}, \ \ X' < \delta_{yS}, \ \ X_{\max} = X_m + X' \geq \delta_{yS} \tag{28}$$

状態(4)においては状態(3)と同様に，不等式(28)の1つ目と式(21)から不等式(24)が成立し，最大変動荷重 Q' がスケルトンカーブの第一折れ点のせん断力 Q_{y1} 以上となる。

$$Q' \geq \left(K_R + K_{1S} + K_{1L}\right)\delta_{yL} = Q_{y1} \tag{24}\text{再掲}$$

さらに，不等式(28)の2つ目と式(21)から不等式(29)が成立し，最大変動荷重 Q' はスケルトンカーブの第二折れ点のせん断力 Q_{y2} より小さい。

$$Q' < \left(K_R + K_{1S} + K_{1L}\right)\delta_{yL} + \left(K_R + K_{1S} + K_{2L}\right)\left(\delta_{yS} - \delta_{yL}\right) = Q_{y2} \tag{29}$$

この状態の各デバイスおよび免震層のスケルトンカーブと履歴を図8に示す。前述したように，同図の鉛ダンパーは最大変動荷重に対して降伏しているため，エネルギー吸収を伴う履歴を描く。この場合，このエネルギー吸収を伴う挙動を考慮して荷重指針[5]とは別途に等価静的風荷重を評価した上で，本評価方法を適用する必要がある。

図8は各デバイスおよび免震層全体のスケルトンカーブと，平均風荷重 Q_m が 3,400kN，最大風荷重 $Q_{\max}$ が 8,500kN，ガスト影響係数 G_D が 2.50 の場合の履歴を表している。式(21)，(27)によって算定される最大変動変位 X' は 1.241 cm($\geq \delta_{yL}$, $< \delta_{yS}$)，平均変位 X_m は 4.064cm，最大変位 $X_{\max}$ は 5.305m($\geq \delta_{yS}$)と算定され，不等式(28)を満足する。

因みに，同図に示す鋼材ダンパーおよび鉛ダンパーの耐風安全性の評価は，それぞれ，ランク b およびランク c と評価される。

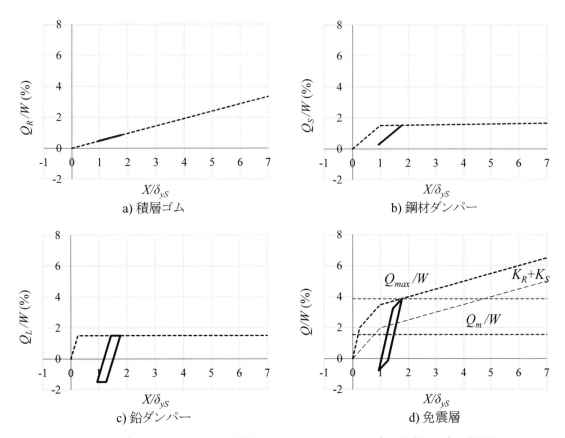

図 8 デバイスおよび免震層のスケルトンカーブと状態(4)時の履歴

状態(5) 鋼材ダンパーおよび鉛ダンパーが最大変動荷重によって降伏

　状態(5)では，鉛ダンパーおよび鋼材ダンパー共に最大変動荷重に対して降伏している($X' \geqq \delta_{yL}$，$X' \geqq \delta_{yS}$)。したがって，最大変動荷重時の各デバイスのせん断力は式(30)に示すように，積層ゴムについてはその弾性剛性と最大変動変位の積で，鋼材ダンパーと鉛ダンパーは最大変動変位に対してそれぞれ第二勾配上のせん断力となる。また，最大荷重に対する各デバイスのせん断力は，状態(4)と同様に式(26)が成立することになる。

$$Q' = K_R X' + Q_{yS} + K_{2S}\left(X' - \delta_{yS}\right) + Q_{yL} + K_{2L}\left(X' - \delta_{yL}\right) \tag{30}$$

$$Q_{max} = Q_m + Q' = K_R\left(X_m + X'\right) + Q_{yS} + K_{2S}\left(X_m + X' - \delta_{yS}\right) + Q_{yL} + K_{2L}\left(X' - \delta_{yL}\right) \tag{26 再掲}$$

なので，最大変動変位 X' と平均変位 X_m は以下のように表される。

$$X' = \frac{Q' - Q_{yS} - Q_{yL} + K_{2S}\delta_{yS} + K_{2L}\delta_{yL}}{K_R + K_{2S} + K_{2L}} \tag{31}$$

$$X_m = \frac{Q_{max} - Q_{yS} - Q_{yL} + K_{2S}\delta_{yS} + K_{2L}\delta_{yL} - \left(K_R + K_{2S} + K_{2L}\right)X'}{K_R + K_{2S}} \tag{27 再掲}$$

ただし，

$$X' \geq \delta_{yL}, \quad X' \geq \delta_{yS} \tag{32}$$

　状態(5)においては不等式(32)の 2 つ目と式(31)から不等式(33)が成立し，最大変動荷重 Q' はスケルトンカーブの第二折れ点のせん断力 Q_{y2} 以上となる。

$$Q' \geq \left(K_R + K_{1S} + K_{1L}\right)\delta_{yL} + \left(K_R + K_{1S} + K_{2L}\right)\left(\delta_{yS} - \delta_{yL}\right) = Q_{y2} \tag{33}$$

この状態の各デバイスおよび免震層のスケルトンカーブと履歴を図9に示す。前述したように，同図の鉛ダンパーは最大変動荷重に対して降伏しているため，エネルギー吸収を伴う履歴を描く。この場合，このエネルギー吸収を伴う挙動を考慮して荷重指針[5]とは別途に等価静的風荷重を評価した上で，本評価方法を適用する必要がある。

図9は各デバイスおよび免震層全体のスケルトンカーブと，平均風荷重Q_mが5,200kN，最大風荷重$Q_{\max}$が13,000kN，ガスト影響係数G_Dが2.50の場合の履歴を表している。式(31)，(27)によって算定される最大変動変位X'は3.407 cm($\geqq\delta_{yL}$, $\geqq\delta_{yS}$)，平均変位X_mは14.104cm，最大変位$X_{\max}$は17.510mと算定され，不等式(32)を満足する。

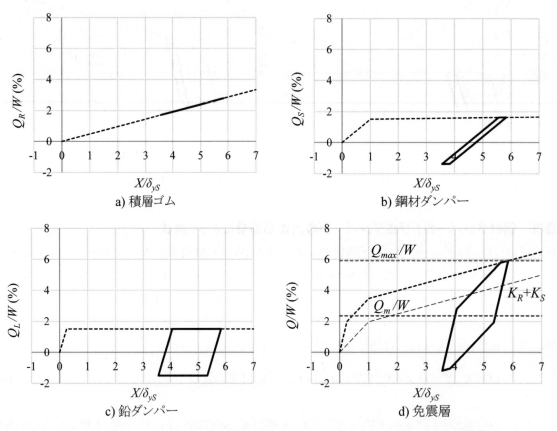

図9　デバイスおよび免震層のスケルトンカーブと状態(5)時の履歴

因みに，同図に示す鋼材ダンパーおよび鉛ダンパーの耐風安全性の評価はランク c と評価される。

以上評価事例では，ガスト影響係数G_Dが状態(1)および(2)においては2.20，状態(3)においては2.68，状態(4)および(5)においては2.50の場合を取り上げた。このガスト影響係数G_Dと最大風荷重$Q_{\max}$に着目して，状態(1)〜(5)を条件付ける不等式(14)，(18)，(23)，(28)および(32)を書き改めると式(34)〜(42)のように表され，これらの不等式を図示したものが図10である。

免震層の変形がどのような状態であるかは，最大風荷重$Q_{\max}$あるいは平均風荷重Q_mとガスト影響係数G_Dの値によって定まる。ただし，状態(1)および(2)以外ではエネルギー吸収を伴う挙動となるため，エネルギー吸収を伴う挙動を考慮して荷重指針[5]とは別途に等価静的風荷重

を評価した上で，本評価方法を適用する必要がある。

状態(1)　不等式(14)より

$$Q_{\max} = \frac{G_D}{G_D-1}Q' < \frac{G_D}{G_D-1}\left(K_R + K_{1S} + K_{1L}\right)\delta_{yL} \tag{34}$$

$$Q_{\max} < \frac{G_D\left(K_R + K_{1S} + K_{1L}\right)\left(K_R + K_{1S}\right)}{G_D\left(K_R + K_{1S}\right) + K_{1L}}\delta_{yS} \tag{35}$$

状態(2)　不等式(18)より

$$Q_{\max} = \frac{G_D}{G_D-1}Q' < \frac{G_D}{G_D-1}\left(K_R + K_{1S} + K_{1L}\right)\delta_{yL} \tag{34再掲}$$

$$Q_{\max} \geq \frac{G_D\left(K_R + K_{1S} + K_{1L}\right)\left(K_R + K_{1S}\right)}{G_D\left(K_R + K_{1S}\right) + K_{1L}}\delta_{yS} \tag{36}$$

状態(3)　不等式(23)より

$$Q_{\max} = \frac{G_D}{G_D-1}Q' \geq \frac{G_D}{G_D-1}\left(K_R + K_{1S} + K_{1L}\right)\delta_{yL} \tag{37}$$

$$Q_{\max} < \frac{G_D\left(K_R + K_{1S}\right)\left\{\left(K_R + K_{1S} + K_{2L}\right)\delta_{yS} + \left(K_{1L} - K_{2L}\right)\delta_{yL}\right\}}{G_D\left(K_R + K_{1S} + K_{2L}\right) - \left(G_D-1\right)K_{2L}} \tag{38}$$

状態(4)　不等式(28)より

$$Q_{\max} = \frac{G_D}{G_D-1}Q' \geq \frac{G_D}{G_D-1}\left(K_R + K_{1S} + K_{1L}\right)\delta_{yL} \tag{37再掲}$$

$$Q_{\max} < \frac{G_D}{G_D-1}\left\{\left(K_R + K_{1S} + K_{2L}\right)\delta_{yS} + \left(K_{1L} - K_{2L}\right)\delta_{yL}\right\} \tag{39}$$

$$Q_{\max} \geq \frac{G_D\left(K_R + K_{1S}\right)\left\{\left(K_R + K_{1S} + K_{2L}\right)\delta_{yS} + \left(K_{1L} - K_{2L}\right)\delta_{yL}\right\}}{G_D\left(K_R + K_{1S} + K_{2L}\right) - \left(G_D-1\right)K_{2L}} \tag{40}$$

状態(5)　不等式(32)より

$$Q_{\max} = \frac{G_D}{G_D-1}Q' \geq \frac{G_D}{G_D-1}\left\{\left(K_{1S} - K_{2S}\right)\delta_{yS} + \left(K_R + K_{2S} + K_{1L}\right)\delta_{yL}\right\} \tag{41}$$

$$Q_{\max} = \frac{G_D}{G_D-1}Q' \geq \frac{G_D}{G_D-1}\left\{\left(K_R + K_{1S} + K_{2L}\right)\delta_{yS} + \left(K_{1L} - K_{2L}\right)\delta_{yL}\right\} \tag{42}$$

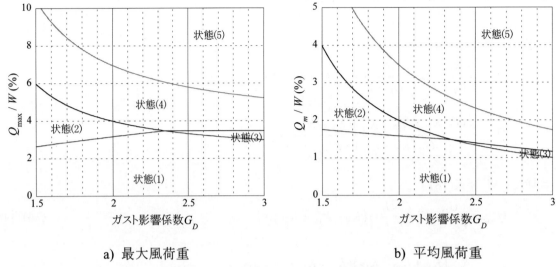

a) 最大風荷重　　　　　　　　　　b) 平均風荷重

図10　各状態と風荷重およびガスト影響係数との関係

さらに例題のように$K_{2L}=0$の場合には，不等式(38)および(40)は，それぞれ以下のように書き改められ，ガスト影響係数に依存しない不等式となる。図10aにおいて状態(3)と状態(4)との境界となる最大風荷重Q_{max}がガスト影響係数によらず一定になっていることに対応する。

$$Q_{max} < K_R \delta_{yS} + Q_{yS} + Q_{yL} \tag{38}'$$

$$Q_{max} \geq K_R \delta_{yS} + Q_{yS} + Q_{yL} \tag{40}'$$

以上，各状態おける最大変動変位，平均変位および最大変位の算定式，各状態を定める不等式を示した。これらの状態は以下のような手順で判定することができる(図11参照)。

① 式(8)および式(9)により平均荷重Q_mおよび最大変動荷重Q'を算定する。

$$Q_m = Q_{max}/G_D \tag{8 再掲}$$

$$Q' = Q_{max} - Q_m = Q_{max}\left(1 - 1/G_D\right) \tag{9 再掲}$$

② 最大変動荷重Q'が，免震層全体のスケルトンカーブの第一折れ点せん断力 Q_{y1} より小さい場合は状態(1)または(2)と判定され，③へ。大きい場合は状態(3)〜(5)と判定され，⑥へ。

③ 最大変動変位X'を式(12)で算定し，式(43)で算定される変位Xを算定する。

$$X' = \frac{Q'}{K_R + K_{1S} + K_{1L}} \tag{12 再掲}$$

$$X = \frac{Q_m}{K_R + K_{1S}} \tag{43}$$

④ $X + X' < \delta_{yS}$ の場合には状態(1)と判定され，式(43)で算定した変位Xを平均変位X_mとし，最大変位を$X_{max} = X_m + X'$とする。

⑤ $X + X' \geq \delta_{yS}(\delta_{yS}$：鋼材ダンパーの降伏変位)の場合には状態(2)と判定され，平均変位X_mを式(17)で，最大変位を$X_{max} = X_m + X'$と算定する。

$$X_m = \frac{Q_{max} - Q_{yS} + K_{2S}\delta_{yS} - \left(K_R + K_{2S} + K_{1L}\right)X'}{K_R + K_{2S}} \tag{17 再掲}$$

⑥ 不等式(25)が成立する場合には状態(3)。

$$Q_{\max} < Q = Q_{y2} - \frac{K_{2L}}{K_R + K_{1S}} Q_m \qquad (25)再掲$$

⑦ 不等式(25)が成立しない場合には，最大変動荷重 Q' が第二折れ点せん断力 Q_{y2} より小さい場合には状態(4)，大きい場合は状態(5)と判定される。

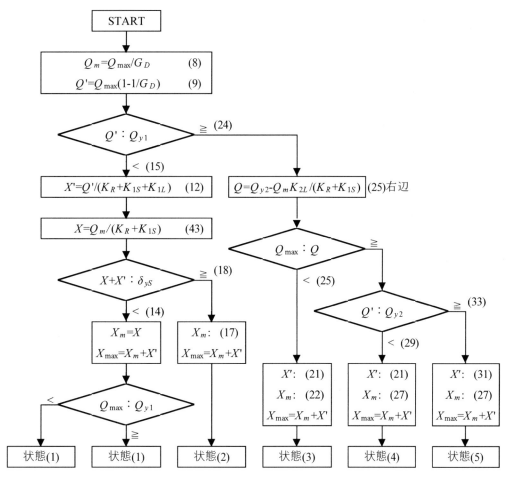

図 11　各状態の判定手順

5. 風荷重の組合せに対する適用 [6)]

　風方向と風直交方向荷重の組合せに対する適用方法について，状態(1)および状態(2)に限定して示す。

　ここでは，免震部材は 2 方向のせん断変形に対して相互連関された 2 軸塑性の特性を持つものとする。また，風荷重の組合せを考慮した塑性域の応答評価においては，想定する応力経路により様々な解が得られるため，ここでは次のように仮定する。なお，2 方向の応答を評価することから，ここでは荷重と変位については 2 次元のベクトル表記を用い(例えば，組合せ時の風方向荷重 Q_D と風直交方向荷重 Q_L を $\{Q^{(\max)}\} = \lfloor Q_D \ Q_L \rfloor^T$ と表記する)，鉛の二次剛性は $K_{2L} = 0$ とする。

　風による応答が，平均値回りに変動する現象であると考えて，組合せ荷重 $\{Q^{(\max)}\} = \lfloor Q_D \ Q_L \rfloor^T$ の状態を，まず，風方向のみに平均風力 $\{Q^{(m)}\} = \lfloor Q_m \ 0 \rfloor^T$ が作用し，さらに，変動荷重 $\{Q'\} = \lfloor Q'_D \ Q_L \rfloor^T$ が作用するものと考える。

この風方向のみに平均風力が作用した状態の変位を載荷時の平均変位 $\{\delta^{(m+)}\}$ と呼び，組合せ荷重 $\{Q^{(\max)}\}$ が作用した後に平均風力まで除荷した状態の変位を除荷時の平均変位 $\{\delta^{(m-)}\}$ と呼ぶこととする。残留変形 $\{\delta^{(r)}\}$ は，除荷時の平均変形から，さらに荷重ゼロまで除荷した状態の変位とする。また，組合せ荷重 $\{Q^{(\max)}\}$ によるクリープ性を考慮した場合と無視した場合の変位の差をクリープ変形とする。

5.1 クリープ性を考慮しない場合の変位

クリープ性を考慮する場合の状態(1)および状態(2)は，耐風安全性においてはランク A またはランク B に相当し，クリープ性を考慮しない場合に平均荷重により降伏することはない。したがって，免震層の弾性剛性 K_1 を考慮して，載荷時の平均変位 $\{\delta^{(m+)}\}$ は下式で算定できる。

$$\left\{\delta^{(m+)}\right\} = \frac{1}{K_1}\left\{Q^{(m)}\right\} \tag{44}$$

除荷時の平均変位 $\{\delta^{(m-)}\}$ および残留変形 $\{\delta^{(r)}\}$ は，免震層の弾塑性状態によらず，組合せ荷重時の変位 $\{\delta^{(\max)}\}$ と組合せ荷重 $\{Q^{(\max)}\}$ および変動荷重 $\{Q'\}$ により以下のように算定できる。

$$\left\{\delta^{(m-)}\right\} = \left\{\delta^{(\max)}\right\} - \frac{1}{K_1}\left\{Q'\right\} \tag{45}$$

$$\left\{\delta^{(r)}\right\} = \left\{\delta^{(\max)}\right\} - \frac{1}{K_1}\left\{Q^{(\max)}\right\} \tag{46}$$

免震層に作用する風荷重と降伏荷重の関係は図 12 に示すように，a)全部材が弾性，b)鉛ダンパーが降伏，c)鉛ダンパーと鋼材ダンパーが降伏の 3 つに分類される。

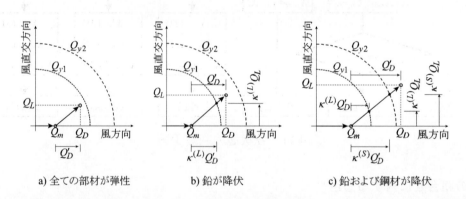

a) 全ての部材が弾性　　b) 鉛が降伏　　c) 鉛および鋼材が降伏

図 12　風荷重の組合せを考慮してクリープ変形を考慮しない場合の荷重と降伏関数

また，同図に示す風荷重によって鉛ダンパーあるいは鋼材ダンパーが降伏するときの変動荷重 $\{Q'\}$ の倍率 $\kappa^{(L)}$ あるいは $\kappa^{(S)}$ は以下のように算定できる。

$$\kappa^{(L)} = \frac{-Q_m Q_D' + \sqrt{Q_m^2 Q_D'^2 - \left(Q_D'^2 + Q_L^2\right)\left(Q_m^2 - Q_{y1}^2\right)}}{Q_D'^2 + Q_L^2} \tag{47}$$

$$\kappa^{(S)} = \frac{-Q_m Q_D' + \sqrt{Q_m^2 Q_D'^2 - \left(Q_D'^2 + Q_L^2\right)\left(Q_m^2 - Q_{y2}^2\right)}}{Q_D'^2 + Q_L^2} \tag{48}$$

ここで， Q_{y1} および Q_{y2} は，免震層のスケルトンカーブの第一および第二折れ点のせん断力である。なお， $\kappa^{(L)} \geq 1$ の場合にはランク A， $\kappa^{(L)} < 1$ でかつ次式が成立する場合にはランク B と評価される。

$$\left|\{Q'\}\right| = \sqrt{Q_D'^2 + Q_L'^2} < Q_{y1} \tag{49}$$

(1)全部材が弾性の場合（ $\kappa^{(S)} > \kappa^{(L)} \geq 1$ ）

組合せ荷重 $\{Q^{(\max)}\}$ による免震層の変位 $\{\delta^{(\max)}\}$ は次のように算定できる。

$$\left\{\delta^{(\max)}\right\} = \frac{1}{K_1}\left\{Q^{(\max)}\right\} \tag{50}$$

また，このときの免震層全体の積層ゴム，鋼材ダンパー，鉛ダンパーのせん断力 $\{Q_R^{(\max)}\}$，$\{Q_S^{(\max)}\}$，$\{Q_L^{(\max)}\}$ は，それぞれ弾性剛性を K_R， K_{1S}， K_{1L} とすれば以下のように算定できる。

$$\left\{Q_R^{(\max)}\right\} = K_R\left\{\delta^{(\max)}\right\} \tag{51}$$

$$\left\{Q_S^{(\max)}\right\} = K_{1S}\left\{\delta^{(\max)}\right\} \tag{52}$$

$$\left\{Q_L^{(\max)}\right\} = K_{1L}\left\{\delta^{(\max)}\right\} \tag{53}$$

(2)鉛ダンパーが降伏する場合（ $\kappa^{(S)} \geq 1 > \kappa^{(L)}$ ）

鉛ダンパーを降伏せん断力 Q_{yL} とするひずみ硬化のない材料と仮定し，鉛ダンパーに生じる風方向せん断力を Q_{DL}，風直交方向せん断力を Q_{LL} とすると，結合流れ則にしたがって次式で表される降伏関数 f_L を塑性ポテンシャルとし，

$$f_L^2 = Q_{DL}^2 + Q_{LL}^2 = Q_{yL}^2 \tag{54}$$

鉛ダンパーの塑性変形増分 $\{d\delta_L^p\}$ が次のように与えられるものとする [7]。

$$\left\{d\delta_L^p\right\} = h_L\left\lfloor \partial f_L/\partial Q_{DL} \quad \partial f_L/\partial Q_{LL} \right\rfloor^T df_L \tag{55}$$

ただし， h_L は比例係数である。

また，組合せ荷重 $\{Q^{(\max)}\}$ による免震層の変位 $\{\delta^{(\max)}\}$ は，次式のように鉛ダンパーが降伏するときの変位 $\{\delta^{(L)}\}$ と降伏後の増分変位 $\{d\delta^{(L-\max)}\}$ の和で表す。

$$\left\{\delta^{(\max)}\right\} = \left\{\delta^{(L)}\right\} + \left\{d\delta^{(L-\max)}\right\} \tag{56}$$

ただし，

$$\left\{\delta^{(L)}\right\} = \frac{1}{K_1}\left\{Q^{(L)}\right\} \tag{57}$$

$$\left\{Q^{(L)}\right\} = \left\{Q^{(m)}\right\} + \kappa^{(L)}\left\{Q'\right\} = \left\lfloor Q_m + \kappa^{(L)}Q_D' \quad \kappa^{(L)}Q_L \right\rfloor^T \tag{58}$$

$$\left\{Q_L^{(L)}\right\} = \left\lfloor Q_{DL}^{(L)} \quad Q_{LL}^{(L)} \right\rfloor^T = \frac{K_{1L}}{K_1}\left\{Q^{(L)}\right\} \tag{59}$$

で，$\{Q^{(L)}\}$ および $\{Q_L^{(L)}\}$ は，それぞれ鉛ダンパー降伏時の免震層および鉛ダンパーのせん断力である。

ここで，鉛ダンパーの弾性剛性行列を $[K_{1L}]$ と表し，鉛ダンパー降伏時の鉛ダンパーの弾塑性剛性行列 $[K_L^{p(L)}]$ を求めると，

$$\left[K_L^{p(L)}\right] = \left[K_{1L}\right] - \frac{[K_{1L}]\{\partial f_L/\partial Q_L\}\lfloor\partial f_L/\partial Q_L\rfloor[K_{1L}]}{\lfloor\partial f_L/\partial Q_L\rfloor[K_{1L}]\{\partial f_L/\partial Q_L\}} \tag{60}$$

と表され，最終的には以下のように表される。

$$\left[K_L^{p(L)}\right] = \begin{bmatrix} K_{1L} & 0 \\ 0 & K_{1L} \end{bmatrix} - \frac{K_{1L}}{Q_{yL}^2}\begin{bmatrix} \left(Q_{DL}^{(L)}\right)^2 & Q_{DL}^{(L)}Q_{LL}^{(L)} \\ sym. & \left(Q_{LL}^{(L)}\right)^2 \end{bmatrix} \tag{61}$$

また，鉛ダンパー降伏時の免震層の弾塑性剛性行列 $[K^{p(L)}]$ は以下のように表される。

$$\left[K^{p(L)}\right] = \begin{bmatrix} K_1 & 0 \\ 0 & K_1 \end{bmatrix} - \frac{K_{1L}}{Q_{yL}^2}\begin{bmatrix} \left(Q_{DL}^{(L)}\right)^2 & Q_{DL}^{(L)}Q_{LL}^{(L)} \\ sym. & \left(Q_{LL}^{(L)}\right)^2 \end{bmatrix} \tag{62}$$

ここで，簡単のため鉛ダンパーの弾塑性剛性行列が鉛ダンパー降伏時の弾塑性剛性行列 $[K_L^{p(L)}]$ と変わらないとすると，免震層の弾塑性剛性行列も $[K^{p(L)}]$ から変わらないので，鉛ダンパー降伏後の増分変位 $\{d\delta^{(L-\max)}\}$ は

$$\left\{d\delta^{(L-\max)}\right\} = \left(1 - \kappa^{(L)}\right)\left[K^{p(L)}\right]^{-1}\{Q'\} \tag{63}$$

とできる。

したがって，組合せ荷重 $\{Q^{(\max)}\}$ 時の鉛ダンパーのせん断力 $\{Q_L^{(\max)}\}$ は下式で，積層ゴムおよび鋼材ダンパーのせん断力はそれぞれ式(51)，(52)で算定できる。

$$\left\{Q_L^{(\max)}\right\} = K_{1L}\left\{\delta^{(L)}\right\} + \left[K_L^{p(L)}\right]\left\{d\delta^{(L-\max)}\right\} \tag{64}$$

(3)鉛ダンパーと鋼材ダンパーが降伏する場合 $(1 > \kappa^{(S)} > \kappa^{(L)})$

鋼材ダンパーが Q_{yS} なる降伏せん断力，K_{2S} なる二次剛性を有する移動硬化材料と仮定し，鋼材ダンパーに生じる風方向せん断力を Q_{DS}，風直交方向せん断力を Q_{LS} とし，結合流れ則にしたがって次式で表される降伏関数 f_S を塑性ポテンシャルとし，

$$f_S^2 = \left(Q_{DS} - \alpha_D\right)^2 + \left(Q_{LS} - \alpha_L\right)^2 = Q_{yS}^2 \tag{65}$$

鋼材ダンパーの塑性変形増分 $\{d\delta_S^p\}$ が次のように与えられるものとする [7]。

$$\left\{d\delta_S^p\right\} = h_S\lfloor\partial f_S/\partial Q_{DS} \quad \partial f_S/\partial Q_{LS}\rfloor^T df_S \tag{66}$$

ただし，h_S は比例係数，$\{\alpha\} = \lfloor\alpha_D \quad \alpha_L\rfloor^T$ は降伏関数の移動を表すパラメータで，初期的には $\{\alpha\} = \{0\}$ である。簡単のため，鋼材ダンパーの弾塑性剛性行列も鋼材ダンパー降伏時から変わらないとし，降伏関数の移動を表す $\{\alpha\}$ を降伏後においても $\{\alpha\} = \{0\}$ であるとする。

鋼材ダンパー降伏時の鋼材ダンパーのせん断力 $\{Q_S^{(S)}\}$ は，

$$\left\{Q_S^{(S)}\right\} = \lfloor Q_{DS}^{(S)} \quad Q_{LS}^{(S)}\rfloor^T = K_{1S}\left\{\delta^{(S)}\right\} \tag{67}$$

$$\left\{ \delta^{(S)} \right\} = \left\{ \delta^{(L)} \right\} + \left\{ d\delta^{(L-S)} \right\} \tag{68}$$

$$\left\{ d\delta^{(L-S)} \right\} = \left(\kappa^{(S)} - \kappa^{(L)} \right) \left[K^{p(L)} \right]^{-1} \left\{ Q' \right\} \tag{69}$$

と表されるので，鋼材ダンパーの弾性剛性行列を$[K_{1S}]$と表し，鋼材ダンパー降伏時の鋼材ダンパーの弾塑性剛性行列$[K_S^{p(S)}]$を求めると，

$$\left[K_S^{p(S)} \right] = \left[K_{1S} \right] - \frac{\left[K_{1S} \right] \left\{ \partial f_S / \partial Q_S \right\} \lfloor \partial f_S / \partial Q_S \rfloor \left[K_{1S} \right]}{H_{kS} + \lfloor \partial f_S / \partial Q_S \rfloor \left[K_{1S} \right] \left\{ \partial f_S / \partial Q_S \right\}} \tag{70}$$

と表され，最終的には以下のように表される。

$$\left[K_S^{p(S)} \right] = \begin{bmatrix} K_{1S} & 0 \\ 0 & K_{1S} \end{bmatrix} - \frac{K_{1S}^2}{\left(K_{1S} + H_{kS} \right) Q_{yS}^2} \begin{bmatrix} \left(Q_{DS}^{(S)} \right)^2 & Q_{DS}^{(S)} Q_{LS}^{(S)} \\ sym. & \left(Q_{LS}^{(S)} \right)^2 \end{bmatrix} \tag{71}$$

ここで，H_{kS}は鋼材ダンパーの塑性変形に対する硬化率で以下のように表される。

$$H_{kS} = \frac{K_{1S} K_{2S}}{K_{1S} - K_{2S}} \tag{72}$$

また，鋼材ダンパー降伏後の免震層の弾塑性剛性行列$[K^{p(S)}]$は以下のように表される。

$$\left[K^{p(S)} \right] = \left[K^{p(L)} \right] - \frac{K_{1S}^2}{\left(K_{1S} + H_{kS} \right) Q_{yS}^2} \begin{bmatrix} \left(Q_{DS}^{(S)} \right)^2 & Q_{DS}^{(S)} Q_{LS}^{(S)} \\ sym. & \left(Q_{LS}^{(S)} \right)^2 \end{bmatrix} \tag{73}$$

組合せ荷重$\{Q^{(max)}\}$による免震層の変位$\{\delta^{(max)}\}$は，式(57)で表される鉛ダンパーが降伏するときの変位$\{\delta^{(L)}\}$，式(69)で表される鉛ダンパーが降伏してから鋼材ダンパーが降伏するまでの増分変位$\{d\delta^{(L-S)}\}$，さらに鋼材ダンパー降伏後の増分変位$\{d\delta^{(S-max)}\}$の和で表す。

$$\left\{ \delta^{(max)} \right\} = \left\{ \delta^{(L)} \right\} + \left\{ d\delta^{(L-S)} \right\} + \left\{ d\delta^{(S-max)} \right\} \tag{74}$$

ただし，

$$\left\{ d\delta^{(S-max)} \right\} = \left(1 - \kappa^{(S)} \right) \left[K^{p(S)} \right]^{-1} \left\{ Q' \right\} \tag{75}$$

組合せ荷重$\{Q^{(max)}\}$時の鋼材，鉛ダンパーのせん断力はそれぞれ下式で，積層ゴムのせん断力は式(51)で算定できる。

$$\left\{ Q_S^{(max)} \right\} = K_{1S} \left\{ \delta^{(S)} \right\} + \left[K_S^{p(S)} \right] \left\{ d\delta^{(S-max)} \right\} \tag{76}$$

$$\left\{ Q_L^{(max)} \right\} = K_{1L} \left\{ \delta^{(L)} \right\} + \left[K_L^{p(L)} \right] \left\{ d\delta^{(L-S)} \right\} + \left[K_L^{p(L)} \right] \left\{ d\delta^{(S-max)} \right\} \tag{77}$$

5.2 クリープ性を考慮した場合の変位

状態(1)および状態(2)について，風荷重の組合せ$\{Q^{(max)}\} = \lfloor Q_D \ Q_L \rfloor^T$と風方向のクリープ変形を考慮した変形の算定は以下による。

状態(1)：鋼材ダンパーは弾性で，鉛ダンパーは最大変動荷重に対して降伏しない

前述したように，風方向のみの風荷重を考慮した場合の状態(1)では，次の2つの式と，2つ

の不等式が成立しなければならない。

$$Q' = \left(K_R + K_{1S} + K_{1L}\right)X' \tag{10}再掲$$

$$Q_m = \left(K_R + K_{1S}\right)X_m \tag{11}再掲$$

$$X' < \delta_{yL} , \quad X_{\max} = X_m + X' < \delta_{yS} \tag{14}再掲$$

これらの式を2方向の風荷重を考慮した場合に書き改めると，以下のように表される。

$$\left\{Q'\right\} = \left(K_R + K_{1S} + K_{1L}\right)\left\{\delta'\right\} \tag{78}$$

$$\left\{Q^{(m)}\right\} = \left(K_R + K_{1S}\right)\left\{\delta^{(m+)}\right\} = \left(K_R + K_{1S}\right)\left\{\delta^{(m-)}\right\} \tag{79}$$

$$\left|\delta'\right| = \sqrt{X'^2 + Y'^2} < \delta_{yL} \tag{80}$$

$$\left|\delta^{(\max)}\right| = \sqrt{X_{\max}^2 + Y_{\max}^2} < \delta_{yS} \tag{81}$$

したがって，変動変位 $\{\delta'\}$ ，平均変位 $\{\delta^{(m+)}\}$ ， $\{\delta^{(m-)}\}$ ，組合せ荷重時の変位 $\{\delta^{(\max)}\}$ ，さらに残留変形 $\{\delta^{(r)}\}$ は以下のように算定できる。ただし，不等式(80)および(81)を満足しなければならない。

$$\left\{\delta'\right\} = \left\lfloor X' \quad Y' \right\rfloor^T = \frac{1}{K_1}\left\{Q'\right\} = \frac{1}{K_1}\left\lfloor Q'_D \quad Q_L \right\rfloor^T \tag{82}$$

$$\left\{\delta^{(m+)}\right\} = \left\{\delta^{(m-)}\right\} = \left\lfloor X_m \quad Y_m \right\rfloor^T = \frac{1}{K_R + K_{1S}}\left\{Q^{(m)}\right\} = \frac{1}{K_R + K_{1S}}\left\lfloor Q_m \quad 0 \right\rfloor^T \tag{83}$$

$$\left\{\delta^{(\max)}\right\} = \left\lfloor X_{\max} \quad Y_{\max} \right\rfloor^T = \left\lfloor X_m + X' \quad Y_m + Y' \right\rfloor^T \tag{84}$$

$$\left\{\delta^{(r)}\right\} = \left\{\delta^{(m-)}\right\} - \frac{1}{K_1}\left\{Q^{(m)}\right\} \tag{85}$$

状態(2)：鋼材ダンパーも鉛ダンパーも最大変動荷重によって降伏しないが，鋼材ダンパーは最大荷重に対して降伏

前述したように，風方向のみの風荷重を考慮した場合の状態(2)では，次の2つの式と，2つの不等式が成立しなければならない。

$$Q' = \left(K_R + K_{1S} + K_{1L}\right)X' \tag{10}再掲$$

$$Q_{\max} = K_R\left(X_m + X'\right) + Q_{yS} + K_{2S}\left(X_m + X' - \delta_{yS}\right) + K_{1L}X' \tag{16}再掲$$

$$X' < \delta_{yL} , \quad X_{\max} = X_m + X' \geq \delta_{yS} \tag{18}再掲$$

これらの式を2方向の風荷重を考慮した場合に書き改めると，以下のように表される。

$$\left\{Q'\right\} = \left(K_R + K_{1S} + K_{1L}\right)\left\{\delta'\right\} \tag{78}再掲$$

$$\left\{Q^{(\max)}\right\} = K_R \left\{\delta^{(\max)}\right\} + Q_S \lfloor \cos\theta \quad \sin\theta \rfloor^T + K_{1L}\left\{\delta'\right\} \tag{86}$$

$$Q_S = Q_{yS} + K_{2S}\left(\left|\delta^{(\max)}\right| - \delta_{yS}\right) \tag{87}$$

$$\theta = \tan^{-1}\frac{Y_{\max}}{X_{\max}} \tag{88}$$

$$\left|\delta'\right| = \sqrt{X'^2 + Y'^2} < \delta_{yL} \tag{80}再掲$$

$$\left|\delta^{(\max)}\right| = \sqrt{X_{\max}^2 + Y_{\max}^2} \geq \delta_{yS} \tag{89}$$

ここで，Q_S は鋼材ダンパーのせん断力，θ は組合せ荷重時の変位 $\{\delta^{(\max)}\}$ の風方向に対するなす角である。

さらに式(86)を各方向の成分で書き改めると，

$$Q_D = K_R\left(X_m + X'\right) + Q_S\cos\theta + K_{1L}X' \tag{90}$$

$$Q_L = K_R\left(Y_m + Y'\right) + Q_S\sin\theta + K_{1L}Y' \tag{91}$$

と表されるので，平均変位の成分 X_m および Y_m は以下のように算定される。

$$X_m = \frac{Q_D - Q_S\cos\theta - K_{1L}X'}{K_R} - X' \tag{92}$$

$$Y_m = \frac{Q_L - Q_S\sin\theta - K_{1L}Y'}{K_R} - Y' \tag{93}$$

ただし，これらの値は一義的には定まらないので，次のような手順により平均変位の成分 X_m および Y_m を算定し，その結果を用いて式(84)により組合せ荷重時の変位 $\{\delta^{(\max)}\}$ を，式(85)により残留変形 $\{\delta^{(r)}\}$ を算定する。

① 式(82)により，変動変位の成分 X' および Y' を算定し，不等式(80)を満足することを確認する。満足しない場合は状態(3)～(5)と判断され，ここでは適用範囲外である。

② 式(83)，(84)により X_m，Y_m および $X_{\max}$，$Y_{\max}$ を算定し，式(81)を満足する場合は状態(1)なので式(82)～(85)により各変位を算定して終了。式(81)を満足しない場合は式(83)，(84)により得られた X_m，Y_m を平均変位の仮定値とする。

③ 変動変位の成分 X' および Y' と平均変位の仮値 X_m および Y_m を用いて，式(87)により鋼材のせん断力 Q_S，式(88)により変位 $\{\delta^{(\max)}\}$ の風方向に対するなす角 θ の仮定値を算定する。

④ 式(92)および式(93)により，X_m および Y_m を平均変位の仮定値を再計算する。

⑤ ③④を 2，3 度繰り返し，X_m および Y_m が収束したことを確認して，$\{\delta^{(m-)}\} = \lfloor X_m \quad Y_m \rfloor^T$ とする。

参考文献

1) 竹中康雄，飯塚真巨，鈴木雅靖，吉川和秀，山田和彦：鉛プラグ型積層ゴムのクリープ性を考慮した高層免震建物の風応答簡易評価法，日本建築学会構造系論文集，第 561 号，89-94，2002 年 11 月

2) 竹中康雄，吉江慶祐，安井八紀，大熊武司：免震部材クリープ性を考慮した風応答評価法について，その1 各種免震システムの風応答簡易評価法，日本建築学会大会学術講演梗概集，273-274，2010年9月

3) 安井八紀，河内山修，竹中康雄，大熊武司：免震部材クリープ性を考慮した風応答評価法について，その2 鉛入り積層ゴムのクリープ性と風応答評価法の比較，日本建築学会大会学術講演梗概集，275-276，2010年9月

4) 安井八紀，大熊武司，丸川比佐夫：クリープ変形を伴う免震建物の風応答性状に関する研究，日本建築学会構造系論文集，第619号，41-48，2007年9月

5) 日本建築学会：建築物荷重指針・同解説(2015)

6) 安井八紀，吉江慶祐，佐藤大樹，大熊武司，島岡俊輔：風荷重の組合せを考慮した免震建築物の簡易風応答評価方法，日本建築学会技術報告集，Vol.29, No.71, 74-79, 2023.2

7) 山田嘉昭：有限要素法の基礎と応用シリーズ6, 塑性・粘弾性, 培風館

付6 免震層の風応答評価例

1. 検討建物概要

　検討建物は，超高層集合住宅の基礎免震構造建物とし，風荷重に対して免震層がランク B 以下となるように設計する方針とする。具体的には，以下の条件を満たすように設計する。

- ・ 稀な暴風時（以下「稀」時などという）に対しては，「建築物荷重指針・同解説(2015)」[1](以下「荷重指針」)による再現期間 50 年の風方向風荷重，風直交方向風荷重の組合せ風荷重が免震層の降伏荷重以下とする。
- ・ 告示による極めて稀な暴風時（以下「極稀」時などという）の風荷重に対しては免震層の降伏を許容するが，極稀時風荷重の変動成分に対しては免震層の降伏荷重以下とする。
- ・ 荷重指針ならびに風洞実験[2]による再現期間 500 年の風方向風荷重，風直交方向風荷重の組合せに対しては免震層の降伏を許容するが，風方向荷重の変動成分，風直交方向風荷重の組合せに対しては免震層の降伏荷重以下とする。

　なお，上部構造は地震・風に対して弾性範囲内に留まるものとして，ここでは上部構造の検討を省略する。

1) 建設地・建物諸元

- ・ 建物用途　：住宅
- ・ 構造種別　：RC 造（基礎免震構造）
- ・ 建設地　　：東京都 23 区内。地表面粗度区分は III とする。
- ・ 建物形状　：図 1 参照。階高：基準階 3.25m×21 層，1 階 4m（22 階建て），地下階なし
- ・ 上部構造の 1 次固有周期：　$T_{u1} = 1.5\text{sec}$（$=0.02H$）
- ・ 重量　　　：上部構造：$\rho_u = 4{,}800\text{N/m}^3$，免震層：$\rho_b = 24{,}000\text{N/m}^2$
  $$\rightarrow \sum W = \rho_u BDH + \rho_b BD = 240{,}000\text{kN}$$
  （中柱：約 14,000kN，外柱：約 9,200kN，隅柱：約 6,000kN）

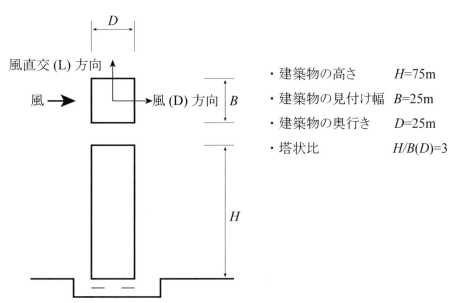

　・建築物の高さ　　　H=75m
　・建築物の見付け幅　B=25m
　・建築物の奥行き　　D=25m
　・塔状比　　　　　　$H/B(D)$=3

図 1　検討対象建物概要および風向の定義

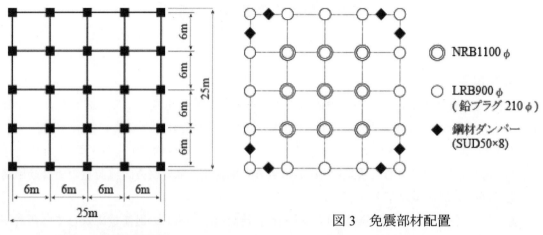

図2　略床梁伏図

図3　免震部材配置

凡例（図3）:
◎ NRB1100φ
○ LRB900φ（鉛プラグ 210φ）
◆ 鋼材ダンパー（SUD50×8）

2) 免震層諸元

・ 各免震部材の力学的特性

表1　天然ゴム系積層ゴムアイソレータ

	水平剛性 (kN/cm)	15N/mm² 相当軸力 (kN)	ゴム総厚 (mm)
NRB1100φ	17.2	14,210	216

表2　鉛プラグ入り積層ゴム

	切片荷重 Q_d(kN)	1次剛性 (kN/cm)	2次剛性 (kN/cm)	降伏変形 δ_{yL}(cm)	15N/mm² 相当軸力(kN)	ゴム総厚 (mm)
LRB900φ 鉛プラグ径210	276.1	182.52	14.04	1.64	9,020	180

表3　免震ダンパー

	降伏荷重 Q_y(kN)	1次剛性 (kN/cm)	2次剛性 (kN/cm)	降伏変形 δ_{yS}(cm)	ダンパー部高さ(mm)
鋼材ダンパー (SUD50×8)	464	166	2.88	2.80	335

・ 免震層の復元力特性

   a) 積層ゴム部分の弾性剛性　　　　　　$K_R = 379.4 \text{kN/cm}$

   b) 鋼材ダンパー

      1次剛性　　　　　　　　　　　$K_{1S} = 1,328 \text{kN/cm}$

      2次剛性　　　　　　　　　　　$K_{2S} = 23.0 \text{kN/cm}$

      降伏荷重　　　　　　　　　　　$Q_{yS} = 3,712 \text{kN}$

   c) LRB 鉛プラグ

      1次剛性　　　　　　　　　　　$K_{1L} = 2,696 \text{kN/cm}$

      2次剛性　　　　　　　　　　　$K_{2L} = 0.0 \text{kN/cm}$

      降伏荷重　　　　　　　　　　　$Q_{yL} = 4,417.6 \text{kN}$

d) 免震層全体

1 次剛性	$K_1 = K_R + K_{1S} + K_{1L} = 4,403\text{kN/cm}$	(1.48sec)
2 次剛性	$K_2 = K_R + K_{1S} + K_{2L} = 1,707\text{kN/cm}$	
3 次剛性	$K_3 = K_R + K_{2S} + K_{2L} = 402.5\text{kN/cm}$	(4.90sec)
第 1 折れ点荷重，変形	$Q_{y1} = 7,216\text{kN},$	$\delta_{y1} = \delta_{yL} = 1.64\text{cm}$
第 2 折れ点荷重，変形	$Q_{y2} = 9,190\text{kN},$	$\delta_{y2} = \delta_{yS} = 2.80\text{cm}$

3) 振動解析モデル諸元

表 4　振動モデル諸元

質点名	質点高さ (m)	重量 (kN)	水平剛性 (kN/m)	回転慣性※ 重量(kNm²)	ねじり剛性 (kNm/rad)
M10	71.25	22,500	382,465	2,460,938	55,074,929
M9	63.75	22,500	724,670	2,460,938	104,352,497
M8	56.25	22,500	1,026,616	2,460,938	147,832,704
M7	48.75	22,500	1,288,302	2,460,938	185,515,550
M6	41.25	22,500	1,509,729	2,460,938	217,401,035
M5	33.75	22,500	1,690,897	2,460,938	243,489,159
M4	26.25	22,500	1,831,805	2,460,938	263,779,923
M3	18.75	22,500	1,932,454	2,460,938	278,273,325
M2	11.25	22,500	1,992,843	2,460,938	286,969,366
M1	3.75	22,500	2,012,973	2,460,938	289,868,047
MB	0.00	15,000	免震層による	1,562,500	免震層による

※:M1〜M10 については一様な正方形平板に対する外壁重量分による割り増し(r_I)として 5%を見込んでいる。

$$I_{ui} = r_I \cdot \rho_u BD(H/10)(B^2+D^2)/12$$

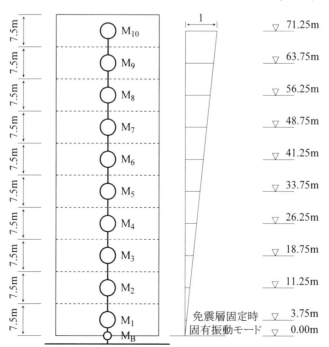

図 4　振動解析モデル

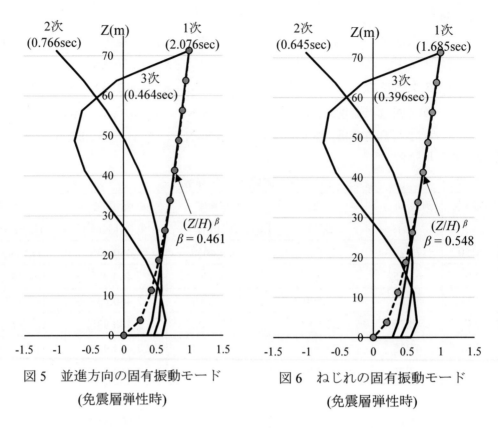

図5　並進方向の固有振動モード
(免震層弾性時)

図6　ねじれの固有振動モード
(免震層弾性時)

表5　固有周期(免震層弾性時)

次数	並進方向	ねじり方向
1	2.076sec	1.685sec
2	0.766sec	0.645sec
3	0.464sec	0.396sec

2. 応答評価の方針

　冒頭でも示したように本算定例では，上部構造は地震・風に対して弾性範囲内に留まるものとし検討を省略する。

(1) 稀な暴風時の風荷重として荷重指針による再現期間50年の風荷重に対して検討する。

(2) 極めて稀な暴風時の風荷重として，告示の極稀時風荷重，荷重指針による再現期間500年の風荷重および風洞実験結果に基づいた再現期間500年の等価静的風荷重に対して検討する。

(3) 免震層の風応答の評価では免震部材のクリープ変形を考慮するため，「付5　免震層の簡易風応答評価方法」によって評価する。

(4) 風方向と風直交方向・ねじれの風荷重の組合せは，荷重指針に準じて算定する。

3. 風荷重の算定

3.1 建築基準法による風荷重(W)の算定

$$W = C_f \cdot q \cdot A$$

・ 告示基準風速　　　　　：$V_0 = 34\text{m/s}$

・ 地表面粗度区分　　　　：III　$\rightarrow$　$Z_b = 5\text{m}$, $Z_G = 450\text{m}$, $\alpha = 0.20$

$$E_r = 1.7(H/Z_G)^\alpha = 1.7 \times (75/450)^{0.20} = 1.188$$

- ガスト影響係数 ： $G_f = 2.1$ $(H > 40\text{m})$
- 速度圧 ： $q = 0.6 \times (1.25V_0)^2 E = 3{,}212\text{N/m}^2$,
  ただし，$E = E_r^2 \cdot G_f = 2.964$
- 風力係数 ：後述する荷重指針による風力係数を用いる

3.2 荷重指針による風荷重の算定

- 荷重指針基本風速 ： $U_0 = 38\text{m/s}$, $U_{500} = 43\text{m/s}$
- 再現期間換算係数 ： $k_{Rw} = 0.943$ (再現期間 50 年)
  $k_{Rw} = 1.132$ (再現期間 500 年)
- 風向係数 ： $K_D = 1.0$
- 地表面粗度区分 ： III $\rightarrow$ $Z_b = 5\text{m}$, $Z_G = 450\text{m}$, $\alpha = 0.20$
  $$E_H = 1.7(H/Z_G)^\alpha = 1.7 \times (75/450)^{0.20} = 1.188$$
- 設計風速 ： $U_H = U_0 \cdot K_D \cdot E_H \cdot k_{Rw} = 42.6\text{m/s}$ (再現期間 50 年)
  51.1m/s (再現期間 500 年)
- 速度圧 ： $q_H = 0.5\rho U_H^2 = 1{,}105\text{N/m}^2$ (再現期間 50 年)
  $1{,}592\text{N/m}^2$ (再現期間 500 年)
- 風力係数 ： $C_f(Z) = $ 角柱の風上側風力係数 $-$ 風下側風力係数より
  $$= 0.8k_Z(Z) - (-0.5) \qquad (D/B \le 1)$$
  $$k_Z(Z) = \begin{cases} (Z_b/H)^{2\alpha} & (Z \le Z_b) \\ (Z/H)^{2\alpha} & (Z_b < Z < 0.8H) \\ 0.8^{2\alpha} & (0.8H \le Z) \end{cases}$$

- 振動モード補正係数は，図 5 および図 6 に示す免震層を含む建物の振動モードを $\mu = (Z/H)^\beta$，$\beta = 0.461$(風方向，風直交方向)および $\beta = 0.548$(ねじれ)で近似して算定した。
- 構造減衰は，免震層を含めて風方向・風直交方向・ねじれにおいてそれぞれ 2%とした。

3.3 風洞実験に基づく等価静的風荷重の算定

- 実験気流と実験模型
  荷重指針における地表面粗度区分 III に相当する実験気流を作成し，写真 1 に示すような圧力実験模型により，層風力の時刻歴を採取した。
- 等価静的風荷重の算定
  風洞実験により得られた層風力を用いて，スペクトルモーダル解析により免震層弾性時の風応答解析(1 次固有振動に対する減衰 2%)を行い，その結果に基づいて等価静的風

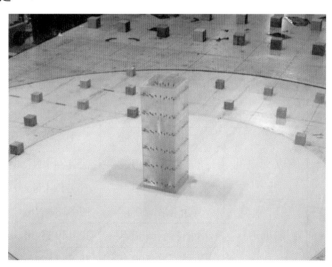

写真 1 風洞実験模型

荷重を算定した。

・ 等価静的風荷重の組合せ

まず，風洞実験で得られた層風力から，風方向および風直交方向に対してはそれぞれ免震層での転倒モーメントを，ねじりモーメントについては免震層におけるねじりモーメントを算定した。さらに，得られた免震層でのモーメント間のパワースペクトル密度およびクロススペクトル密度から相関係数を算定し，荷重指針の考え方に基づいて風荷重の組合せを定めた。

図7に荷重指針(破線)および風洞実験(実線)による転倒モーメント，ねじりモーメントのパワースペクトル密度を，算定した等価静的風荷重を表6に，免震層のスケルトンカーブと等価静的風荷重を比較して図8および図9に示す。

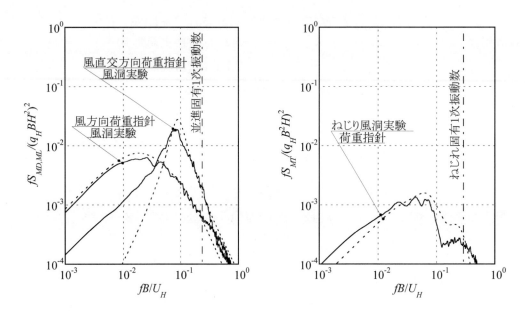

図7　免震層における転倒モーメントおよびねじりモーメントのパワースペクトル密度

表6　免震層での風荷重算定結果

荷重の方向	算定法・再現期間	最大値	平均	最大変動	標準偏差
風方向	荷重指針 50 年	4,742 kN	2,233 kN	2,509 kN	735 kN
	告示　極稀	6,484 kN	3,088 kN	3,396 kN	－
	荷重指針 500 年	7,172 kN	3,218 kN	3,955 kN	1,149 kN
	風洞実験 500 年	7,281 kN	2,907 kN	4,374 kN	1,258 kN
風直交方向	荷重指針 50 年	3,064 kN	0 kN	3,064 kN	865 kN
	荷重指針 500 年	5,174 kN	0 kN	5,174 kN	1,461 kN
	風洞実験 500 年	6,412 kN	0 kN	6,412 kN	1,835 kN
ねじり	荷重指針 50 年	17,518 kNm	0 kNm	17,518 kNm	4,868 kNm
	荷重指針 500 年	32,449 kNm	0 kNm	32,449 kNm	9,017 kNm
	風洞実験 500 年	33,854 kNm	0 kNm	33,854 kNm	9,593 kNm

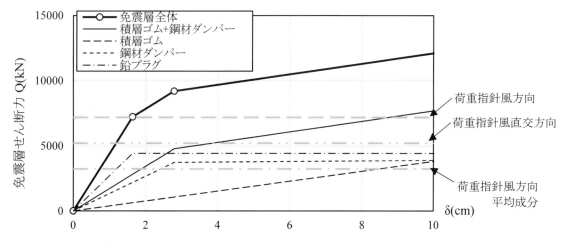

図8　免震層の並進方向のスケルトンカーブと荷重指針による再現期間 500 年の風荷重

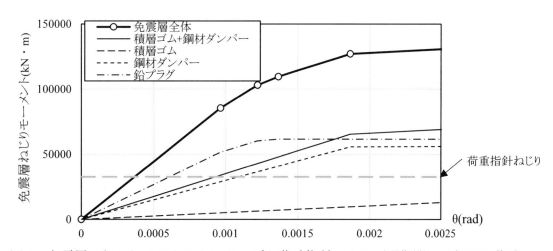

図9　免震層のねじれのスケルトンカーブと荷重指針による再現期間 500 年の風荷重

3.4　風荷重の組合せ

1)　荷重指針による風荷重の組合せ

風直交方向振動とねじれ振動の相関係数 ρ_{LT}

建築物の見付け幅・奥行き　　　　　$B = D = 25\ \text{m}$

→　辺長比　　　　　　　　　　　$B/D = 1.0$

設計風速　　　　　　　　　　　　$U_H = 51.1\text{m/s}$

風直交方向の 1 次固有振動数　　　$f_L = 0.482\ \text{Hz}$

ねじれの 1 次固有振動数　　　　　$f_T = 0.593\ \text{Hz}$

→　$f_1 B / U_H = 0.283, 0.236$ (それぞれ，再現期間 50 年，500 年)

∵　$f_1 = \min(f_L, f_T) = 0.482\ \text{Hz}$

→　$\xi = f_T / f_L = 1.23$

→　$\rho_{LT} = 0.5$ (再現期間 50 年および 500 年)

∵　荷重指針　表 A6.22 によれば，　$B/D = 1.0, f_1 B / U_H = 0.2 \sim 0.3, \xi = 1.1 \sim 1.4$ では $\rho_{LT} = 0.5$

風方向のガスト影響係数　　　　　$G_D = 2.124, 2.229$ (それぞれ，再現期間 50 年，500 年)

荷重指針による再現期間 50 年および再現期間 500 年の風荷重とその組合せの算定結果を表 7 および表 8 に，風方向荷重と風直交方向荷重の相関関係(荷重リサージュの包絡形)と免震層の降伏荷重の関係を図 10 および図 11 に示す。

表 7 および図 10 に示すように，再現期間 50 年の風方向荷重 W_D =4,742kN および風直交方向荷重 W_L =3,064kN は，免震層の第 1 折れ点耐力 Q_{y1} である 7,216kN より小さい。さらに，風荷重の組合せを考慮しても免震層の降伏円は風荷重のリサージュを包含し，免震層は降伏しない。したがって，免震層は再現期間 50 年の風荷重に対してはランク A と評価される。

表 7　荷重指針による再現期間 50 年の風荷重と組合せ

	風方向(kN)		風直交方向(kN)	ねじり(kN・m)
組合せなし	W_D	W_D/G_D	W_L	W_T
	4,742	2,233	3,064	17,518
組合せ 1	W_D		$0.4W_L$	$0.4W_T$
	4,742		1,226	7,007
組合せ 2	$(0.4+0.6/G_D)W_D$		W_L	$(\sqrt{2+2\rho_{LT}}-1)W_T$
	3,237		3,064	12,824
組合せ 3	$(0.4+0.6/G_D)W_D$		$(\sqrt{2+2\rho_{LT}}-1)W_L$	W_T
	3,237		2,243	17,518

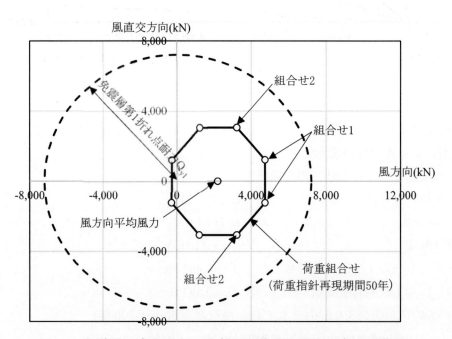

図 10　免震層の降伏耐力と風方向風荷重と風直交方向風荷重

(荷重指針：再現期間 50 年)

表 8 および図 11 に示すように，免震層の第 1 折れ点耐力 Q_{y1} は，風方向荷重 W_D =7,172kN およ

び風直交方向荷重$W_L = 5,174\text{kN}$ よりも大きい。すなわち，1 方向の荷重だけであれば，平均的な風荷重に対して免震層は降伏しない。

一方，表 8 における組合せ 1 の場合には免震層の第 1 折れ点耐力 Q_{y1} を超え，組合せ荷重のリサージュは原点を基準とした免震層の第 1 折れ点の耐力曲面(破線の円)を超える。しかし，組合せ荷重のリサージュは平均風力を原点とする免震層の第 1 折れ点の耐力曲面(一点鎖線の円)の内側にあり，平均荷重の影響で塑性化が生じるものの，風方向と風直交方向の組合せによる変動成分によって免震層が降伏しないことが確認でき，ランク B と判定される。

表 8　荷重指針による再現期間 500 年の風荷重と組合せ

	風方向(kN)		風直交方向(kN)	ねじり(kN・m)
組合せなし	W_D	W_D/G_D	W_L	W_T
	7,172	3,218	5,174	32,449
組合せ 1	W_D		$0.4W_L$	$0.4W_T$
	7,172		2,070	12,980
組合せ 2	$(0.4+0.6/G_D)W_D$		W_L	$(\sqrt{2+2\rho_{LT}}-1)W_T$
	4,800		5,174	23,754
組合せ 3	$(0.4+0.6/G_D)W_D$		$(\sqrt{2+2\rho_{LT}}-1)W_L$	W_T
	4,800		3,788	32,449

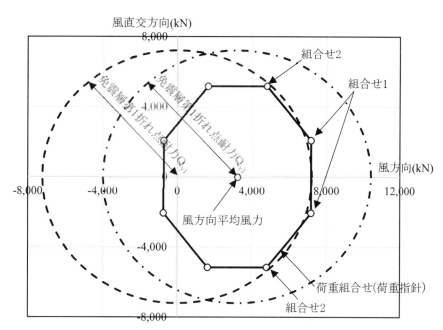

図 11　免震層の降伏耐力と風方向風荷重と風直交方向風荷重

(荷重指針：再現期間 500 年)

2)　風洞実験に基づく等価静的風荷重の組合せ

風洞実験に基づく等価静的風荷重の組合せにおいては，まず，風洞実験で得られた層風力から，

風方向および風直交方向に対してはそれぞれ免震層での転倒モーメントを，ねじりについては免震層におけるねじりモーメントを算定した。さらに，得られた免震層でのモーメントのパワースペクトル密度およびクロススペクトル密度から相関係数 ρ_{mn} $(m, n = D, L, T)$ を(1)式によって算定し，荷重指針に倣って風荷重の組合せを求めた。なお，風方向のガスト影響係数 G_D は2.505で，相関係数は，$\rho_{DL} = 0.036$，$\rho_{DT} = 0.062$ および $\rho_{LT} = 0.554$ と算定されたが，$\rho_{DL} = \rho_{DT} = 0$ として組合せ荷重を算定した。

$$\rho_{mn} = \frac{|\sigma_{Mmn}|}{\sigma_{Mm}\sigma_{Mn}} = \frac{\left|\mathrm{Re}\left\{\int_0^\infty S_{Mmn}(f)df\right\}\right|}{\sqrt{\int_0^\infty S_{Mm}(f)df \int_0^\infty S_{Mn}(f)df}} \qquad (m, n = D, L, T) \tag{1}$$

ここに，

ρ_{mn} : m 方向と n 方向の風力の相関係数で，方向を表す m, n は D(風方向)，L(風直交方向)，T(ねじり)。

σ_{Mmn} : m 方向と n 方向の転倒モーメントまたはねじりモーメントとの共分散

σ_{Mm}, σ_{Mn} : m 方向と n 方向の転倒モーメントまたはねじりモーメントの標準偏差

$S_{Mmn}(f)$: m 方向と n 方向の転倒モーメントまたはねじりモーメントとのクロススペクトル密度

$S_{Mm}(f), S_{Mn}(f)$: m 方向と n 方向の転倒モーメントまたはねじりモーメントのパワースペクトル密度

　荷重の組合せの算定結果を表9に，荷重組合せの結果を用いた風方向・風直交方向の相関関係(荷重リサージュの包絡形)を図12に示す。

　図12には，弾性の時刻歴応答解析によって得られた12ケースの風方向荷重最大時ならびに風直交方向荷重最大時の風方向および風直交方向荷重も併せてプロットしている(後述，「5. 時刻歴応答解析」参照)。等価静的風荷重の荷重組合せは，時刻歴応答解析による荷重値の平均的な値であることが分かる。

表9　風洞実験に基づく再現期間500年の風荷重と組合せ

	風方向(kN)		風直交方向(kN)	ねじり(kN・m)
組合せなし	W_D	W_D/G_D	W_L	W_T
	7,281	2,907	6,412	33,854
組合せ1	W_D		$0.4W_L$	$0.4W_T$
	7,281		2,565	13,542
組合せ2	$(0.4+0.6/G_D)W_D$		W_L	$(\sqrt{2+2\rho_{LT}}-1)W_T$
	4,657		6,412	25,752
組合せ3	$(0.4+0.6/G_D)W_D$		$(\sqrt{2+2\rho_{LT}}-1)W_L$	W_T
	4,657		4,877	33,854

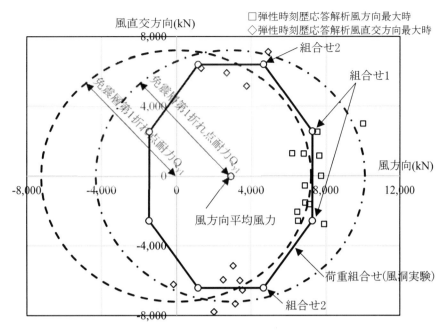

図12　免震層の降伏耐力と風方向風荷重と風直交方向風荷重

(風洞実験：再現期間 500 年)

風洞実験に基づく風荷重の場合には，表9および図12に示すように，風方向の最大荷重 W_D = 7,281kN が免震層の第 1 折れ点耐力 Q_{y1}=7,216kN を超えるため，組合せ荷重のリサージュは原点を基準とした免震層の第1折れ点の耐力曲面(破線の円)を超える。しかしながら，組合せ荷重のリサージュは平均風力を原点とする免震層の第 1 折れ点の耐力曲面(一点鎖線の円)の内側にあり，平均荷重の影響で塑性化が生じるものの，風方向と風直交方向の組合せによる変動成分によって免震層が降伏しないことが確認でき，ランク B と判定される。

4. 簡易風応答評価方法による風応答評価

ここでは，付 5 の簡易風応答評価方法に基づいてクリープ変形を考慮し，風荷重による免震層の変形を求める。後述する「5. 時刻歴応答解析」に示すように，対象建物のねじれによる建物隅角部の免震部材の挙動が，概ね弾性的な挙動であることから，まず，ねじり風荷重を考慮せず，以下の2種類の条件に対して変形を算定する。

　　① 　風方向最大荷重 W_D のみが作用した場合。

　　② 　風方向と風直交方向の組合せ荷重が作用した場合。

続いて，ねじり風荷重に対し免震層に弾性を仮定して，ねじりによる変形を算定し，上記②の風方向と風直交方向の組合せ荷重が作用した場合の変形に加算し，3 方向の風荷重の組合せを考慮した変形とする。なお，対象とする荷重は，荷重指針ならびに風洞実験に基づく等価静的荷重による風方向と風直交方向荷重とする。

4.1 稀な暴風時に対する応答評価

1) 風方向荷重と風直交方向荷重による変形

算定結果を表10に示す。同表に示すように，再現期間 50 年の風荷重に対して免震層の変形は，クリープ性を考慮しない場合において風方向で $\delta^{(max)}$=1.077cm，風直交方向で 0.696cm であり，い

ずれも弾性と判定され，残留変形 $\delta^{(r)}$ は生じない。一方，クリープ性を考慮すると，風方向変形は $\delta^{(max)}$ =1.878cm，風直交方向の変形は 0.696cm で，クリープ変形および残留変形は風方向に $\delta^{(r)}$ =0.801cm である。いずれの組合せ荷重においても状態(1)，「鋼材ダンパーは弾性で，鉛ダンパーは最大変動荷重に対して降伏しない」と判定される。

表10　再現期間50年の風荷重の組合せを考慮した免震層の変形の算定

			荷重指針による荷重						
			組合せ1		組合せ2		組合せ3		付5における算定式番号
			D方向	L方向	D方向	L方向	D方向	L方向	
荷重		$\{Q^{(max)}\}$	4,742	1,226	3,237	3,064	3,237	2,243	
		$\{Q^{(m)}\}$	2,233	0	2,233	0	2,233	0	
		$\{Q'\}$	2,509	1,226	1,004	3,064	1,004	2,243	
クリープ性無視時		$\{\delta^{(m+)}\}$	0.507	0.000	0.507	0.000	0.507	0.000	(44)
	降伏判定	$\kappa^{(L)}$	1.842		1.923		2.445		(47)
		$\kappa^{(S)}$	2.554		2.558		3.275		(48)
		鉛の降伏	弾性		弾性		弾性		
		鋼材の降伏	弾性		弾性		弾性		
	$\kappa^{(L)}>1$	$\{\delta^{(max)}\}$	1.077	0.278	0.735	0.696	0.735	0.509	(50)
		$\{\delta^{(r)}\}$	0.000	0.000	0.000	0.000	0.000	0.000	(46)
クリープ性考慮時		$\{\delta'\}$	0.570	0.278	0.228	0.696	0.228	0.509	(82)
	状態(1)	$\{\delta^{(m+)}\}$	1.308	0.000	1.308	0.000	1.308	0.000	(83)
		$\{\delta^{(max)}\}$	1.878	0.278	1.536	0.696	1.536	0.509	(84)
		状態判定	(1)		(1)		(1)		(80)　(81)
		$\{\delta^{(r)}\}$	0.801	0.000	0.801	0.000	0.801	0.000	(85)
クリープ変形			0.801		0.801		0.801		

D方向:風方向　　　　L方向:風直交方向　　　　　　単位:kN,cm

2)　ねじり風荷重の考慮

　免震層全体ではねじり荷重に対して弾性的な挙動をするものとし，建物隅角部直下の積層ゴムの位置でのねじり荷重による変形を算定する。風荷重の組合せを考慮して算定した隅柱直下のLRBの変形を表11に示す。

免震層のねじれ剛性(弾性時)　　　K_T = 88,445,376 kN・m/rad

最大ねじり荷重　　　　　　　　　W_T = 17,518 kN・m

回転角　　　　　　　　　　　　　θ = 1.981×10⁻⁴ rad

隅柱直下の変形　　　　　　　　　δ_T = 0.24 cm

表11　再現期間50年の風荷重(荷重指針)の組合せによる隅柱直下のLRB変形(単位:cm)

組合せ	風方向	風直交方向	ねじり	合計(最大)	変動成分振幅
1	(1.31±0.57, 0.00)	(0.00, 0.00±0.28)	(±0.10, ±0.10)	(1.31±0.66, 0.00±0.37)	0.76
2	(1.31±0.23, 0.00)	(0.00, 0.00±0.70)	(±0.17, ±0.17)	(1.31±0.40, 0.00±0.87)	0.96
3	(1.31±0.23, 0.00)	(0.00, 0.00±0.51)	(±0.24, ±0.24)	(1.31±0.47, 0.00±0.75)	0.75

注)　表記は(D方向変形, L方向変形)で，各方向の変形は平均成分±変動成分である。合計は各荷重による変形の単純和，
　　　変動成分振幅はD・L方向変形のベクトル和。

4.2　極稀な暴風時に対する応答評価

1)　風方向荷重と風直交方向荷重による変形

　算定過程および結果を表12に，風方向荷重のみが作用した場合と風荷重の組合せを考慮した場

合の最大変形，平均変形および残留変形をスケルトンカーブと重ねて図13および図14に，風方向および風直交方向の最大変形と残留変形をダンパーの降伏円と比較して図15に示す。

風方向の変形に着目し，風方向荷重の大きさが等しい荷重指針による風荷重の風方向のみの場合と組合せ1の場合を比較する。表12に示すように最大変形は，クリープ変形を考慮しない場合で $\delta^{(max)}$=1.63cmから1.71cmへ，クリープ変形を考慮した場合で $\delta^{(max)}$=2.79cmから2.89cmへと，風荷重の組合せを考慮することにより約0.1cm増加している。また，残留変形は，クリープ変形を考慮しない場合では $\delta^{(r)}$=0cmから0.09cmへ，クリープ変形を考慮した場合で $\delta^{(r)}$=1.16cmから1.26cmへと，風荷重の組合せを考慮することにより約0.1cm増加している。また，風荷重の組合せを考慮することにより状態(1)から状態(2)へと状態が変化している。

なお，荷重指針による風荷重の組合せ1以外は全て状態(1)と判定され，クリープ変形による残留変形が $\delta^{(r)}$=1.05～1.16cmである。

表12　再現期間500年の風荷重の組合せを考慮した免震層の変形の算定

		荷重指針による荷重								風洞実験に基づく荷重								付5における算定式番号
		風方向		組合せ1		組合せ2		組合せ3		風方向		組合せ1		組合せ2		組合せ3		
		D方向	L方向	D方向	L方向	D方向	L方向	D方向	L方向	D方向	L方向	D方向	L方向	D方向	L方向	D方向	L方向	
荷重	$\{Q^{(max)}\}$	7,172	0	7,172	2,070	4,800	5,174	4,800	3,788	7,281	0	7,281	2,565	4,657	6,412	4,657	4,877	
	$\{Q^{(m)}\}$	3,229	0	3,229	0	3,229	0	3,229	0	2,918	0	2,918	0	2,918	0	2,918	0	
	$\{Q'\}$	3,943	0	3,943	2,070	1,570	5,174	1,570	3,788	4,363	0	4,363	2,565	1,739	6,412	1,739	4,877	
クリープ性無視時	$\{\delta^{(m+)}\}$	0.73	0.00	0.73	0.00	0.73	0.00	0.73	0.00	0.66	0.00	0.66	0.00	0.66	0.00	0.66	0.00	(44)
	降伏判定 $\kappa^{(L)}$	1.011		0.943		1.033		1.301		0.985		0.898		0.885		1.099		(47)
	$\kappa^{(S)}$	1.512		1.394		1.427		1.818		1.438		1.295		1.202		1.504		(48)
	鉛の降伏	弾性		降伏		弾性		弾性		降伏		降伏		降伏		弾性		
	鋼材の降伏	弾性		弾性		弾性		弾性		弾性		弾性		弾性		弾性		
	$\kappa^{(L)}>1$ $\{\delta^{(max)}\}$	1.63	0.00	—	—	1.09	1.18	1.09	0.86	—	—	—	—	—	—	1.06	1.11	(50)
	$\{Q^{(L)}\}$	—	—	6,947	1,951	—	—	—	—	7,216	0	6,838	2,304	4,457	5,675	—	—	(58)
	$\{\delta^{(L)}\}$	—	—	1.578	0.443	—	—	—	—	1.639	0.000	1.553	0.523	1.012	1.289	—	—	(57)
	$\{Q_L^{(L)}\}$	—	—	4,253	1,195	—	—	—	—	4,418	0	4,186	1,411	2,729	3,474	—	—	(59)
	$\{Q_L^{(L)}\}/Q_{yL}$	—	—	0.963	0.270	—	—	—	—	1.000	0.000	0.948	0.319	0.618	0.786	—	—	
	$\kappa^{(L)} \leq 1$ $\kappa^{(S)}>1$ $K_{11}^{p(L)}, K_{12}^{p(L)}$	—	—	1,905	-702	—	—	—	—	1,707	0	1,982	-816	3,375	-1,309	—	—	(62)
	$K_{21}^{p(L)}, K_{22}^{p(L)}$	—	—	-702	4,206	—	—	—	—	0	4,403	-816	4,128	-1,309	2,736	—	—	
	$\det\|K^{p(L)}\|$*	—		7.518E+06		—		—		7.518E+06		7.518E+06		7.518E+06		—		
	$\{dQ^{(L-max)}\}$	—	—	225	118	—	—	—	—	65	0	443	261	200	737	—	—	
	$\{d\delta^{(L-max)}\}$	—	—	0.137	0.051	—	—	—	—	0.038	0.000	0.272	0.117	0.201	0.366	—	—	(63)
	$\{\delta^{(max)}\}$	—	—	1.715	0.494	—	—	—	—	1.677	0.000	1.825	0.640	1.213	1.655	—	—	(56)
	$\{\delta^{(max)}\}$	1.63	0.00	1.71	0.49	1.09	1.18	1.09	0.86	1.68	0.00	1.82	0.64	1.21	1.65	1.06	1.11	
	$\{\delta^{(r)}\}$	0.00	0.00	0.09	0.02	0.00	0.00	0.00	0.00	0.02	0.00	0.17	0.06	0.16	0.20	0.00	0.00	(46)
クリープ性考慮時	$\{\delta'\}$	0.90	0.00	0.90	0.47	0.36	1.18	0.36	0.86	0.99	0.00	0.99	0.58	0.39	1.46	0.39	1.11	(82)
	状態(1) $\{\delta^{(m+)}\}$	1.89	0.00	1.89	0.00	1.89	0.00	1.89	0.00	1.71	0.00	1.71	0.00	1.71	0.00	1.71	0.00	(83)
	$\{\delta^{(max)}\}$	2.79	0.00	2.79	0.47	2.25	1.18	2.25	0.86	2.70	0.00	2.70	0.58	2.10	1.46	2.10	1.11	(84)
	状態判定	(1)		(2)		(1)		(1)		(1)		(1)		(1)		(1)		(80) (81)
	状態(2) Q_S, θ	—	—	3,713	0.167	—	—	—	—	—	—	—	—	—	—	—	—	(87) (88)
	X_m, Y_m	—	—	1.996	0.018	—	—	—	—	—	—	—	—	—	—	—	—	(92) (93)
	Q_S, θ	—	—	3,715	0.167	—	—	—	—	—	—	—	—	—	—	—	—	(87) (88)
	X_m, Y_m	—	—	1.990	0.017	—	—	—	—	—	—	—	—	—	—	—	—	(92) (93)
	Q_S, θ	—	—	3,715	0.167	—	—	—	—	—	—	—	—	—	—	—	—	(87) (88)
	X_m, Y_m	—	—	1.990	0.017	—	—	—	—	—	—	—	—	—	—	—	—	(92) (93)
	Q_S, θ	—	—	3,715	0.167	—	—	—	—	—	—	—	—	—	—	—	—	(87) (88)
	X_m, Y_m	—	—	1.990	0.017	—	—	—	—	—	—	—	—	—	—	—	—	(92) (93)
	$\{\delta^{(m-)}\}$	—	—	1.990	0.017	—	—	—	—	—	—	—	—	—	—	—	—	
	$\{\delta^{(max)}\}$	—	—	2.886	0.487	—	—	—	—	—	—	—	—	—	—	—	—	(84)
	$\{\delta^{(max)}\}$	2.79	0.00	2.89	0.49	2.25	1.18	2.25	0.86	2.70	0.00	2.70	0.58	2.10	1.46	2.10	1.11	
	$\{\delta^{(r)}\}$	1.16	0.00	1.26	0.02	1.16	0.00	1.16	0.00	1.05	0.00	1.05	0.00	1.05	0.00	1.05	0.00	(85)
クリープ変形		1.16		1.17		1.16		1.16		1.02		0.88		0.89		1.05		

D方向:風方向　　　L方向:風直交方向　　　　　　単位:kN,cm　　*:行列式の値　　—:条件に該当しない

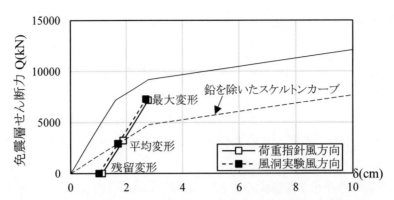

図 13　風方向荷重のみが作用した場合の免震層の荷重と変形

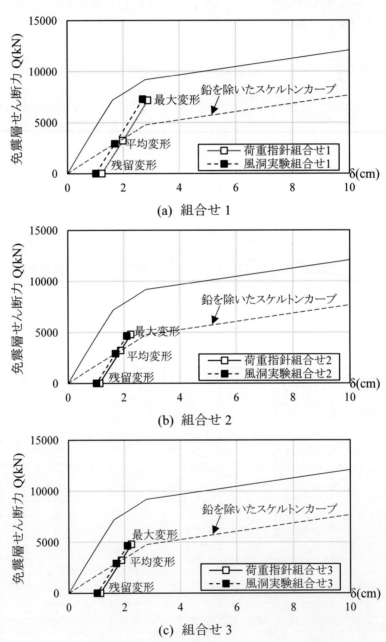

(a)　組合せ 1

(b)　組合せ 2

(c)　組合せ 3

図 14　風方向と風直交方向の風荷重の組合せを考慮した場合の免震層の風方向の荷重と変形

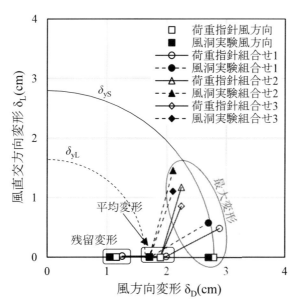

図 15　免震層の降伏変形と最大変形および残留変形

2) ねじり風荷重の考慮

　免震層全体ではねじり荷重に対して弾性的な挙動をするものとし，建物隅角部直下の積層ゴムの位置でのねじり荷重による変形を算定する。風荷重の組合せを考慮して算定した隅柱直下のLRB の変形を表 13 および表 14 に示す。なお，表 13 の組合せ 1 における風直交方向の平均変形 ±0.02cm は，風直交方向の残留変形を意味する。

　　　　　　免震層のねじれ剛性(弾性時)　　　　$K_T = 88,445,376$ kN・m/rad

・　荷重指針による風荷重の場合

　　　　最大ねじり荷重　　　　　　　　$W_T = 32,449$ kN・m

　　　　回転角　　　　　　　　　　　　$\theta = 3.669 \times 10^{-4}$ rad

　　　　隅柱直下の変形　　　　　　　　$\delta_T = 0.44$ cm

・　風洞実験に基づく等価静的風荷重の場合

　　　　最大ねじり荷重　　　　　　　　$W_T = 34,008$ kN・m

　　　　回転角　　　　　　　　　　　　$\theta = 3.828 \times 10^{-4}$ rad

　　　　隅柱直下の変形　　　　　　　　$\delta_T = 0.46$ cm

表 13　再現期間 500 年の風荷重(荷重指針)の組合せによる隅柱直下の LRB 変形(単位:cm)

組合せ	風方向	風直交方向	ねじり	合計(最大)	変動成分振幅
1	$(1.99 \pm 0.90, 0.00)$	$(0.00, \pm 0.02 \pm 0.47)$	$(\pm 0.18, \pm 0.18)$	$(1.99 \pm 1.07, \pm 0.02 \pm 0.65)$	1.25
2	$(1.89 \pm 0.36, 0.00)$	$(0.00, \pm 0.00 \pm 1.18)$	$(\pm 0.32, \pm 0.32)$	$(1.89 \pm 0.68, \pm 0.00 \pm 1.50)$	<u>1.64</u>
3	$(1.89 \pm 0.36, 0.00)$	$(0.00, \pm 0.00 \pm 0.86)$	$(\pm 0.44, \pm 0.44)$	$(1.89 \pm 0.80, \pm 0.00 \pm 1.30)$	1.53

注)　表記は(D 方向変形, L 方向変形)で，D 方向変形は平均成分±変動成分，L 方向変形は±平均成分±変動成分(複合同
　　順)で，ここでの L 方向の平均成分は組合せ荷重の合力が降伏荷重を超えることによって生じる残留変形である。合
　　計は各荷重による変形の単純和，変動成分振幅は D・L 方向変形のベクトル和。変動成分と変動成分振幅の下線は，
　　LRB の降伏変形を超えているが，塑性化の影響を無視して算定した値である。

表14　再現期間 500 年の風荷重(風洞実験)の組合せによる隅柱直下の LRB 変形(単位:cm)

組合せ	風方向	風直交方向	ねじり	合計(最大)	変動成分振幅
1	(1.71±0.99,0.00)	(0.00,±0.00±0.58)	(±0.18,±0.18)	(1.71±1.17,±0.00±0.77)	1.40
2	(1.71±0.39,0.00)	(0.00,±0.00±1.46)	(±0.35,±0.35)	(1.71±0.74,±0.00±<u>1.81</u>)	<u>1.95</u>
3	(1.71±0.39,0.00)	(0.00,±0.00±1.11)	(±0.46,±0.46)	(1.71±0.85,±0.00±1.57)	<u>1.78</u>

注)　表記は(D 方向変形, L 方向変形)で, D 方向変形は平均成分±変動成分, L 方向変形は±平均成分±変動成分(複合同

順)で, ここでの L 方向の平均成分は組合せ荷重の合力が降伏荷重を超えることによって生じる残留変形である。合

計は各荷重による変形の単純和, 変動成分振幅は D・L 方向変形のベクトル和。変動成分と変動成分振幅の下線は,

LRB の降伏変形を超えているが, 塑性化の影響を無視して算定した値である。

5. 時刻歴応答解析

　本節では, 風方向・風直交方向およびねじり風力による時刻歴風応答解析を行い, 1)応答解析結果と前節で示した簡易応答評価方法との比較, 2)免震部材(LRB)の疲労評価を例示する。

　免震部材は 8 本のバネを有する MSS モデルに置換している。

　検討用の風力時刻歴波形は, 風洞実験によって得られた時刻歴波形で, 再現期間 500 年の風荷重を想定した場合で約 23,370 秒の 3 方向同時の風力データが採取されている。この内, 60 秒＋600 秒×12 ケース=7,260 秒を用いて, 660 秒の風応答解析を 12 ケース行い, アンサンブル平均により応答を評価する。なお, 各ケースの最初の 60 秒間には 1/4 周期の余弦関数を乗じてテーパーを付け, 60 秒以降の 600 秒を評価区間としている。

　平均風力によって生じるクリープ変形は, 前節で算定した風洞実験に基づく等価静的荷重における組合せ 1 のクリープ変形 0.88cm を加えることで評価することとした。

5.1 時刻歴応答解析結果

　3 方向の風力時刻歴による風応答解析結果のうち 1 ケース目の免震層の応答変形－層せん断力関係を図 16 に, 同時刻のねじり風力を除く 2 方向の風力時刻歴による応答変形－層せん断力関係を図 17 に示す。図 16 中の●印は全 12 ケースの最大応答変形・層せん断力のアンサンブル平均を, 誤差バーは最大応答のバラツキ±σ を示している。また, □は「4.2 極稀な暴風時に対する応答評価」の表 12 に示す組合せ 1 あるいは組合せ 2 よる最大応答 $\delta^{(max)}$(風洞実験に基づく等価静的風荷重による), すなわち簡易法による値を示している。

　図 16 に示すように風方向の応答には, LRB のクリープ変形が生じ, 最大変形の 40%程度を占める。風方向および風直交方向共に, 初期的には弾性的な挙動を示すが, 風直交方向に大きな変動荷重が作用し, 風方向と風直交方向共に大きく変形が増加している時間帯がある。その時間を超えると, 再び弾性的な挙動となる。

　簡易法による最大変形 $\delta^{(max)}$ と時刻歴解析による最大変形を比較すると, 風方向, 風直交方向共に簡易法がやや小さい。これは, 簡易法にはねじり風力が考慮されていないこと, 加えて, 時刻歴応答解析で用いられている MSS モデルでは, 降伏変形近傍においてはやや大きめの変形が算出されるためである。

　風方向の最大応答のアンサンブル平均値はクリープ変形考慮時で 3.17cm, クリープ変形を考慮しない場合で 2.29cm, ばらつき σ は 0.40cm で, 変動係数ではそれぞれ 0.13, 0.17 である。風直交方向の最大応答のアンサンブル平均値は 1.52cm, ばらつき σ は 0.25cm で, 変動係数では 0.16 で

ある。いずれの変動係数も小さくはないため，適切なケース数の風応答解析を行い，アンサンブル平均で評価する必要がある。

　図16と図17を比較すると，ねじり風力によって風方向に0.13cm，風直交方向には0.01cm以下の大きさで変形が増加している。

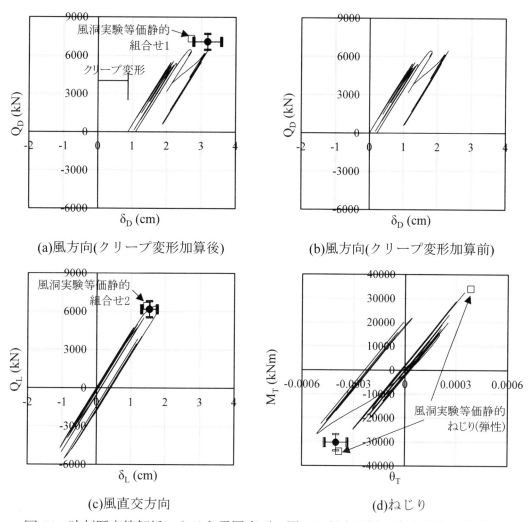

(a)風方向(クリープ変形加算後)　　　　　　(b)風方向(クリープ変形加算前)

(c)風直交方向　　　　　　　　　　　　　(d)ねじり

図16　時刻歴応答解析による免震層変形－層せん断力関係(3方向風力入力時)

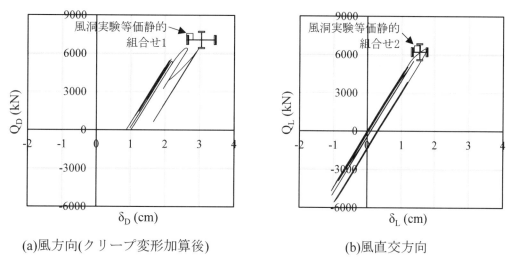

(a)風方向(クリープ変形加算後)　　　　　　(b)風直交方向

図17　時刻歴応答解析による免震層変形－層せん断力関係(2方向風力入力時)

図 18 に, 風上左隅(紙面左上)および風下右隅(紙面右下)の LRB の変形－せん断力関係を, 図 19 および図 20 に, 1 ケース目の建物図心, 風上左隅および風下右隅の LRB における変位のリサージュを示す。なお, 図 20 はねじれ変形のみを抽出したリサージュである。

　図 18 の最大変形と図 16 の建物図心の風方向最大変形を比較すると, 風上左隅および風下右隅 LRB での最大変形のアンサンブル平均は, それぞれ 3.27cm, 3.31cm で, 建物図心位置での 3.17cm よりねじれ変形によって 0.10〜0.14cm 増加している。一方, 建物図心位置でのねじれ角の時刻歴から算定したこれらの位置でのねじりによる変形のアンサンブル平均は 0.48cm, そのばらつきの標準偏差 σ は 0.08cm である。この差異は, 3 方向の風力による最大値が同時に発生しないために生じる。ねじれ角の時刻歴から算定したねじりによる変形のアンサンブル平均は, 「4.2 極稀な暴風時に対する応答評価　2)ねじり荷重の考慮」において弾性を仮定して算定したねじり荷重による隅柱直下の変形 0.46cm(風洞実験に基づく等価静的風荷重の場合)の 1.04 倍で, 免震層の塑性化に伴うねじれ変形への影響は小さい。

　図 20 に示すように, ねじれによる挙動は概ね弾性的な挙動と言える。したがって, 風方向と風直交方向の組合せ荷重に加えて, 「4.2 極稀な暴風時に対する応答評価　2)ねじり荷重の考慮」において示したように弾性を仮定してねじりを考慮した隅柱直下の変形を加算すれば, ねじれの影響については概ね安全側に評価できると考えられる。

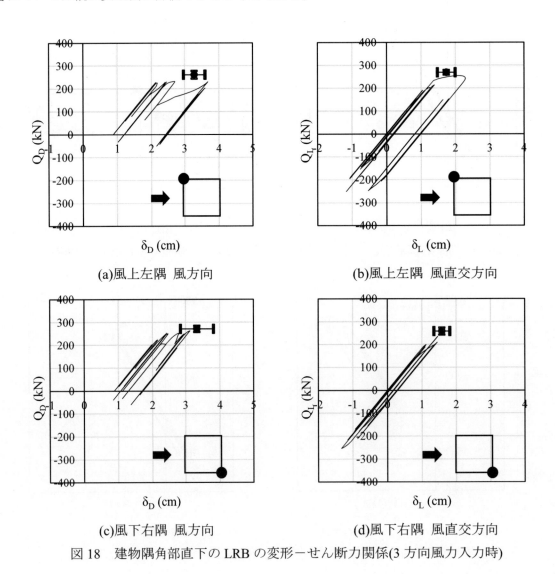

(a)風上左隅　風方向

(b)風上左隅　風直交方向

(c)風下右隅　風方向

(d)風下右隅　風直交方向

図 18　建物隅角部直下の LRB の変形－せん断力関係(3 方向風力入力時)

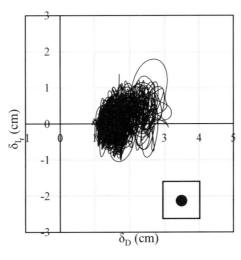

(a)建物図心

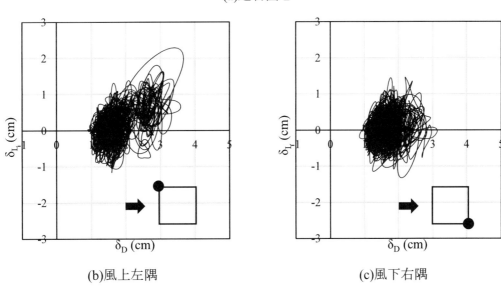

(b)風上左隅   (c)風下右隅

図 19　建物図心と隅角部の変形のリサージュ

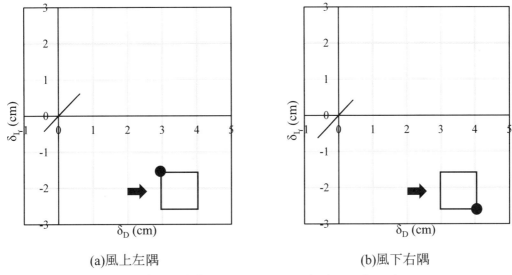

(a)風上左隅   (b)風下右隅

図 20　建物隅角部のねじれによる変形のリサージュ

5.2 時刻歴応答解析結果による免震部材の疲労評価

3 方向の風力を与えた場合の免震層応答変位波形(12 ケース)からレインフロー法 [3]を用いて応答振幅を抽出し，免震部材の疲労評価を例示する。

疲労評価は再現期間 500 年の設計風速が 3 時間継続するものとして，LRB と鋼材ダンパーの累積疲労損傷度 D 値を求める。さらに，付 4 の強風の作用時間の算定例に日常風の作用時間を加えて，供用期間における累積疲労損傷度を算定する。

1) 再現期間 500 年の設計風速が 3 時間継続した場合の累積疲労損傷度

図 21 にレインフロー法で抽出した応答変位振幅(全振幅に相当)の確率密度関数を風下左隅の LRB を事例に示す。なお，図中の確率密度関数は，12 ケースのアンサンブル平均によって評価したものである。

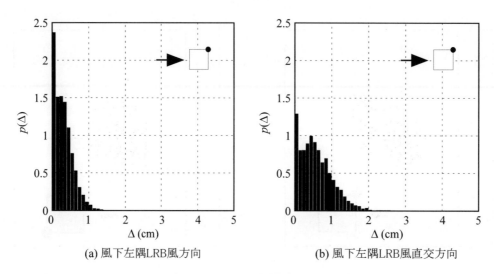

(a) 風下左隅LRB風方向　　　　　　　　(b) 風下左隅LRB風直交方向

図21　レインフロー法による LRB 応答変位振幅(全振幅)の確率密度関数
(再現期間 500 年，12 ケースのアンサンブル平均)

同様な方法によってレインフロー法で抽出した LRB および鋼材ダンパーの応答変位振幅を用いて，疲労評価を行う。疲労損傷評価の際に必要となる疲労曲線には，付 2 に掲載されている以下の 2 式を用いる。なお，前述のように LRB のゴム総厚 h は 180mm，鋼材ダンパーのダンパー部高さは 335mm である。

$$\text{LRB(片振幅)[4]} \qquad \gamma(\%) = 3699.1 \times N^{-0.54}$$
$$\text{鋼材ダンパー[5]} \qquad \gamma(\%) = 35 \times N^{-0.15} + 3620 \times N^{-0.80}$$

再現期間 500 年の設計風速による建物隅角部の LRB と全鋼材ダンパーの累積疲労損傷度を継続時間が 10 分間の場合と 3 時間の場合について図 22 に示す。なお，累積疲労損傷度は，風方向と風直交方向がそれぞれ独立であるとして算定している。

風方向と風直交方向を比べると，変動成分の大きい風直交方向の D 値の方が風方向より LRB で 3 倍程度，鋼材ダンパーで 60 倍程度大きな値となっている。概ね弾性域にある鋼材ダンパーは再現期間 500 年の設計風速が 3 時間継続した場合でも風直交方向で 0.002 程度と非常に小さな値である。降伏点を大きく超える振幅となる LRB においても D 値は 0.01 程度と小さな値である。

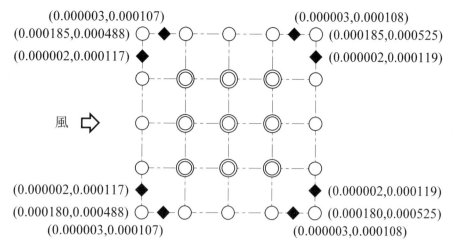

(a) 設計風速の継続時間が 10 分間の場合

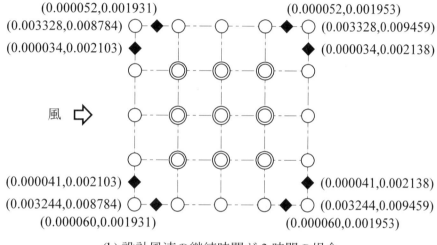

(b) 設計風速の継続時間が 3 時間の場合

◎ NRB1100 φ   ○ LRB900 φ   ◆ 鋼材ダンパー

図 22　時刻歴応答解析結果に基づく LRB および鋼材ダンパーの累積疲労損傷度
表記は(風方向の D 値, 風直交方向の D 値)

　累積疲労損傷度の評価においては，振幅分布が Rayleigh 分布に従うものとして簡易に評価する方法が提案されている[6]。ここで，この提案されている方法を紹介する。

　変位振幅が Rayleigh 分布に従う場合の 1 サイクル当たりの疲労損傷度の期待値 $E(D)$ を以下の条件を仮定して算定する。

・ 疲労曲線(S-N カーブ)は $C \cdot N_f^{-1/m} = \Delta$ の形式で表される。(C：定数，　N_f：疲労寿命，　m：疲労延性指数，　Δ：変位の全振幅)

・ Rayleigh 分布するひずみ・変位の全振幅の確率密度関数は次式とする[7]。

$$p_\Delta\left(x; \sigma_x'\right) = \frac{x}{\sigma_x'^2} \exp\left(-\frac{x^2}{2\sigma_x'^2}\right) \tag{2}$$

ただし，　$\sigma_x' = (1 + \beta)\sigma_x$，　σ_x：変位波形の標準偏差，　$\beta = \exp(-\varsigma \cdot \pi)$，　ς は振動系の減衰定数。

以上の仮定によりガンマ関数を$\Gamma(z)$とすると，疲労損傷度の期待値$E(D)$は以下のように表される。

$$E(D) = C^{-m} \cdot 2^{m/2} \cdot \sigma_x'^{\,m} \cdot \Gamma\left(\frac{m+2}{2}\right) \tag{3}$$

したがって，T_{Total}秒間の累積疲労損傷度D値は，振動系の1次固有周期T_1(sec)を用いて次式で評価できる。

$$D = \frac{T_{Total}}{T_1} \cdot E(D) = \frac{T_{Total}}{T_1} \cdot C^{-m} \cdot 2^{m/2} \cdot \sigma_x'^{\,m} \cdot \Gamma\left(\frac{m+2}{2}\right) \tag{4}$$

この方法を風下左隅LRBに適用する。まず，変位波形の標準偏差は以下の値となる。

風方向：0.367cm，　風直交方向：0.398cm

1次固有周期は2.076sec，減衰定数ςは0.02であるので，再現期間500年の設計風速が3時間継続した場合のD値は以下のような値となる。なお，( )内は時刻歴応答解析によるD値である。

風方向：0.008368 (0.003328)，　風直交方向：0.009723 (0.009459)

非共振成分の影響を多く含む風方向についてはD値を過大に評価するが，風直交方向については時刻歴応答解析からレインフロー法によって抽出した振幅分布によって評価したD値と良い対応を示す。安全側および計算の簡略化のため，本事例のようにランクBまでは，免震層の応答変位の標準偏差を用いてRayleigh分布式より累積疲労損傷度を評価することは実用的であると考える。

2) 供用期間の累積疲労損傷度

ここでは，風下左隅LRBの供用期間の累積疲労損傷度を以下のような手順で算定する。

① 時刻歴応答解析を建物頂部風速U_Hで30m/s〜50m/sまでの2m/s刻みの風速と設計風速の51.1m/sで各12ケース行い，各建物頂部風速U_Hに対する10分間のD値のアンサンブル平均を算定する。算定結果を図23に示す。

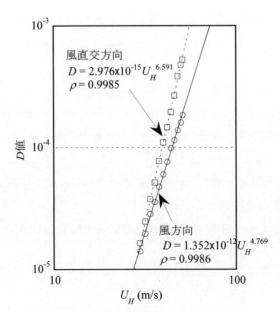

図23　建物頂部風速と10分間のD値

② 算定結果を用いて，建物頂部風速 U_H に対する 10 分間の D 値の近似式を求め，風速 30m/s 以下の 10 分間の D 値の推定式とする。近似結果を図 23 に示す。なお，変位振幅が LRB の降伏変形(1.64cm)を超えるのは，風方向の場合で $U_H = 51.1$m/s，風直交方向の場合で $U_H = 42$m/s である。

③ 付 4 の強風の作用時間の算定結果を風速のビンを 2m/s に変更して，ここで用いる強風の作用時間 $T_{Storm,i}$ (min)とする。算定結果を表 15 に示す。なお，ここでの供用期間 N は 100 年で，風向の変化は考慮していない。

④ 東京の気象官署における観測データに基づいて算定されている地表面粗度区分 II，観測高さ 10m における Weibull 係数(c_m=5.24m/s, k_m=2.03)[8)]を，本検討事例の地表面粗度区分 III，建物頂部高さ(=75m)における Weibull 係数(c, k)に換算する。

$$c = c_m \left(\frac{Z_{G,II}}{10} \right)^{\alpha_{II}} \left(\frac{75}{Z_{G,III}} \right)^{\alpha_{III}} = 5.24 \times \left(\frac{350}{10} \right)^{0.15} \times \left(\frac{75}{450} \right)^{0.2} = 6.24 \,\text{m/s}, \;\; k = k_m = 2.03$$

ただし，$Z_{G,II}$，$Z_{G,III}$，α_{II}，α_{III} は，荷重指針による地表面粗度区分 II および III の風速の鉛直分布を定めるパラメータ Z_G および α である。

⑤ Weibull 係数(c, k)を用いて，風速の非超過確率 $F(U_H)$ より日常風の作用時間 $T_{Daily,i}$(min) を算定する。ただし，供用期間の内，強風の全作用時間 T_{Storm} (min)を除いた全時間を日常風の作用時間 T_{Daily}(min)とする。算定結果を表 15 に示す。

$$T_{Daily,i} = T_{Daily} \left\{ F(U_{Hi} + 1) - F(U_{Hi} - 1) \right\} \,(\text{min})$$

$$T_{Daily} = 60 \times 24 \times 365.2422 \times N - T_{Storm} \,(\text{min})$$

$$T_{Storm} = 60 \times 24 \times (N + 1) \,(\text{min})$$

$$F(U) = 1 - \exp\left\{ -(U/c)^k \right\}$$

ただし，ここでは $N = 100$ (年)

⑥ 建物頂部風速に対する 10 分間の D 値 D_i と風の作用時間 T_i (min) により，供用期間 N 年における累積疲労損傷度 D 値を算定する。

$$D = \frac{\sum_i (D_i \times T_i)}{10} = \frac{\sum_i \left\{ D_i \times \left(T_{Storm,i} + T_{Daily,i} \right) \right\}}{10}$$

　風の作用時間 T_i (min)，10 分間の D 値 D_i，供用期間の D 値の算定結果を表 15 に示す。同表に示すように，D 値は風方向で 0.166，風直交方向で 0.053 であり，再現期間 500 年の風速が 3 時間継続した場合より大きい。

表 15　供用期間の風の作用時間と LRB の 10 分間および供用期間における D 値

建物頂部風速U_{Hi}	風の作用時間(T_i: min)				10分間のD値(D_i)		$D_i \cdot T_i / 10$	
	U_{500}強風	その他強風	日常風	合計	風方向	風直交方向	風方向	風直交方向
52	10	0	0	10	0.0001890	0.0005265	0.0001890	0.0005265
50	0	0	0	0	0.0001610	0.0001610	0.0000000	0.0000000
48	10	10	0	20	0.0001387	0.0001387	0.0002775	0.0002775
46	20	0	0	20	0.0001152	0.0001152	0.0002305	0.0002305
44	30	30	0	60	0.0000987	0.0000987	0.0005923	0.0005923
42	50	50	0	100	0.0000760	0.0000760	0.0007596	0.0007596
40	50	80	0	130	0.0000602	0.0000602	0.0007825	0.0007825
38	70	170	0	240	0.0000476	0.0000476	0.0011432	0.0011432
36	70	310	0	380	0.0000358	0.0000358	0.0013586	0.0013586
34	80	580	0	660	0.0000285	0.0000285	0.0018800	0.0018800
32	80	1,110	0	1,190	0.0000197	0.0000197	0.0023489	0.0023489
30	90	2,070	0	2,160	0.0000141	0.0000141	0.0030431	0.0030431
28	90	3,690	0	3,780	0.0000108	0.0000103	0.0040679	0.0038851
26	100	6,090	3	6,193	0.0000076	0.0000063	0.0046802	0.0039052
24	110	8,970	36	9,116	0.0000052	0.0000037	0.0047034	0.0033919
22	110	11,530	380	12,020	0.0000034	0.0000021	0.0040956	0.0025205
20	130	13,250	3,204	16,584	0.0000022	0.0000011	0.0035869	0.0018555
18	130	14,510	21,492	36,132	0.0000013	0.0000006	0.0047286	0.0020187
16	160	16,080	114,457	130,697	0.0000007	0.0000003	0.0097539	0.0033597
14	50	17,930	482,667	500,647	0.0000004	0.0000001	0.0197653	0.0053375
12	0	20,180	1,605,263	1,625,443	0.0000002	0.0000000	0.0307681	0.0062738
10	0	20,820	4,182,505	4,203,325	0.0000001	0.0000000	0.0333532	0.0048783
8	0	6,540	8,437,423	8,443,963	0.0000000	0.0000000	0.0231188	0.0022516
6	0	0	12,880,140	12,880,140	0.0000000	0.0000000	0.0089445	0.0005157
4	0	0	14,113,037	14,113,037	0.0000000	0.0000000	0.0014176	0.0000390
2	0	0	9,349,921	9,349,921	0.0000000	0.0000000	0.0000345	0.0000003
0	0	0	1,258,908	1,258,908	0.0000000	0.0000000	0.0000000	0.0000000
合計	1,440	144,000	52,449,437	52,594,877			0.1656237	0.0531755

注) 10分間のD値は風速30m/s以上は時刻歴応答解析結果に, 風速30m/s未満は30m/s以上での近似曲線(図23)によっている。

参考文献

1) 日本建築学会：建築物荷重指針・同解説(2015)
2) 丸川比佐夫, 大熊武司, 北村春幸, 吉江慶祐, 鶴見俊雄, 佐藤大樹：風洞実験に基づく高層建物の多層層風力によるエネルギー入力性状, その2　矩形高層建築物に作用する層風力特性, 日本建築学会大会学術講演梗概集, 構造I, pp.193-194, 2010.9
3) 日本免震構造協会：ダンパー疲労評価, http://www.jssi.or.jp
4) 河内山修, 神田智之, 竹中康雄, 宮崎充, 中村昌弘, 北村春幸：鉛プラグ入り積層ゴムの小振幅疲労特性実験, 日本建築学会技術報告集, Vol.21, No.48, 639-644, 2015.6
5) 吉敷祥一, 大河原勇太, 山田哲, 和田章：免震構造用U字形鋼材ダンパーの繰り返し変形性能に関する研究, 日本建築学会構造系論文集, Vol.73, No.624, 333-340, 2008.2
6) 日本風工学会：特集 風による繰返し荷重効果, 累積疲労損傷評価, 日本風工学会誌, 第43巻, 第1号, 3-35, 2018.1
7) 吉江慶祐, 大熊武司, 北村春幸, 和田章：広帯域性の変動風力を受ける弾塑性構造物の応答変位振幅の確率分布, 日本建築学会構造系論文集, 第604号, 37-46, 2006.6
8) 日本建築学会：建築物荷重指針を活かす設計資料2 －建築物の風応答・風荷重評価/CFD適用ガイド－, 194-195, 2017.2

免震建築物の耐風設計指針（2023）

免震建築物の耐風設計指針（2023）
発行年月　　　　　　2023年3月

印刷　　（株）大應
101-0047 東京都千代田区内神田 1-7-5
TEL 03-3292-1488, FAX03-3292-1485